PUBLICATIONS DE M. CH. THIRION

Ingénieur civil, Conseil en matière de Propriété industrielle,
Membre de la Société des Ingénieurs civils, de la Société d'Encouragement,
de la Société industrielle de Mulhouse, de la Société de législation comparée,
Vice-Président de la Société des inventeurs et artistes industriels, etc., etc.,
Membre correspondant de la Société Impériale polytechnique de Russie,
Membre du comité consultatif du contentieux
Exposition universelle de 1878 (section de la Propriété industrielle),
Secrétaire général des Congrès et Conférences de l'Exposition universelle de 1878
Chevalier de la Légion d'honneur, Officier d'Académie, etc., etc.

LE CONGRÈS INTERNATIONAL
DE LA
PROPRIÉTÉ INDUSTRIELLE
TENU A PARIS EN 1878

ANALYSE ET COMMENTAIRE

PREMIER VOLUME

QUESTIONS GÉNÉRALES
BREVETS D'INVENTION

Par CH. THIRION, Ingénieur civil,
Secrétaire général du Congrès de la Propriété industrielle en 1878

PARIS
AUX BUREAUX DE L'OFFICE DES BREVETS D'INVENTION
95, BOULEVARD BEAUMARCHAIS, 95
ET CHEZ LES PRINCIPAUX LIBRAIRES

1880

LE CONGRÈS INTERNATIONAL

DE LA

PROPRIÉTÉ INDUSTRIELLE

TENU A PARIS EN 1878

ANALYSE ET COMMENTAIRE

PREMIER VOLUME

QUESTIONS GÉNÉRALES
BREVETS D'INVENTION

INTRODUCTION

Le Congrès international de la Propriété industrielle, tenu à Paris en 1878, était destiné, comme conséquence des nombreux intérêts auxquels touchent les questions qui devaient y être abordées, à prendre une place importante dans l'œuvre générale des Congrès et Conférences de l'Exposition universelle de 1878. Assez heureux pour avoir été appelé à participer à l'organisation de cette œuvre si éminemment utile et instructive, nous n'avons rien négligé pour que les questions qui intéressent la propriété industrielle et les droits des inventeurs fussent comprises parmi celles qui allaient se discuter dans ces grandes assises internationales, et ce sera pour nous une satisfaction constante d'avoir vu nos efforts couronnés de succès et d'avoir contribué, pour notre faible part, à l'organisation de ce Congrès.

Lorsqu'à la suite de démarches et de communications préliminaires, le concours et la sympathie de l'Administration, des sociétés savantes et industrielles, de la magistrature et du barreau, des ingénieurs et des industriels, furent assurés au futur Congrès, la Commission des Congrès et Conférences de l'Exposition universelle de 1878, instituée par l'arrêté ministériel en date du 10 mars 1878, fut saisie par la troisième section du comité consultatif du contentieux de l'Exposition universelle (section de la Propriété artistique et industrielle) (1), d'une demande ayant pour objet d'engager cette commission à prendre, aux termes du règlement général des Congrès et Conférences de l'Exposition, l'initiative de l'organisation du Congrès international de la Propriété industrielle. Cette

---

(1) La troisième section du comité consultatif du contentieux était composée de MM. Bozérian, sénateur; Lyon-Caen, agrégé, chargé du cours de législation industrielle à la Faculté de droit de Paris; Gustave Roy, membre de la Chambre de commerce de Paris; A. Huard, avocat à la Cour d'appel de Paris; Ch. Thirion, ingénieur civil, conseil en matière de propriété industrielle; Albert Grodet, rédacteur au Ministère de l'agriculture et du commerce, secrétaire.

Commission émit un avis favorable à la suite duquel M. Teisserenc de Bort, ministre de l'agriculture et du commerce, sur la proposition du Comité central des Congrès et Conférences de l'Exposition universelle de 1878, prit un arrêté, en date du 12 mai 1878, qui autorisait le Congrès de la Propriété industrielle et désignait les membres du Comité chargé d'en préparer l'organisation et d'en poursuivre la réalisation (1).

Pénétré de l'importance du but à atteindre et de l'intérêt industriel qui s'attache aux questions qui devaient être traitées par le Congrès, le Comité d'organisation, composé de personnalités d'une compétence indiscutable, se mit résolument à l'œuvre : il prépara, à la suite de discussions approfondies, le programme des questions qui devaient être soumises aux délibérations du Congrès; il provoqua, en France et à l'étranger, l'envoi de mémoires sur les questions du programme et confia à plusieurs de ses membres le soin de préparer les rapports qui devaient servir de point de départ aux discussions du Congrès (2).

---

(1) Voir aux Documents préliminaires la composition de ce Comité, page 3.
(2) M. E. Barrault fut chargé du rapport de la section des brevets d'invention sur l'état actuel des diverses législations; M. Ch. Lyon-Caen fut chargé, par la même section, du rapport sur les mémoires adressés au comité. M. Bozérian présenta le rapport de la section des dessins et modèles de fa-

Le Comité se mit également en rapport avec les différents Gouvernements pour provoquer la désignation de délégués officiels chargés de suivre les travaux du Congrès et prendre part à ses délibérations; il sut, enfin, intéresser au succès de l'œuvre qu'il poursuivait M. Teisserenc de Bort, ministre de l'agriculture et du commerce, M. de Chlumetzky, ministre du commerce d'Autriche, M. W. Siemens, qui fut le président du Congrès international des Brevets d'invention tenu à Vienne en 1873, auxquels il offrit et fit accepter les présidences d'honneur du Congrès de Paris.

Préparé dans de telles conditions, le Congrès de Paris devait réussir; son succès dépassa les espérances qui avaient pu être conçues.

Le Comité d'organisation avait mis à sa tête M. Renouard, sénateur, ancien président de la Cour de cassation, dont la compétence en matière de propriété industrielle était universellement reconnue; mais la mort vint le frapper avant qu'il eût pu terminer la mission qu'il avait acceptée. Heureusement, le Comité d'organisation comptait dans son sein des hommes éminents,

---

brique, et M. de Maillard de Maraly celui de la section des marques de fabrique et de commerce; enfin M. Ch. Thirion fut chargé de présenter, au nom du Comité d'organisation, l'exposé de la période préparatoire du Congrès.

dignes émules de celui qui venait de lui être enlevé, et l'œuvre d'organisation put se terminer sans encombre : M. Bozérian, sénateur, ancien avocat à la Cour de cassation; M. Tranchant, conseiller d'État, vice-présidents du Comité d'organisation, parèrent à tout, secondés par leurs collègues du Comité dont le dévouement ne leur fit pas défaut.

Le Congrès s'ouvrit donc au jour dit, au milieu d'une affluence considérable, sous les auspices de deux ministres entourés d'une délégation officielle de presque toutes les nations étrangères (1).

Les discussions du Congrès ont été à la hauteur du but poursuivi par les organisateurs, et toutes les questions qui intéressent la propriété industrielle et la protection due aux inventeurs ont été examinées avec la compétence que l'on devait attendre d'une assemblée réunissant toutes les capacités en la matière. Nous nous proposons, dans ce travail, d'examiner successivement les résolutions votées par le Congrès, en exposant les divers arguments présentés pour et contre et en indiquant la solution qui a nos sympathies et les motifs qui nous font accepter telle solution plutôt que telle autre. Dans cet examen, nous suivrons l'ordre que le Congrès a lui-même suivi,

---

(1) Voir aux Documents préliminaires, p. 13.

ou, du moins, dont il ne s'est écarté qu'exceptionnellement, quand des circonstances particulières l'y ont obligé, c'est-à-dire que nous nous occuperons d'abord des *questions communes* aux trois branches de la Propriété industrielle, puis successivement de chacune de ces branches : les *brevets d'invention*, les *dessins et modèles industriels*, les *marques de fabrique et de commerce*.

Ce qui se dégage, tout d'abord, de l'ensemble des discussions qui ont eu lieu et des opinions nettement exprimées par les représentants de toutes les nations industrielles, c'est que l'idée de protéger la propriété industrielle par une législation internationale aussi uniforme que possible est arrivée aujourd'hui à sa maturité. Le grand développement pris par les relations internationales, les facilités de toute nature qu'elles trouvent maintenant pour se produire ne permettent plus, en effet, d'enfermer les droits des auteurs industriels dans les limites de leurs pays respectifs, et il ne peut plus exister de frontières au delà desquelles la contrefaçon cesse d'être une atteinte coupable à la propriété d'autrui pour devenir licite et créer même un titre à la concession d'un droit privatif.

Or, jusqu'ici on s'était contenté de lois spéciales à chaque pays, qui étaient très-différentes de l'un à l'autre, même souvent inconciliables sur des points essentiels, et qui, en général, faisaient aux étrangers la situation la plus difficile; pour les dessins et les marques de fabrique, mais non pas pour les brevets, on avait de plus conclu quelques conventions de garantie réciproque d'État à État, ou bien ajouté à des traités de commerce un article sur ce sujet; mais ces conventions, qui eussent été insuffisantes même si elles avaient existé pour tous les pays, et qui d'ailleurs, nous le répétons, ne s'appliquaient pas aux brevets, la branche la plus importante de la propriété industrielle, avaient en outre l'inconvénient de présenter entre elles les mêmes anomalies et les mêmes contradictions que les lois nationales. En résumé, le régime sous lequel se trouvait placée la propriété industrielle manquait absolument de l'uniformité sans laquelle il est impossible que ce genre de propriété reçoive une protection efficace.

Il y a vingt ans environ que le public industriel des principaux États européens sentit la nécessité de reviser les lois qui y régissent les brevets d'invention, qu'une minorité assez importante parlait de supprimer, tant à cause de l'imperfection de leur fonctionnement qu'en s'inspirant de théories qui déniaient à l'inventeur tout droit de propriété sur sa découverte. Les études et les discussions qui commencèrent alors et qui prirent de plus en plus d'extension ne pouvaient manquer d'aboutir à ce double résultat : conservation des brevets et reconnaissance de la nécessité de les soumettre aux mêmes règles dans tous les pays, en vertu d'une entente internationale.

Toutefois, l'utilité d'une protection internationale, que M. Woodcroft, surintendant des spécifications au *Patent Office* de Londres, indiquait dès 1856, ne se manifesta avec l'autorité attachée au vote d'une grande réunion qu'en 1873, au Congrès tenu à l'Exposition universelle de Vienne. Dès ce jour, la cause pouvait être regardée comme gagnée.

Cependant, les travaux du Congrès de Vienne présentèrent deux lacunes considérables : d'abord il ne s'occupa que des brevets et négligea les marques de fabrique et les dessins industriels ; en second lieu, il ne prit aucune mesure efficace en vue de la réalisation d'une entente internationale, de sorte que la Commission de permanence qu'il nomma pour poursuivre son œuvre ne put obtenir aucun résultat matériel à cet égard. Les mêmes observations s'appliquent aux réunions internationales moins importantes qui se sont tenues depuis.

Il était réservé au Congrès de Paris de combler ces lacunes et de mettre la question tout entière en état de passer aux mains des divers Gouvernements, auxquels il indiqua, avec toute l'autorité résultant de la compétence de ses membres, de leur nombre, de leurs nationalités si diverses, et de la présence dans son sein de représentants officiels de tous les grands pays, les bases sur lesquelles devait et pouvait se faire une entente internationale.

Pour étudier les quelques points que le temps ne lui avait pas permis d'examiner, ainsi que pour s'occuper de faire passer ses résolutions dans le domaine des faits, le Congrès institua une Commission permanente de délégation (1), qu'il eut soin de composer de sections nationales formées de membres du Congrès, en leur laissant la faculté de s'adjoindre les personnes les plus autorisées en la matière dans leurs pays respectifs ; ces sections devaient rester en rapports entre elles et spécialement avec la section française siégeant à Paris, c'est-à-dire près du Gouvernement à qui le Congrès avait offert et qui avait accepté de prendre l'initiative d'une conférence des différents Gouvernements en vue de la création d'une Union internationale.

Tout autorise donc à dire que le Congrès de Paris peut être le dernier sur cette question de la garantie de la propriété industrielle, qu'il a si

---

(1) Voir aux Documents préliminaires, p. 30.

laborieusement et si consciencieusement étudiée ; il a maintenant achevé son œuvre, et c'est aux Gouvernements de faire la leur en s'entendant pour donner force de loi aux solutions que le Congrès a définitivement recommandées avec une autorité si grande.

M. Teisserenc de Bort, ministre de l'agriculture et du commerce de France, semblait, du reste, avoir bien compris la grandeur de la tâche du Congrès dont il était un des présidents d'honneur, lorsqu'il disait dans son discours d'inauguration :

« Une étude qui aura pour but de comparer les mé-
« rites de ces législations et de préparer une entente
« destinée à les rendre uniformes est donc non seule-
« ment opportune, mais d'une pressante nécessité.
« Jetez les bases d'une législation internationale. La
« propriété industrielle ne sera vraiment protégée que
« quand elle trouvera partout des règles simples,
« uniformes, précises, formant entre les États une sorte
« de régime conventionnel, une sorte d'assurance mu-
« tuelle contre le plagiat et la contrefaçon. »

Et quelques jours plus tard, le même Ministre acceptait dans les termes suivants de prendre l'initiative d'une convention internationale :

« Vous me demandez aujourd'hui d'entreprendre de
« faire accepter par vos Gouvernements respectifs ces
« résolutions comme base d'une législation internatio-
« nale, en sorte que le vœu que j'exprimais à l'ouverture
« de votre Congrès trouverait sa réalisation et que la

« propriété industrielle obtiendrait partout les mêmes
« garanties.

« Eh bien! Messieurs, je n'hésite pas à accepter cette
« honorable mission, sans m'en dissimuler, d'ailleurs,
« ni les labeurs ni les difficultés; mais je ne veux voir
« en ce moment que la grandeur du but et l'importance
« des intérêts qu'il s'agit de faire prévaloir. J'y emploie-
« rai mes efforts, qui, je l'espère, seront à la hauteur
« de la tâche que vous désirez me confier.

« Je l'accepte, Messieurs, parce que, sur tous les points
« essentiels que vous avez approfondis dans le cours de
« vos séances, je suis absolument d'accord avec la ma-
« jorité du Congrès. »

Il suffirait de mettre ces dispositions du Ministre à l'égard de l'œuvre du Congrès qui s'était assemblé sous le patronage du Gouvernement français, en parallèle avec l'abstention volontaire de notre Gouvernement au moment du Congrès de Vienne, pour voir quel chemin a fait en cinq ans l'idée de protéger la propriété industrielle par une législation uniforme (1).

L'uniformité de cette législation pourra-t-elle cependant être absolue? Non, évidemment; car il faudra tenir compte des différences qui existent

---

(1) La Commission permanente a maintenant accompli une partie de sa tâche, puisque, sur l'initiative de la section française, notre Gouvernement a engagé l'action diplomatique qui devait avoir pour objet la réunion de la Conférence internationale *officielle*, destinée à poser les premières bases d'une législation uniforme en matière de propriété industrielle, et que cette Conférence doit s'ouvrir incessamment.

dans la législation générale de chaque pays, avec laquelle la législation spéciale sur les brevets, sur les dessins et marques de fabrique, a nécessairement de nombreux points de contact. Mais à cela il n'y pas d'inconvénient, et pour que l'entente internationale donne tous ses fruits, il suffit que chaque industriel ou commerçant puisse faire respecter ses droits dans tous les États, et que les dispositions essentielles de la loi soient de nature à encourager l'esprit d'invention et le développement du travail et des échanges.

A ce sujet, nous ne pouvons nous empêcher de nous demander si le Congrès a bien compris de quelle pensée on devait s'inspirer dans une loi sur les brevets, pour que ceux-ci donnent tous les résultats qu'ils sont capables de produire. La présence dans son sein d'une majorité française tendait à y faire prévaloir et y fit prévaloir, en effet, malgré quelques concessions faites aux étrangers, presque tous partisans de l'examen préalable, les idées de la loi de 1844, dont un caractère saillant consiste dans la délivrance des brevets sans examen et sans garantie, ce qui revient à la délivrance de simples certificats de dépôt ne donnant pas aux inventions pour lesquelles ils sont accordés la moindre présomption de nouveauté ou de brevetabilité.

Eh bien! croit-on que ce soit là le moyen de

donner aux brevets de l'autorité et du prestige, et d'encourager l'inventeur dans ses recherches en lui fournissant des chances sérieuses, soit de vendre le brevet qu'il aura obtenu, soit de trouver pour l'exploiter les capitaux qui lui manquent le plus souvent? Ne comprend-on pas que comme les brevets délivrés sans examen ont beaucoup plus de chances d'être nuls, au moins en partie, que d'être valables, ils seront toujours regardés avec défiance par les capitalistes et par le public en général, qui, dans ces conditions, refusera d'y consacrer ou ses efforts ou son argent, à moins qu'il ne s'agisse d'une de ces découvertes qui semblent offrir des avantages exceptionnels et qui valent la peine qu'à tout hasard on fasse des recherches pour s'éclairer sur la valeur légale du brevet? Tous ces inconvénients du système de l'enregistrement pur et simple sont démontrés par l'expérience et ne sauraient être niés. Il ne reste donc qu'à rechercher si le système de l'examen préalable, qui fait disparaître ces inconvénients d'une façon à peu près complète, n'en amène pas d'autres aussi grands, quoique d'une nature différente. Or, nous ne le croyons pas, après avoir pesé toutes les objections que l'on a soulevées contre ce système et en présence de l'expérience des pays où il fonctionne.

Nous ne voulons pas entrer ici, sur ce sujet, dans des développements que l'on trouvera plus loin ; mais en signalant le système mixte que le Congrès a adopté comme un moyen terme, celui de l'avis secret donné officieusement sur toutes les demandes de brevets, nous désirons constater l'importance de cette concession arrachée par la discussion à une majorité partisante de l'enregistrement ; cette mesure, qui offre à peu près tous les inconvénients d'un système sans avoir presque aucun des avantages de l'autre, n'est, nous l'espérons, qu'un acheminement vers l'application complète du système de l'examen préalable. Il faudra, en effet, choisir résolument entre ces deux doctrines : ou délivrance de simples certificats de dépôt ne nécessitant aucuns frais d'examen préalable, ou accord des brevets après un examen et dans le cas seulement où son résultat a été favorable, de manière qu'ils présentent une grande présomption de validité et, par suite, ne soient pas le plus souvent, entre les mains de leur propriétaire, un titre dont il ne peut tirer aucun profit. Quant à l'avis secret qui serait donné à l'inventeur, il n'aurait même pas l'avantage d'éclairer celui-ci d'une manière sérieuse, car nous sommes certain qu'aucun pays ne se résoudra à supporter les charges d'une administration et d'un personnel suffisants, en vue de l'accomplissement de cette simple mission officieuse, outre que cet avis, puisqu'il ne pourrait pas, dans le cas où il serait défavorable, être suivi du refus du brevet, n'empêcherait nullement ceux qui le voudraient d'en imposer au public à l'aide d'un brevet nul, au grand détriment du crédit des brevets sérieux.

Le rejet du principe de l'examen préalable est la seule mesure que nous ayons plus particulièrement à regretter dans l'œuvre du Congrès ; nous aurons bien, au courant de notre étude, à indiquer nos préférences pour telle ou telle opinion qui n'a pas prévalu, mais on peut assurer que les résolutions adoptées par le Congrès donnent satisfaction aux principes essentiels qui doivent servir de base à la garantie des droits des inventeurs, et lorsqu'on aura fait disparaître certaines dispositions tracassières qui compliquent la plupart des législations, le but de l'unification sera bien près d'être atteint. Une bonne loi sur la matière ne peut, en effet, négliger d'observer quelques grands principes qui concilient les exigences de l'équité et la nécessité de donner satisfaction dans la plus large mesure aux intérêts du public et à ceux de l'inventeur, qui ont une connexité étroite, ainsi qu'on le comprend bien aujourd'hui.

Ces principes, on pourrait, suivant nous, les résumer ainsi :

(*a*) — Il doit être reconnu à l'inventeur, et à lui seul, un droit de propriété absolu sur sa découverte, quelles que soient la nature et l'importance de celle-ci, pourvu qu'elle présente le caractère d'une invention industrielle.

(*b*) — Le titre reconnaissant cette propriété doit lui être délivré par l'État dans de telles conditions que, sans constituer un titre inattaquable (car il faut que toutes les erreurs qui seraient commises puissent être réparées), il présente une très grande présomption de validité.

(*c*) — Il importe que la spécification fournie par l'inventeur, qui est un acte public, donne une description claire et complète de son invention, *et précise les points dont il revendique la propriété.* Il doit d'ailleurs avoir le droit de la modifier ultérieurement, aussi bien pour lui faire subir des retranchements que pour y faire des additions. Il doit pouvoir également renoncer à son brevet quand il le juge convenable, en cessant d'en payer les annuités, dont le chiffre doit augmenter graduellement.

(*d*) — En ce qui concerne la contrefaçon, il faut se rappeler que le contrefacteur l'est souvent à son insu et que, dans ce cas, il ne doit être tenu qu'à la réparation civile du préjudice causé; mais, en revanche, s'il est reconnu de mauvaise foi, il doit être sévèrement puni, pour que de pareils agissements cessent d'être un métier profitable.

(e) — Quant aux tribunaux auxquels on attribuera la connaissance des questions de brevets, ils devront justifier cette compétence par leur aptitude à comprendre les affaires qui leur seront soumises, ce qui implique la nécessité d'y faire entrer, d'une façon normale, l'élément technique.

(f) — Il faut, en outre, que les brevets reçoivent, aussitôt qu'ils sont délivrés, la plus grande publicité possible et que tout le monde puisse s'éclairer facilement sur leur existence et sur leur objet.

(g) — Enfin, au point de vue des rapports entre les nations, les règles à observer peuvent se résumer en peu de mots : assimilation des étrangers aux nationaux; indépendance complète des brevets pris dans les divers pays; priorité assurée à l'inventeur, pendant un temps déterminé, pour la garantie de ses droits dans les divers États.

Tels sont les principes essentiels qui doivent, selon nous, former la base d'une législation sur les brevets; celle-ci doit, en outre, être aussi simple que cela est compatible avec la nécessité de prévoir implicitement les cas innombrables qui se présentent dans la pratique, ce qui exige que le législateur tienne compte de la longue expérience acquise aujourd'hui et dont les résolutions du Congrès peuvent être regardées comme la résultante.

Tout ce que nous venons de dire au sujet de la protection des inventions s'applique aussi aux dessins ou modèles industriels et aux marques de fabrique, sous réserve des exigences particulières qui naissent de la différence du sujet. Là encore, il faut une législation simple, claire et libérale, assurant la publicité des priviléges accordés et facilitant la solution des procès qu'elle n'aura pas pu prévenir. L'étude très approfondie que le Congrès a faite de ces deux branches de la propriété industrielle ne nous laisse qu'un seul regret, c'est qu'il ait laissé sans solution un point important, en renonçant à indiquer ce qui constituerait la contrefaçon; s'il est vrai, comme on l'a rappelé, qu'une définition soit dangereuse, il est plus dangereux encore de laisser le public et les juges eux-mêmes dans l'ignorance de ce qui est licite et de ce qui ne l'est pas. Au surplus, il ne nous paraît pas à craindre que lorsqu'il s'agira de rédiger la loi on puisse y laisser une lacune de ce genre, et notre seul regret est donc que le Congrès ait renoncé volontairement à étudier ce point en ce qui concerne les dessins de fabrique, comme il y avait renoncé, faute de temps, en ce qui regarde les brevets d'invention.

En définitive, le Congrès de Paris a mené à bien une œuvre considérable dont on ne saurait surfaire le mérite et l'utilité. Les résolutions qu'il a votées au sujet des trois branches de la propriété industrielle, et dont le nombre n'est pas moindre de soixante-quinze (1), ne laissent plus que peu de travail à faire pour les coordonner et pour les compléter sur quelques points; après quoi, l'on aura tous les éléments d'une législation internationale sur la matière.

Ch. THIRION.

---

(1) Voir aux Documents préliminaires, page 15.

DOCUMENTS PRÉLIMINAIRES

DOCUMENTS PRÉLIMINAIRES

MEMBRES DU COMITÉ D'ORGANISATION

DU CONGRÈS INTERNATIONAL DE LA PROPRIÉTÉ INDUSTRIELLE

MM.

ARMENGAUD aîné fils, membre de la Société des ingénieurs civils, conseil en matière de brevets d'invention.
ARMENGAUD jeune, ingénieur, membre de la Société des ingénieurs civils.

BARBEDIENNE, fabricant de bronzes d'art.
BARRAULT (Émile), membre du Comité des ingénieurs civils, solliciteur de brevets d'invention.
BAUDELOT, président du Tribunal de commerce de la Seine.
BOZÉRIAN (J.), membre du Sénat de France, avocat à la Cour d'appel de Paris, *vice-président du Comité d'organisation.*

CHAMPETIER DE RIBES, avocat à la Cour d'appel de Paris.
CHRISTOFLE, fabricant d'orfèvrerie.
CLUNET, avocat à la Cour d'appel de Paris, rédacteur en chef du *Journal du droit international privé, secrétaire du Comité d'organisation.*
CORDIER, membre du Sénat de France.

DECK (Th.), fabricant de faïences d'art.
DESNOS, ingénieur civil, conseil en matières de brevets d'invention.
DOUBET (le comte DE), membre du Sénat de France.
DUMOUSTIER DE FRÉDILLY, directeur du commerce intérieur au Ministère de l'agriculture et du commerce.
DUMOUSTIER DE FRÉDILLY (A.), chef du bureau de l'industrie au Ministère de l'agriculture et du commerce.

MM

Duplan, vice-président de la Chambre syndicale des tissus de Paris.

Foucher de Careil, membre du Sénat de France.
Froment-Meurice, orfèvre.

Gevelot, député.
Girard (Aimé), professeur de chimie industrielle au Conservatoire des arts et métiers.
Goupil, éditeur.
Goupy, président du Conseil des prud'hommes de Paris (industries diverses).
Griolet, administrateur de la Compagnie des chemins de fer du Nord, ancien maître des requêtes.
Grodet (Albert), secrétaire du Comité du contentieux de l'Exposition universelle de 1878 (section de la Propriété industrielle.

Hérold, membre du Sénat de France.
Houette (Adolphe), président de la Chambre de commerce de Paris, *Trésorier du Comité d'organisation.*
Huard (A.), avocat à la Cour d'appel de Paris, vice-président de la Société des inventeurs et artistes industriels.

Laboulaye (Charles), secrétaire de la Société d'encouragement pour l'industrie nationale.
Lavollée, ancien préfet, membre du conseil de la Société d'encouragement pour l'industrie nationale.
Levasseur, membre de l'Institut, professeur au Collège de France et au Conservatoire des arts et métiers.
Lyon-Caen (Charles), professeur agrégé à la Faculté de droit de Paris, chargé du cours de législation industrielle.

Maillard de Marafy (le comte de), président du Comité consultatif de législation étrangère de l'Union des fabricants, à Paris.
Marciluacy, président de la Chambre syndicale des tissus de Paris.
Meurand, directeur des consulats au Ministère des affaires étrangères.

Ortolan, docteur en droit, rédacteur au Ministère des affaires étrangères.

Pascal Duprat, député de Paris.
Pataille, avocat à la Cour d'appel de Paris, rédacteur en chef des *Annales de la Propriété industrielle, artistique et littéraire.*

MM.

Péligot (Eugène), membre de l'Institut.
Péligot (Henri), ingénieur expert.
Poirrier, fabricant de produits chimiques, membre du Comité à l'Exposition de 1878.
Pouillet (E.), avocat à la Cour d'appel de Paris, auteur des Traités des brevets d'invention, des marques de fabrique et de commerce.

Renault, professeur agrégé à la Faculté de droit de Paris, chargé du cours de droit international.
Rendu (Ambroise), docteur en droit, avocat à la Cour d'appel de Paris.
Renouard, membre du Sénat de France, membre de l'Institut, ancien procureur général à la Cour de cassation, *président du Comité d'organisation*.
Rondelet, fabricant de broderies, membre de la Commission supérieure des expositions.
Roy (Gustave), membre de la Chambre de commerce de Paris.

Thirion (Ch.), ingénieur civil, conseil en matière de propriété industrielle, secrétaire du Comité central des Congrès et Conférences de l'Exposition universelle de 1878, *secrétaire du Comité d'organisation*.
Tirard, député de Paris.
Tranchant, conseiller d'État, *vice-président du Comité d'organisation*.
Tresca, membre de l'Institut, président de la Société des ingénieurs civils.

COMMISSION EXÉCUTIVE

MM.

Bozérian (J.).
Christofle.
Clunet.
Dumoustier de Frédilly (A.).
Houette.
Huard.

MM.

Lyon-Caen.
Maillard de Marafy (le comte de).
Renouard.
Thirion (Ch.).
Tranchant.

PROGRAMME DES QUESTIONS SOUMISES AU CONGRÈS

ÉLABORÉ PAR LE COMITÉ D'ORGANISATION

BREVETS D'INVENTION

I. — De la nature du droit de l'inventeur. — De la légitimité et de l'utilité des brevets d'invention.

II. — De la durée et de la prolongation des brevets.

III. — Des inventions brevetables ou non brevetables. — *Quid* spécialement des produits chimiques, des produits pharmaceutiques ou alimentaires, etc.?

IV. — Les brevets doivent-ils être délivrés avec ou sans examen préalable? — Dans tous les cas, le droit d'opposition à la délivrance des brevets doit-il être accordé aux tiers? — Dans quelle mesure et devant quelle juridiction?

V. — Les brevets d'invention doivent-ils être soumis à une taxe? — Cette taxe doit-elle être unique, périodique, progressive? — Des mesures doivent-elles être prises pour faciliter aux inventeurs pauvres le payement de la taxe?

VI. — La description des inventions peut-elle ou doit-elle être tenue secrète pendant un certain temps? — Des mesures à prendre pour la publicité des brevets, dessins, modèles et descriptions.

VII. — Des spécifications provisoires. — Du droit pour l'inventeur de préciser et de restreindre sa revendication. — Des certificats d'addition. — Y a-t-il lieu d'accorder au breveté, pendant un certain temps, un droit de préférence pour les perfectionnements relatifs à son invention?

VIII. — A quelles conditions une invention doit-elle être réputée nouvelle? — *Quid* spécialement de l'antériorité scientifique?

IX. — Par quels moyens doit-on chercher à concilier le droit du breveté avec les intérêts de l'industrie et du commerce? — De la déchéance pour non-payement de la taxe, pour défaut ou insuffisance d'exploitation, pour introduction dans le pays du brevet d'objets fabriqués à l'étranger. — De l'expropriation pour cause d'utilité publique. — Des licences obligatoires.

X. — Du droit de propriété ou de copropriété du brevet, et spécialement du droit des collaborateurs de l'invention (fonctionnaires, employés, etc.).

XI. — Les actions relatives aux brevets d'invention doivent-elles être portées devant la juridiction de droit commun ou devant une juridiction spéciale?

XII. — La contrefaçon doit-elle être réprimée par la loi pénale?

XIII. — Du droit des étrangers à l'obtention des brevets.

XIV. — Le droit de se faire délivrer un brevet d'importation doit-il être accordé seulement à l'inventeur déjà breveté à l'étranger et à ses ayant-cause?

XV. — Les brevets nationaux et les brevets pris à l'étranger doivent-ils être indépendants au point de vue de leur durée?

XVI. — Des mesures à prendre pour faciliter à l'inventeur le moyen de faire garantir ses droits simultanément dans les divers pays.

XVII. — Le simple fait de l'introduction en transit, par un tiers, d'un objet breveté fabriqué à l'étranger doit-il être assimilé à la contrefaçon?

XVIII. — De la protection des inventions figurant aux expositions internationales officielles.

XIX. — De la protection des droits des inventeurs en pays étranger au moyen de conventions internationales.

DESSINS ET MODÈLES DE FABRIQUE

I. — NATURE DU DROIT DES AUTEURS SUR LEURS DESSINS OU MODÈLES. — Quelle est la nature du droit reconnu par la plupart des législations aux auteurs de dessins ou de modèles industriels ou de fabrique? — Est-ce un véritable droit de propriété? — Ce droit se distingue-t-il du droit ordinaire de propriété?

II. — DÉFINITION DU DESSIN OU DU MODÈLE INDUSTRIEL. — Donner une définition précise du dessin ou du modèle industriel ou de fabrique. — Comment les œuvres industrielles se distinguent-elles des œuvres artistiques?

III. — DURÉE DU DROIT DES AUTEURS. — Le droit attribué aux auteurs de dessins ou de modèles doit-il être perpétuel? — Si ce droit n'est que temporaire, convient-il de fixer une durée uniforme pour tous les dessins et les modèles? — Quelle doit être la durée maximum de ce droit? — Si la durée de ce droit n'est pas uniforme, est-ce le législateur ou l'auteur qui doit fixer cette durée?

IV. — DE L'ENREGISTREMENT, DU DÉPÔT ET DE LA PUBLICATION DES DESSINS ET DES MODÈLES. — La protection accordée par la loi aux auteurs de dessins ou de modèles doit-elle être subordonnée à la condition d'un enregistrement préalable? — *Quid* du dépôt? — Si la nécessité d'un dépôt est reconnue, comment doit-il s'effectuer? — Faut-il exiger le dépôt de l'objet lui-même ou se contenter du épôt d'un spécimen? — Quel serait le genre de spécimen? — Le dépôt doit-il s'effectuer à couvert ou à découvert? — Convient-il de laisser à l'auteur le choix entre ces deux modes de dépôt? — Dans tous les cas, la durée du dépôt à couvert ne devrait-elle pas être restreinte? — Quelle serait l'étendue de cette restriction? — A l'expiration du délai déterminé pour le dépôt à couvert, les dessins ou modèles doivent-ils faire l'objet d'une publication? — En cas d'affirmative, quel serait le mode de publication? — Quels doivent être les lieux de dépôt? — Doivent-ils être les mêmes que pour les brevets d'invention? — Doivent-ils avoir un caractère administratif ou un caractere judiciaire? — Convient-il d'établir un dépôt central unique ou un dépôt central indépendamment des dépôts particuliers?

V. — DES TAXES. — La protection accordée par la loi aux auteurs de dessins ou de modèles doit-elle être subordonnée à la condition du payement d'une taxe? — En cas d'affirmative, convient-il d'établir une taxe unique ou des taxes successives? — Comment ces taxes devraient-elles être graduées? — Les taxes doivent-elles varier suivant la nature des dessins ou des modèles?

VI. — DES EFFETS DU DÉPÔT. — Quel doit être l'effet du dépôt? — Doit-il être attributif ou simplement déclaratif de propriété? — La validité du dépôt doit-elle être subordonnée à la condition de la nouveauté du dessin ou du modèle? — En cas d'affirmative, quel doit être le caractère de la nouveauté au moment du dépôt? — Cette condition de nouveauté doit-elle être l'objet d'un examen préalable au moment du dépôt? — A quelle autorité cet examen devrait-il être confié?

VII. — DES DÉCHÉANCES. — Doit-on soumettre l'auteur d'un dessin ou d'un modèle à l'exploitation continue de son œuvre, à peine de déchéance? — En cas d'affirmative, après combien de temps cette déchéance devrait-elle être encourue? — La fabrication ou l'exploitation de dessins ou de modèles à l'étranger doit-elle être une cause de déchéance? — Comment doit être réglée la question du transit de ces dessins ou de ces modèles? — Doit-on soumettre les propriétaires de dessins ou de modèles à l'obligation de marquer leurs produits d'un signe spécial?

VIII. — DE LA CONTREFAÇON. DES ACTIONS EN NULLITÉ OU EN DÉCHÉANCE. — L'action en contrefaçon doit-elle être portée exclusivement devant la juridiction civile? — Doit-on admettre la juridiction pénale? — Y a-t-il lieu d'organiser une juridiction spéciale pour connaître de ces actions? — Quelle serait cette juridiction? — Ces actions doivent-elles être soumises à un préliminaire spécial de conciliation? — Devant quelle autorité? — Par quelles personnes les actions en nullité ou en déchéance peuvent-elles être intentées.

IX. — DU DROIT DES ÉTRANGERS. — La protection de la loi doit-elle être accordée aux étrangers? — Convient-il d'établir des distinctions entre les étrangers ayant un domicile, une résidence, un centre de fabrication ou d'exploitation dans le pays dont ils réclament la protection, et les autres étrangers ? — Cette protection doit-elle être soumise à la condition de réciprocité ? — La situation des étrangers doit-elle être réglée par la loi ou par des traités internationaux ?

X. — DES MESURES RELATIVES AUX EXPOSITIONS UNIVERSELLES. — Convient-il d'accorder une garantie provisoire aux auteurs de dessins ou de modèles nationaux ou étrangers admis à figurer aux expositions internationales officielles ?

XI. — DES PHOTOGRAPHIES. — Une protection légale doit-elle être accordée aux auteurs d'œuvres photographiques ? — En cas d'affirmative, doit-on assimiler ces œuvres aux œuvres artistiques ou aux œuvres industrielles ?

MARQUES DE FABRIQUE OU DE COMMERCE

I. — DU DROIT DE PROPRIÉTÉ DES MARQUES. — La marque doit-elle être obligatoire ou facultative ? — En quoi peut consister la marque ? — *Quid* du nom du fabricant ? — *Quid* du lieu de fabrication ? — Tous les produits peuvent-ils être protégés par une marque ?

II. — DU DÉPÔT ET DE SES EFFETS. — Y a-t-il lieu à dépôt ? Peut-il être provisoire ? Quelles sont les formes et conditions du dépôt ? Quels sont ses effets ? — Le dépôt doit-il être déclaratif ou attributif de propriété ? Perpétuel ou renouvelable ? — Dans le dernier cas, convient-il de fixer des époques générales de renouvellement ? — Le dépôt doit-il être soumis à un examen préalable ? — La marque déposée doit-elle porter la mention du dépôt ? — Les mutations doivent-elles être mentionnées sur un registre spécial ?

III. — DE LA COMMUNICATION ET DE LA PUBLICATION DU DÉPÔT. — N'y a-t-il pas lieu de constituer un Conservatoire central, indépendamment des Conservatoires locaux ? Ce Conservatoire central ne doit-il pas être le même que celui des brevets d'invention, dessins et modèles de fabrique ?

IV. — JURIDICTION. — Quelles actions doivent être reconnues au propriétaire d'une marque en cas d'atteinte portée à ses droits ? *Quid* de l'action civile ? *Quid* de l'action pénale ? — L'emploi par autrui d'une marque non déposée peut-il donner ouverture à une action ? — L'action publique devra-t-elle être précédée de la plainte de la partie lésée ? — Le désistement du plaignant doit-il arrêter le cours de l'action ? — Le débitant doit-il être tenu de dénoncer son vendeur sous peine de ne pas être admis à prouver sa bonne foi ? — La mention mensongère de « marque déposée » doit-elle être réprimée ?

V. — Nullités et déchéances. — Par qui la nullité du dépôt peut-elle être demandée ? *Quid* du déposant ? *Quid* des tiers ? — En cas de l'annulation du dépôt, de déchéance, de non-emploi ou d'abandon d'une marque, quels sont les droits des tiers ? — La marque peut-elle faire l'objet d'une nouvelle appropriation ? Dans quel délai ?

VI. — Du droit des étrangers. — La protection des marques étrangères doit-elle être subordonnée à la condition de réciprocité ? — Cette protection doit-elle être basée sur une réciprocité effective, ou sur le traitement assuré aux nationaux ? — N'y a-t-il pas lieu de considérer comme provisoirement déposée dans tous les pays liés par des obligations de réciprocité, la marque déposée dans l'un d'eux, à charge de transcription dans un délai déterminé ? — La marque, régulièrement déposée dans le pays d'origine, doit-elle être tout au moins acceptée telle quelle dans les autres pays, sans tenir compte des exigences de la loi du pays d'importation ? — N'y a-t-il pas lieu d'accorder, comme aux brevets d'invention et aux dessins et modèles de fabrique, une garantie provisoire aux marques de fabrique et de commerce relatives à des produits ou objets admis aux expositions officielles ?

NOM COMMERCIAL

Du droit de propriété du nom commercial. — Le droit à la propriété du nom relève-t-il du droit civil ou du droit des gens ? — Le nom d'un commerçant peut-il tomber dans le domaine public, et à quelles conditions ? — La protection du nom doit-elle être soumise aux mêmes conditions et formalités que la protection de la marque ? — Les acquéreurs d'un produit peuvent-ils y apposer le nom du producteur sans son consentement ? — La protection du nom commercial étranger résulte-t-elle nécessairement de la protection accordée aux marques ?

MÉDAILLES ET RÉCOMPENSES INDUSTRIELLES

DÉCERNÉES PAR L'AUTORITÉ PUBLIQUE

L'usurpation des médailles et récompenses industrielles décernées par l'autorité publique, spécialement dans les expositions officielles, doit-elle être considérée comme un délit ?

COMPOSITION DU BUREAU DU CONGRÈS

Présidents d'honneur.

MM. Teisserenc de Bort, Ministre de l'agriculture et du commerce de France.
  Chlumetzky (de), Ministre du commerce et des travaux publics d'Autriche.
  Siemens (C. W.), ancien président du Congrès des Brevets d'invention de Vienne, en 1873.

Président.

M. J. Bozérian, membre du Sénat de France, avocat à la Cour d'appel de Paris.

Vice-présidents.

MM. Tranchant, conseiller d'Etat.
  Duhoustier de Frédilly, directeur du commerce intérieur au Ministère de l'agriculture et du commerce.
  Meurand, directeur des consulats au Ministère des affaires étrangères.
  Barbedienne, fabricant de bronzes d'art.
  Bodenheimer, membre du Conseil des Etats, à Berne.
  Hegedus, membre du Parlement hongrois, à Buda-Pesth.
  Klostermann, conseiller intime, à Bonn.
  Mullendorff, conseiller du Gouvernement Grand-Ducal du Luxembourg.
  Nebolsine (de), conseiller d'Etat de Russie, à Saint-Pétersbourg.
  Pollok, ingénieur civil, à Washington.
  Reuleaux, conseiller intime, à Berlin.
  Rosas (de), conseiller supérieur des finances d'Autriche, à Vienne.
  Selwyn (l'amiral), à Londres.
  Stoltz, ingénieur civil, à Christiania (Norwége).
  Torrigiani, membre du Parlement d'Italie, conseiller d'Etat, à Rome.

Secrétaire général.

M. Thirion (Ch.), ingénieur civil, à Paris, conseil en matière de propriété industrielle, secrétaire du Comité central des Congrès et Conférences de l'Exposition universelle de 1878.

Secrétaires.

MM. CLUNET, avocat à la Cour d'appel de Paris.
GRODET (Albert), secrétaire du Comité du contentieux de l'Exposition universelle de 1878.
RENDU (Ambroise), docteur en droit, avocat à la Cour d'appel de Paris.
ALEXANDER, avocat, à Londres.
BIEBUYCK (Edouard), avocat, à Bruxelles.
KAUPÉ (Frédéric), ingénieur civil, à Saint-Pétersbourg, conseil en matière de brevets d'invention.
PIEPER (Carl), ingénieur civil, à Dresde.
SCHMIDT, docteur en chimie, ingénieur civil, à Vienne.

DÉLÉGUÉS DES GOUVERNEMENTS

ALLEMAGNE

M. Reuleaux, conseiller intime à Berlin, membre du Bureau des patentes.

ESPAGNE

M. Santos (E. de), commissaire délégué du Gouvernement espagnol à l'Exposition universelle de 1878.

ÉTATS-UNIS

MM. Pollock, ingénieur, à Washington.
Lincoln (F.-D.), avocat, à Cincinnati.
Blake (W.-P.), de Newhaven, membre du jury international de l'Exposition de 1878.

HONGRIE

M. Hegedus, membre du Parlement hongrois, à Buda-Pesth.

ITALIE

MM. Torrigiani, député au Parlement italien, conseiller d'État, à Rome.
Romanelli, directeur du commerce et de l'industrie au Ministère d'agriculture, industrie et commerce, à Rome.

LUXEMBOURG

M. Mullendorff, conseiller du Gouvernement Grand-Ducal du Luxembourg.

NORWÈGE

M. Stoltz (Dr), ingénieur civil à Christiania.

RUSSIE

M. Neholsine (A. de), conseiller d'État à Saint-Pétersbourg.

SUÈDE

MM. Groth (L.-A.), ingénieur civil, à Stockholm.
Lundsxböm (Ch.), propriétaire d'usines.

SUISSE

MM. Bodenheimer, membre du Conseil des États, à Berne.
Imer-Schneider (Edmond), ingénieur civil, à Berne.
Schbeyer, professeur de législation comparée, à Genève.

RÉSOLUTIONS VOTÉES PAR LE CONGRÈS

INTERNATIONAL

DE LA PROPRIÉTÉ INDUSTRIELLE

QUESTIONS GÉNÉRALES

1. — Le droit des inventeurs et des auteurs industriels sur leurs œuvres ou des fabricants et négociants sur leurs marques, est un droit de propriété. La loi civile ne le crée pas; elle ne fait que le réglementer.

2. — Les étrangers doivent être assimilés aux nationaux.

3. — Les stipulations de garantie réciproque de la Propriété industrielle doivent faire l'objet de conventions spéciales et indépendantes des traités de commerce ainsi que des conventions de garantie réciproque de la Propriété littéraire et artistique.

4. — Un *Service spécial de la Propriété industrielle* doit être établi dans chaque pays. Un *Dépôt central* des brevets d'invention, des marques de fabrique et de commerce, des dessins et des modèles industriels, doit y être annexé pour la communication au public. Indépendamment de toute autre publication, le Service de la Propriété industrielle doit faire paraître une *Feuille officielle* périodique.

5. — Il y a lieu d'accorder une protection provisoire aux inventions brevetables, aux dessins et modèles industriels, ainsi qu'aux marques de fabriques ou de commerce figurant aux expositions internationales, officielles ou officiellement autorisées.

6. — La durée pendant laquelle sont protégés les inventions, marques, modèles et dessins figurant auxdites expositions internationales doit être déduite de la durée totale de la protection légale ordinaire, et non lui être ajoutée.

7. — La protection provisoire accordée aux inventeurs et auteurs industriels qui prennent part auxdites expositions internationales devrait être étendue à tous les pays qui sont représentés à ces expositions.

8. — Le fait qu'un objet figure dans une exposition internationale ne saurait faire obstacle au droit de saisir réellement cet objet s'il est argué de contrefaçon.

9. — Chacune des branches de la Propriété industrielle doit faire l'objet d'une loi spéciale et complète.

10. — Il est à désirer qu'en matière de Propriété industrielle la même législation régisse un État et ses colonies, ainsi que les diverses parties d'un même État. Il est également à désirer que les conventions de garantie réciproque de la Propriété industrielle conclues entre deux États soient applicables à leurs colonies respectives.

11. — La contrefaçon d'une invention brevetée, d'un dessin, d'un modèle industriel ou d'une marque déposés, est un délit de droit commun.

12. — Il est à désirer que le dépôt des demandes de brevets, de marques, de dessins et de modèles puisse s'effectuer simultanément à l'autorité locale compétente et aux consulats des diverses nations étrangères.

13. — Le Congrès émet le vœu que, au regard des pays d'Orient qui n'ont point pourvu par des lois à la protection de la Propriété industrielle, et notamment au regard de l'Égypte, où fonctionne une juridiction mixte internationale, l'action diplomatique intervienne pour obtenir des Gouvernements de ces pays qu'ils prennent des mesures efficaces qui assurent aux inventeurs et auteurs industriels le respect de leur propriété.

BREVETS D'INVENTION

1. — En dehors des combinaisons et plans de finances et de crédit, et des inventions contraires à l'ordre public et aux bonnes mœurs, toutes les inventions industrielles seront brevetables. Des brevets doivent être accordés aux inventeurs de produits chimiques, alimentaires et pharmaceutiques (1).

2. — Les brevets doivent assurer, pendant toute leur durée, aux inventeurs ou à leurs ayants cause, le droit exclusif d'exploiter l'invention et non un simple droit à une redevance qui leur serait payée par les tiers exploitants.

---

(1) Par suite d'une erreur, le texte de cette résolution, voté par le Congrès, le 9 septembre 1878, n'a pas été reproduit dans le *Journal officiel de la République française* en date du 24 septembre, et dans quelques impressions postérieures.

3. — Le principe de l'expropriation pour cause d'utilité publique est applicable aux brevets d'invention.

Le caractère d'utilité publique doit être reconnu par une loi.

4. — Le brevet doit être délivré à tout demandeur, à ses risques et périls. Cependant il est utile que le demandeur reçoive un avis préalable et secret, notamment sur la question de nouveauté, pour qu'il puisse, à son gré, maintenir, modifier ou abandonner sa demande.

5. — Les brevets doivent être soumis à une taxe.
La taxe doit être périodique et annuelle.

6. — La taxe doit être progressive, en partant d'un chiffre modéré au début.

7. — La taxe ne sera exigible que dans le cours de l'année.

8. — L'introduction dans le pays où le brevet a été délivré, de la part du breveté, d'objets fabriqués à l'étranger, ne doit pas être interdite par la loi.

9. — La déchéance pour défaut de payement de la taxe ne doit pouvoir être prononcée qu'après l'expiration d'un certain délai depuis l'échéance.
Même après l'expiration de ce délai, le breveté doit être admis à justifier des causes légitimes qui l'ont empêché de payer.

10. — Il y a lieu d'admettre la déchéance pour défaut d'exploitation. Cette déchéance devra être prononcée par la juridiction compétente.

11. — Les droits résultant des brevets demandés ou des dépôts effectués dans les différents pays pour un même objet sont indépendants les uns des autres, et non pas solidaires en quelque mesure que ce soit, comme cela a lieu aujourd'hui pour beaucoup de pays.

12. — Les Gouvernements sont priés d'apporter la plus grande célérité possible à la délivrance des brevets demandés, et le Congrès émet le vœu que le délai entre la demande et la délivrance des brevets n'excède pas trois à quatre mois.

DESSINS ET MODÈLES INDUSTRIELS

1. — Une définition des dessins et modèles industriels doit être donnée par la loi qui les régit.

2. — Sont réputés dessins industriels tout arrangement, toute disposition de traits ou de couleurs destinés à une production industrielle, et tous effets obtenus par des combinaisons de tissage ou d'impression.

Sont réputées modèles industriels toutes œuvres en relief destinées à constituer un objet ou à faire partie d'un objet industriel.

Ne sont pas compris dans ces catégories, encore qu'ils soient destinés à une reproduction industrielle, tout dessin ayant un caractère artistique, tout objet dû à l'art du sculpteur.

Quant aux inventions dans lesquelles la forme n'est recherchée par l'auteur qu'à raison des résultats industriels obtenus, elles seront régies par la loi spéciale sur les brevets.

3. — La durée du droit de propriété sera de 2, 3, 4, 5, 10, 15, 20, 30 années, à la volonté du déposant. Si ce droit a été réclamé pour une durée moindre de trente années, il pourra être prorogé jusqu'à l'expiration de ce délai, moyennant l'acquittement des droits.

La durée doit être uniforme pour tous les dessins et les modèles industriels.

4. — La protection accordée par la loi aux auteurs de dessins et modèles doit être subordonnée à la condition d'un dépôt préalable.

Le dépôt se fera sous la forme d'un spécimen, d'un échantillon, d'une esquisse ou d'une photographie.

Le dépôt devra être tenu secret pendant deux ans.

Le certificat de dépôt devra être délivré aux risques et périls du déposant.

5. — Le poids du pli cacheté ne doit pas dépasser 10 kilogrammes.

6. — A l'expiration du délai déterminé pour le dépôt à couvert, les dessins et modèles doivent être mis à la disposition du public, mais ne doivent pas être publiés officiellement.

Néanmoins, la *Feuille officielle du Service de la Propriété industrielle* de chaque pays doit publier périodiquement le nom des déposants et l'indication de l'objet des dépôts.

7. — Il est à désirer que, dans tous les pays, la loi prescrive la radiation, sur les registres de dépôt, des enregistrements reconnus frauduleux par l'autorité ou la juridiction compétente, ainsi que la substitution du nom du véritable propriétaire.

8. — Les enregistrements de dessins ou modèles industriels doivent avoir lieu moyennant le payement d'une taxe minime.

9. — Il n'y a pas lieu de soumettre les auteurs de dessins et modèles industriels à la déchéance pour défaut d'exploitation.

10. — Pour bénéficier de la protection légale, les auteurs de dessins ou de modèles industriels enregistrés doivent, autant que possible, les marquer d'un signe spécial indiquant l'enregistrement ainsi que la date et la durée du dépôt.

ŒUVRES PHOTOGRAPHIQUES

Une loi spéciale doit protéger les œuvres photographiques.

MARQUES DE FABRIQUE ET DE COMMERCE

1. — Une marque ne peut être revendiquée en justice si elle n'a été régulièrement déposée.

2. — Toute marque déposée dans un pays doit être également admise telle quelle, au dépôt, dans tous les pays concordataires.

3. — Tout dépôt fait régulièrement dans l'un quelconque des États concordataires est attributif de priorité d'enregistrement dans tous les autres États, à charge par le déposant d'en faire opérer la transcription, dans un délai à déterminer, au *Dépôt central* de chaque État.

4. — La marque de fabrique ou de commerce est facultative.
Toutefois, des actes du Pouvoir exécutif peuvent, exceptionnellement, déclarer la marque de fabrique ou de commerce obligatoire pour les produits qu'ils déterminent.

5. — Sont considérés comme marques de fabrique et de commerce : les noms et raisons de commerce, noms de lieux de fabrication, lettres, chiffres ou mots sous une forme distinctive, — les dénominations (si la dénomination n'est pas la désignation nécessaire du produit), — enseignes, — emblèmes, — empreintes, — timbres, — cachets, — étiquettes, — vignettes, — reliefs, — combinaisons de couleurs, — enveloppes, — liserés, — forme du produit ou de son contenant, — et tous autres signes servant, dans leur ensemble ou séparément, à distinguer les produits d'une fabrique, d'une exploitation agricole ou les objets d'un commerce.

6. — Nul ne peut revendiquer la propriété exclusive d'une marque, s'il n'en a fait personnellement ou par fondé de procuration, le dépôt régulier au *Dépôt local* établi par les lois ou les règlements.

7. — Le dépôt d'une marque de fabrique ou de commerce est simplement déclaratif de propriété.

8. — Toute marque doit être admise aux risques et périls du requérant, quels que soient la nature du produit et le choix des signes distinctifs. Cependant le requérant recevra un avis préalable et secret, notamment sur la question de nouveauté, pour qu'il puisse, à son gré, maintenir, modifier ou abandonner sa demande. Cet avis sera donné par le *Service spécial de la Propriété industrielle*, auquel le *Dépôt central* est annexé.

9. — Les pièces requises pour la validité du dépôt sont les suivantes (elles devront être remises par l'ayant droit au Dépôt local) :

A. — Trois exemplaires des signes distinctifs, lesquels seront accompagnés de la désignation des marchandises auxquelles ils sont destinés, des observations, du nom, de l'adresse et de la profession du déposant.

B. — Un cliché de la marque.

Les trois exemplaires de la marque, frappés du timbre du Dépôt local, seront affectés aux destinations suivantes :
L'un sera conservé au Dépôt local.
Un autre sera remis au déposant.
Le troisième sera adressé au *Dépôt central* pour être mis sans frais à la disposition du public.
Le dépôt, enregistré, sera publié au *Journal officiel* de l'État ou dans une feuille à ce destinée, dans le délai de quinzaine.
Le déposant ne pourra exercer le droit de revendication que dix jours francs après l'inscription du dépôt dans la *Feuille officielle*.
Le dépôt, enregistré, sera publié dans le journal commun à tous les Etats de l'Union.

10. — Le dépôt sera renouvelable par périodes, à partir d'une date fixe à déterminer.

11. — Sauf convention contraire, et publiée, la marque suit le sort de l'entreprise dont elle sert à caractériser les produits.

12. — La taxe consiste dans un droit d'enregistrement proportionnel au nombre des signes distinctifs à protéger, mais indépendant du nombre des produits.
Des marques se distinguant seulement par la dimension ou la couleur ne seront comptées que pour une seule.

13. — Les marques seront réunies et mises à la disposition du public, sans frais et en la forme déterminée par les règlements, dans les *Dépôts de la Propriété industrielle*.
Les marques seront classées dans des registres, par nature de produits et par ordre de réception.
Des catalogues alphabétiques, tenus constamment à jour, seront également mis à la disposition du public dans les mêmes locaux.

14. — On devra imprimer des fac-simile des marques de fabrique pour faire une publication périodique qu'on enverra aux chambres de commerce ou autres locaux pour y être mis à la disposition du public.

15. — L'exercice des actions civiles relatives aux marques n'exclut pas l'action pénale.

16. — Les acheteurs trompés peuvent avoir une action comme les propriétaires des marques contrefaites ou imitées.

17. — Tous les produits étrangers portant illicitement la marque d'un fabricant résidant dans le pays d'importation ou une indication de provenance dudit pays, sont prohibés à l'entrée et exclus du transit et de l'entrepôt, et peuvent êtres saisis en quelque lieu que ce soit, soit à la diligence de l'administration des douanes, soit à la requête du ministère public ou de la partie lésée.

18. — Sont assimilés aux contrefacteurs et imitateurs frauduleux de marques :

1° Ceux qui ont fait un usage illicite d'une marque portant des mentions telles que : façon de...... système de...... procédé de ..... à la .... ou toutes autres propres à tromper l'acheteur sur la provenance des produits ;

2° Ceux qui, sans autorisation de l'intéressé, auront fait intervenir le nom ou l'imitation du nom, ou l'adresse d'un tiers, de manière à tromper le public, dans le libellé de leurs étiquettes, marques, prospectus, réclames, circulaires, enseignes ou autres manifestations écrites, faites publiquement à l'occasion de la mise en vente ou de la vente d'un produit ;

3° Ceux qui, ayant vendu ou mis en vente des marchandises dont la marque a été usurpée, auront refusé de fournir au propriétaire de ladite marque des renseignements complets, par écrit, sur le nom de leur vendeur et sur la provenance des marchandises, ainsi que sur l'époque où la vente a eu lieu.

19. — Sont punis : ceux qui auront indûment inscrit, sur leurs marques ou papiers de commerce, une mention tendant à faire croire que leur marque a été déposée.

20. — La fabrication ou l'emploi d'une marque non déposée ne donne ouverture à aucune action.

21. — Tout acte de dépôt d'une marque peut être annulé, soit en vertu d'une demande légalisée du déposant ou de son ayant droit, soit en vertu d'une décision judiciaire devenue définitive.

Cette annulation est mentionnée : 1° en marge de l'acte de dépôt ; 2° en regard de la marque déposée.

22. — La radiation de tout acte de dépôt peut être poursuivie par un intéressé quelconque.

23. — Le Congrès émet le vœu que la formalité du dépôt des marques de fabrique soit soumise à une réglementation internationale en vertu de laquelle il suffirait au possesseur d'une marque d'efffectuer un seul dépôt dans un État, pour assurer la protection de cette marque dans tous les autres États concordataires.

NOM COMMERCIAL

Le nom commercial constitue une propriété du droit des gens qui doit être protégée partout, sans distinction de nationalité et obligation de dépôt.

Sous tous les rapports autres que celui du dépôt, le nom est assimilé aux marques.

RÉCOMPENSES INDUSTRIELLES

1. — L'usurpation ou la fausse application, sous quelque forme que ce soit, d'une récompense industrielle délivrée à l'occasion

d'une exposition à l'organisation de laquelle l'autorité supérieure a pris une part manifeste, doit être considérée comme un acte illicite relevant de la juridiction pénale.

2. — Doit être également considérée comme illicite l'usurpation des prix, médailles et approbations accordés par les corps scientifiques officiels.

3. — Si le fait d'usurpation a été commis dans l'enceinte d'une exposition ouverte dans les conditions ci-dessus indiquées, la peine devra être élevée au maximum.

4. — Indépendamment de l'action publique, il devrait être reconnu à toute partie lésée une action en justice, à régler conformément aux dispositions de la loi sur les marques de fabrique.

COMMISSION PERMANENTE INTERNATIONALE DU CONGRÈS DE PARIS POUR LA PROPRIÉTÉ INDUSTRIELLE

1. — Le Congrès institue une Commission internationale permanente, chargée d'assurer dans les limites du possible la réalisation des propositions adoptées par le Congrès de la Propriété industrielle.

La Commission permanente est composée des membres du bureau du Congrès, des rapporteurs, des présidents, vice-présidents et secrétaires des sections, et des délégués officiels des Gouvernements.

Les membres de cette Commission sont répartis en sections nationales, suivant la nationalité qu'ils représentent.

Les nationalités non représentées au Congrès pourront également nommer une section locale.

2. — Chaque section nationale aura le droit de s'adjoindre cinq membres.

Chacune de ces sections, quel que soit le nombre de ses membres, n'aura droit qu'à une voix dans le vote des résolutions de la Commission permanente.

3. — Un des buts de la Commission permanente créée par l'initiative privée, sera d'obtenir de l'un des Gouvernements la réunion d'une Conférence internationale officielle à l'effet de déterminer les bases d'une législation uniforme.

4. — Le Congrès décide qu'une délégation se présentera chez M. le Ministre du commerce et de l'agriculture de France afin de le prier de prendre l'initiative pour qu'une Commission internationale soit appelée à traiter officiellement les questions relatives à une législation uniforme sur la Propriété industrielle.

MÉMOIRES ET RAPPORTS PRÉSENTÉS AU CONGRÈS

Exposé de la période préparatoire du Congrès, par M. Ch. Thirion, secrétaire du Comité d'organisation.

Rapport de la section des brevets d'invention sur l'état actuel des diverses législations, présenté par M. Émile Barrault, au nom du Comité d'organisation.

Rapport de la section des brevets d'invention sur les mémoires adressés au Comité d'organisation, présenté par M. Charles Lyon-Caen, au nom du Comité d'organisation.

Rapport de la section des dessins et modèles de fabrique, présenté par M. J. Bozérian, au nom du Comité d'organisation.

Rapport de la section des marques de fabrique et de commerce, présenté par M. le comte de Maillard de Marafy, au nom du Comité d'organisation.

Mémoire présenté par M. Gustave Biebuyck, avocat à la Cour d'appel de Bruxelles.

Note de M. H. Murdoch (de Londres).

Note de M. Th. Givry.

Note de M. J.-P. Mazaroz.

Mémoire présenté par la Chambre syndicale des mécaniciens, chaudronniers, fondeurs, et des industries qui s'y rattachent.

Note sur les brevets d'invention, par M. Poirrier, président de la Chambre syndicale des produits chimiques.

Un mot sur la législation des brevets d'invention, par M. Auguste Partz.

Résolutions soumises à la sanction du Congrès par la Société des ingénieurs et architectes d'Autriche et par la Société industrielle de la Basse-Autriche, à Vienne.

Propositions en réponse au programme du Congrès international de la Propriété industrielle, présentées par M. C. Pieper.

Résolutions de la Commission de l'Association pour la réforme et la codification du droit des gens.

A propos d'une loi sur les brevets d'invention, proposée en 1877, en Angleterre.

Instructions sommaires pour les délégués de la Confédération suisse au Congrès.

Résolutions adoptées par la Commission française à l'égard d'un projet de loi générale sur les brevets d'invention.

Quelques observations envoyées par M. H. Bessemer, à propos des brevets d'invention et de la note de M. Michel Chevalier.

Lettre de M. R.-A Macfie à M. le Président du Congrès.

Réponses du tribunal de commerce de Saint-Étienne aux questions posées par le programme du Congrès.

Notes présentées par la Chambre consultative des arts et manufactures de l'arrondissement de Rethel.

Observations présentées par la Chambre consultative des arts et manufactures de l'arrondissement de Montbéliard.

Réponses au questionnaire du Congrès, présentées par la Chambre syndicale des tissus de Saint-Étienne.

Notes adressées au Comité d'organisation du Congrès, par M. Émile Barrault, ingénieur-conseil.

Notes sommaires, présentées par M. Duroy de Bruignac, ingénieur civil.

Projet de loi sur les brevets d'invention, présenté par M. G. Leboyer, président du tribunal de commerce à Riom (Puy-de-Dôme).

Courtes réponses à chacune des questions posées au programme du Congrès en ce qui concerne seulement les brevets d'invention, par M. D.-A. Casalonga.

Mémoire sur les brevets d'invention, par M. Lloyd Wise, agent de brevets, à Londres.

Révision de la loi sur les brevets d'invention, par M. F. Chapelle.

Notes adressées au Comité d'organisation du Congrès par M. Champetier de Ribes, avocat à la Cour d'appel de Paris, membre de ce Comité.

Mémoire présenté au Congrès par l'Union centrale des beaux-arts appliqués à l'industrie.

Réponse du Conseil des prud'hommes d'Elbeuf à la circulaire de M. le Ministre de l'agriculture et du commerce sur le programme du Congrès.

Lettre adressée à M. le Ministre de l'agriculture et du commerce par la Chambre de Commerce de Lille.

La Chambre de commerce de Verviers à M. le président du Congrès.

De la nécessité de l'uniformité des lois sur les marques de fabrique ou de commerce emblématiques et sur le nom commercial, par M. Ch. Lyon-Caen, professeur.

Le dépôt des marques de fabrique doit-il être soumis à un examen préalable? — Mémoire présenté au Congrès par M. Méneau, avocat.

Mémoire sur cette question du programme (marque de fabrique) : le débitant doit-il être tenu de dénoncer son vendeur sous peine de ne pas être admis à prouver sa bonne foi? par M. C. Couhin, docteur en droit.

De la contrefaçon en Russie des marques de fabrique, par M. Émile di Piétro, avocat.

Des rapports de la loi française du 26 novembre 1873 avec la propriété industrielle, par M. Capgrand-Mothes.

Note sur l'article 17 de la loi du 23 juin 1857, relatif à l'ordonnance de saisie, par M. Parmentier.

Formalités à remplir pour obtenir l'enregistrement d'une marque de fabrique, par M. Th. Bouinais.

Définitions des marques de fabrique, par MM. Edmond Johnson et Israël Davis. Traduction de M. C. Couhin, avocat à la Cour d'appel de Paris.

Les médailles d'exposition, par J. W. Willis Bund, M. A., LL., D. avocat. Traduction de M. C. Couhin, avocat à la Cour d'appel de Paris.

Projet de codification de la propriété industrielle en matière de marques de fabrique et de commerce, par M. le comte de Maillard de Marafy, président du Comité consultatif de législation étrangère de l'Union des fabricants.

Tableau déposé par M. Dumoustier de Frédilly, indiquant pour quinze années (1860 à 1874) le nombre des brevets français en vigueur et celui des brevets déchus.

Procès-verbaux des séances de la section des marques de fabrique, noms et raisons de commerce et récompenses industrielles.

TEXTE DES PRINCIPALES DISPOSITIONS

A SOUMETTRE A UNE CONFÉRENCE INTERNATIONALE (1)

I. — Partie générale

A. *Dispositions générales susceptibles d'être insérées dans le traité d'union.*

1. — En matière de brevets d'invention, de dessins et modèles industriels, de marques de fabrique et de commerce, de nom commercial, les citoyens de l'un quelconque des États contractants devront jouir dans tous les États de l'Union des mêmes droits que les nationaux.

2. — Un Service spécial de la Propriété industrielle devrait être établi dans chaque pays. Un dépôt central des brevets d'invention, des marques de fabrique et de commerce, des dessins et modèles industriels, devrait y être annexé pour la communication au public. Indépendamment de toute autre publication, le Service de la Propriété industrielle devrait faire paraître une feuille officielle périodique.

3. — Il y a lieu d'accorder une protection provisoire aux inventions brevetables, aux dessins et modèles industriels, ainsi qu'aux marques de fabrique et de commerce figurant aux expositions internationales officicielles ou officiellement reconnues.

B. *Vœux généraux à recommander aux différents Gouvernements.*

1. — Il est à désirer qu'au regard des pays qui n'ont point pourvu par des lois à la protection de la propriété industrielle, l'action diplomatique intervienne pour obtenir des gouvernements de ces pays qu'ils prennent des mesures efficaces, qui assurent aux inventeurs et auteurs industriels pour leurs œuvres, ainsi qu'aux commerçants et fabricants pour leurs marques, la protection de leurs droits.

---

(1) Nous empruntons ce texte au compte rendu sténographique du Congrès international de la Propriété industrielle publié à l'Imprimerie Nationale par le Ministère de l'agriculture et du commerce.

2. — Il est à désirer que la contrefaçon d'une invention brevetée, d'une marque de fabrique ou de commerce, d'un dessin ou d'un modèle industriel, soit considérée comme un délit et réprimée par la loi pénale.

3. — Il est à désirer que les stipulations de garantie réciproque de la propriété industrielle fassent l'objet de conventions spéciales et indépendantes des traités de commerce.

4. — Il est à désirer qu'il soit publié une feuille internationale commune à tous les États de l'Union,

II. — Brevets d'invention

A. *Dispositions susceptibles d'être insérées dans le traité d'union.*

1. — Tout dépôt d'une demande de brevet, fait régulièrement dans l'un quelconque des États contractants, devrait être attributif de priorité d'enregistrement dans tous les autres États pendant un délai de.....

2. — Les droits résultant des brevets demandés dans les pays contractants doivent être indépendants les uns des autres, et non pas solidaires en quelque mesure que ce soit.

B. *Vœu à recommander aux différents Gouvernements.*

1. — L'introduction dans le pays où le brevet a été délivré, de la part du breveté, d'objets fabriqués dans l'un des pays contractants, ne doit pas être une cause de déchéance.

III. — Dessins et modèles industriels

A. *Dispositions suceptibles d'être insérées dans le traité d'union.*

1. — La protection accordée par la loi aux propriétaires de dessins et modèles industriels doit être subordonnée à la condition d'un dépôt préalable.

2. — Tout dessin ou modèle déposé dans un état de l'Union doit être admis tel quel dans tous les pays contractants.

3. — Tout dépôt fait régulièrement dans l'un quelconque des États contractants doit être attributif de priorité d'enregistrement dans les autres États pendant un délai de.....

5. — Les droits résultant des dépôts de dessins et modèles effectués dans les pays contractants, doivent être indépendants les uns des autres, et non pas solidaires, en quelque mesure que ce soit.

B. *Vœux à recommander aux différents Gouvernements*

1. — Une définition des dessins et modèles doit être donnée par la loi qui les régit.

2. — La durée du droit de propriété garantie par la loi doit être uniforme pour les dessins et les modèles.

3. — Il est à désirer que les dépôts de dessins et modèles industriels aient lieu moyennant le payement d'une taxe minime et autant que possible uniforme.

IV. — Marque de fabrique et de commerce

A. *Dipositions susceptibles d'être insérées dans le traité d'union.*

1. — La marque de fabrique et de commerce devra être facultative dans tous les États contractants. Toutefois, des actes du pouvoir exécutif pourront, dans chacun de ces États, déclarer la marque obligatoire pour les produits qu'ils détermineront.

2. — Une marque ne doit pas pouvoir être revendiquée en justice, si elle n'a été régulièrement déposée.

3. — Une marque déposée dans un pays doit être également admise telle quelle au dépôt dans tous les autres pays contractants.

4. — Tout dépôt fait régulièrement dans l'un quelconque des pays contractants doit être attributif de priorité d'enregistrement dans les autres États, pendant un délai de.....

5. — Tous les produits étrangers portant illicitement la marque d'un fabricant ou d'un commerçant résidant dans le pays d'importation, ou une indication de provenance dudit pays, doivent être prohibés à l'entrée, exclus du transit et de l'entrepôt, et susceptibles d'être saisis en quelque lieu que ce soit.

B. *Vœux à recommander aux différents Gouvernements.*

1. — Doivent être considérés comme marques de fabrique et de commerce :

Les noms ou raisons de commerce, noms de lieu de fabrication, lettres, chiffres ou mots, sous une formule distinctive ; les dénominations (si la dénomination n'est pas la désignation nécessaire du produit), enseignes, emblêmes, empreintes, timbres, cachets, étiquettes, vignettes, reliefs, combinaisons de couleurs, enveloppes, liserés, forme du produit ou de son contenant, et tous autres signes servant, dans leur ensemble ou séparément, à distinguer les produits d'une fabrique, d'une exploitation agricole ou les objets d'un commerce.

2. — Toute marque doit être admise aux risques et périls du déposant, quelle que soit la nature des produits.

3. — Les acheteurs trompés doivent avoir les mêmes actions que les propriétaires des marques contrefaites et frauduleusement imitées.

4. — Le refus par le débitant de déclarer l'origine et la provenance des produits portant les marques arguées de contrefaçon doit être en principe constitutif de sa mauvaise foi.

5. — Il est à désirer que les dépôts de marques de fabrique et de commerce aient lieu moyennant le payement d'une taxe minime et autant que possible uniforme.

V. — Nom commercial

A. *Disposition susceptible d'être insérée dans le traité d'union*

1. — Le nom commercial constitue une propriété qui doit être protégée sans distinction de nationalité et sans obligation de dépôt.

B. *Vœu à recommander aux différents Gouvernements.*

1. — Sous tous les rapports, autres que celui du dépôt, le nom doit être assimilé aux marques.

COMPOSITION DE LA COMMISSION PERMANENTE

INTERNATIONALE

NOMMÉE A LA SUITE DU CONGRÈS.

La Commission permanente nommée à la suite du Congrès avec la mission d'obtenir des Gouvernements la réunion d'une Conférence internationale officielle chargée de prendre les mesures nécessaires pour arriver, dans les limites du possible, à l'unification des lois sur la propriété industrielle, était composée de la manière suivante.

Elle comprenait :

1° Les membres du bureau du Congrès : M. Bozérian, président; MM. Tranchant, Dumoustier de Frédilly, Meurand, Barbedienne, Bodenheimer, Hegedüs, Klostermann, Mullendorff, de Nébolsine, Pollock, Reuleaux, de Rosas, l'amiral Selwyn, Stolz, Torrigiani, vice-présidents; M. Ch. Thirion, secrétaire général; MM. Clunet, Albert Grodet, Ambroise Rendu, Alexander, Kaupé, Carl Pieper, Schmidt, secrétaires; M. Demeur, membre du Parlement belge, en remplacement de M. Biebuyck.

2° Les délégués des Gouvernements étrangers ne faisant pas partie du Bureau : MM. Romanelli, directeur au Ministère d'agriculture, commerce et industrie d'Italie; MM. Lincoln, avocat à Cincinnati; Blake, membre du jury de l'Exposition de 1878 pour les États-Unis; M. Groth, ingénieur à Stockholm pour la Suède; M. Imer-Schneider, pour la Suisse.

3° Les rapporteurs qui ne faisaient pas partie du Bureau : MM. Barrault, Ch. Lyon-Caen, de Maillard de Marafy.

4° Les présidents ou secrétaires de sections qui ne faisaient pas partie du Bureau : MM. Dumoustier de Frédilly fils, secrétaire de la section des brevets; Christofle, président de la section des noms et modèles de fabrique; Victor Fumouze, secrétaire de la section des marques de fabrique et de commerce.

Les membres de cette Commission sont répartis en sections nationales, suivant la nationalité qu'ils représentent, et chaque section nationale avait le droit de s'adjoindre cinq membres.

La section française s'est adjoint : MM. Huard, avocat à la Cour d'appel; Pascal Duprat, député; Pataille, avocat à la Cour d'appel; Pouillet, avocat à la Cour d'appel; Roger-Marvaise, sénateur, avocat à la Cour de cassation.

CONGRÈS INTERNATIONAL

DE LA

PROPRIÉTÉ INDUSTRIELLE

TENU A PARIS EN 1878

ANALYSE ET COMMENTAIRES

Nous examinerons successivement les résolutions adoptées par le Congrès. Nous ne suivrons pas rigoureusement l'ordre dans lequel elles ont été votées, attendu que diverses circonstances ont fait ajourner certaines questions qui, par suite, ne se sont pas trouvées résolues dans leur ordre logique; nous jugeons préférable, pour cette raison, de suivre l'ordre dans lequel ces résolutions ont été publiées après la clôture du Congrès.

Cette étude formera deux volumes :

Le premier volume comprendra :

Les QUESTIONS GÉNÉRALES s'appliquant aux diverses branches de la Propriété industrielle;

Les questions spéciales aux BREVETS D'INVENTION;

Le deuxième volume comprendra :

Les questions spéciales aux DESSINS ET MODÈLES INDUSTRIELS et aux ŒUVRES PHOTOGRAPHIQUES;

Les questions spéciales aux MARQUES DE FABRIQUE OU DE COMMERCE, au NOM COMMERCIAL et aux RÉCOMPENSES INDUSTRIELLES;

Les questions qui concernent la COMMISSION PERMANENTE INTERNATIONALE instituée à la suite du Congrès.

Enfin, dans chacun de ces volumes, un chapitre spécial sera consacré à l'examen des QUESTIONS DU PROGRAMME SUR LESQUELLES LE CONGRÈS N'A PAS STATUÉ.

PREMIÈRE PARTIE

—

QUESTIONS GÉNÉRALES

PREMIÈRE PARTIE

QUESTIONS GÉNÉRALES

1re RÉSOLUTION. (Questions générales.) — **Le droit des inventeurs et des auteurs industriels sur leurs œuvres ou des fabricants et négociants sur leurs marques, est un droit de propriété; la loi civile ne le crée pas : elle ne fait que le réglementer (1).**

1re Résolution
Droit des inventeurs et auteurs industriels.

L'examen de la nature du droit des inventeurs et auteurs industriels sur leurs œuvres, par lequel le Congrès inaugura ses travaux, révéla parmi ses membres les divergences d'opinion qui ne manquent jamais de se produire partout où cette question est soulevée; mais il importe de constater que pas une voix ne s'éleva contre l'utilité des brevets, et que les dissentiments ne portèrent que sur la nature du droit dont les auteurs industriels pouvaient se prévaloir et sur la question de savoir si ce droit n'était qu'une

Nature du droit des inventeurs et auteurs industriels.

---

(1) Le *Congrès de Vienne de 1873*, évitant de se prononcer au sujet du droit naturel que l'inventeur pouvait avoir sur sa découverte, avait voté la résolution suivante :

« I. La protection des inventions doit être assurée par les lois de toutes les nations civilisées, parce que:

« (*a*) Le sens du droit chez les peuples civilisés demande la protection légale du travail intellectuel.

« (*b*) Cette protection donne, sous la condition d'une spécification et d'une publication complète de l'invention, le seul moyen pratique de porter à la connaissance générale du public

création de la loi ou s'il était préexistant; si c'était, en un mot, un droit naturel.

<small>Reconnaissance unanime de ce droit.</small>

Aussi, après plusieurs discours en sens divers, fut-il proposé de ne pas perdre un temps précieux à discuter une question purement doctrinale, — on a même dit métaphysique, — puisque le Congrès tout entier était d'accord avec la législation de la plupart des pays industriels sur la convenance de délivrer des brevets, ainsi que de protéger les dessins et les marques de fabrique.

On fit remarquer, à ce propos, qu'aux Congrès de Vienne et d'Anvers, ainsi que lors de la discussion de la nouvelle loi allemande, on avait évité de se prononcer sur cette question.

La réunion aurait peut-être pu sans grand inconvénient se rendre à cet avis, puisqu'elle ne comptait

---

les nouvelles méthodes techniques, sans perdre de temps et d'une manière exacte.

« (c) La protection de l'invention rend rémunérateur le travail de l'inventeur et, par cela même, encourage les hommes compétents à vouer leur temps et leurs facultés à la vulgarisation et à l'application pratique des méthodes et perfectionnements techniques nouveaux et utiles, et attire du dehors des capitaux qui, en l'absence de la protection donnée par les brevets, trouveraient à se placer ailleurs.

« (d) Par la publication complète, rendue obligatoire, de l'invention brevetée, les grands sacrifices de temps et d'argent que l'application technique exigerait sans cela de l'industrie de tous les pays se trouveront considérablement réduits.

« (e) Par la protection accordée aux inventions, le secret de fabrique, qui est un des plus grands ennemis du progrès industriel, perdra son principal soutien.

« (f) Les pays qui ne possèderont pas de lois rationnelles sur les brevets auront beaucoup à souffrir, parce que ceux de leurs habitants qui seront doués d'un talent inventif émigreront vers des pays plus favorables où leur travail sera légalement protégé.

« (g) L'expérience démontre que celui qui possèdera un brevet, fera les plus sérieux efforts pour répandre promptement son invention. »

aucun adversaire des brevets, même parmi ceux de ses membres qui refusaient de reconnaître à l'inventeur un droit *de propriété*; mais on rappela qu'au sein de la Commission d'organisation il avait été décidé, malgré des avis contraires, de porter la question devant le Congrès, et que, puisque la discussion avait été ouverte, on ne pouvait la clore que par une résolution dans un sens ou dans l'autre.

Elle continua donc et fut suivie du vote de la résolution rapportée ci-dessus, qui reconnaît un droit de propriété, préexistant à la loi, non seulement à l'auteur d'une invention ou d'un dessin industriel, mais aussi à celui qui a, le premier, adopté certains signes ou emblèmes comme marque distinctive de ses produits.

<small>C'est un droit de propriété *sui generis*.</small>

On reconnut que le droit de propriété ainsi attribué à l'inventeur était d'une nature particulière, que c'était un droit de propriété *sui generis*, s'exerçant

---

— Des résolutions sensiblement conformes furent communiquées au Congrès par la *Société des ingénieurs et architectes d'Autriche* et par la *Société industrielle de la Basse-Autriche, de Vienne*. Six autres sociétés autrichiennes s'étaient ralliées à ces résolutions.

— De son côté, l'*Association pour la réforme et la codification du droit des gens*, après avoir reçu les rapports provisoires d'une commission qu'elle avait nommée en 1876, a communiqué au Congrès des résolutions votées par elle et dont la première est la suivante :

« Première Résolution. — Une loi libérale sur les brevets est non seulement avantageuse pour les inventeurs, mais elle doit encore être considérée comme la base de tout progrès commercial et industriel. »

— Citons enfin une résolution adoptée, sur la proposition de M. Carl Pieper, par l'*Union industrielle du nord-ouest de la Bohême* (Société comptant 2,000 membres) :

« Dans l'intérêt de l'industrie et dans celui de l'inventeur, on devrait accorder à ce dernier un privilège temporaire d'une durée suffisante pour lui garantir un salaire équivalant à ses travaux et à ses débours. »

dans des conditions spéciales et soumis aussi à certaines limitations, quant à sa durée, par exemple, mais que ce n'en était pas moins un véritable droit de propriété, que la loi ne créait pas, et qui, sauf la réglementation nécessaire pour sauvegarder l'intérêt général, devait être traité comme tout autre genre de propriété. On verra plus loin que l'on s'appuya ensuite sur cette déclaration dans l'examen d'autres questions, telles que celles des licences obligatoires et de l'expropriation des brevets pour cause d'utilité publique, ainsi que sur la question de savoir si la contrefaçon est un délit de droit commun. Le temps consacré à rechercher la nature du droit de l'auteur industriel ne fut donc pas dépensé en pure perte et, en définitive, il y a lieu de s'applaudir qu'un Congrès qui présentait tant d'autorité par le nombre de ses membres aussi bien que par leurs nationalités diverses et par leur compétence, ait consacré, à une grande majorité, un principe que l'on s'étonne de voir attaquer quand on considère le peu de force des arguments, toujours les mêmes, invoqués contre lui.

Arguments contre le droit de propriété reconnu aux auteurs industriels.

Ces arguments sont surtout de deux sortes : on objecte, d'une part, que le droit de l'inventeur ne peut être un droit de propriété, parce qu'il est soumis à certaines limitations, quant à sa durée notamment ; d'autre part, on fait remarquer que l'inventeur utilise pour faire son invention, des connaissances dues aux travaux de ses devanciers, et l'on ajoute que, s'il ne fait pas son invention aujourd'hui, elle sera faite demain par un autre.

Réponse à ces arguments.

On peut répondre, et l'on a répondu au premier de ces arguments, qu'il pourrait être invoqué aussi bien contre d'autres genres de propriété, dont le caractère n'est pourtant point contesté, et que cet argument n'est donc pas concluant.

Quant à la seconde objection, on peut y répondre que, de ce qu'un inventeur a trouvé autour de lui des connaissances acquises auxquelles il a puisé, il n'en a pas moins fait faire au progrès un nouveau pas dont la société profite et dont il est juste qu'elle lui tienne compte, sans d'ailleurs lui reconnaître aucun droit sur les choses déjà connues et qui ne sont pas son œuvre ; qu'il n'est pas certain, d'ailleurs, que la même invention aurait été faite par un autre, à son défaut ; que, du moins, elle aurait pu se faire longtemps attendre, ce qui aurait causé un préjudice social, et qu'au surplus cet autre inventeur, comme le premier, n'aurait pu être dépouillé par le public du bénéfice de son travail sans être en droit de se plaindre d'une véritable spoliation.

Le travail est, en effet, l'unique source du droit de propriété, d'après la notion que l'on en a aujourd'hui, et, d'après cela, la propriété d'une invention n'est assurément pas moins sacrée que celle d'un champ ou d'une forêt, dont on ne dira pas, à coup sûr, que leur propriétaire en a créé tous les éléments.

Le droit de propriété se justifie par le travail.

D'autres mettent aussi en avant l'argument que voici : Sans doute, une invention est la propriété de son auteur tant qu'il la garde pour lui seul et qu'elle reste enfermée dans son cerveau, mais dès qu'il la fait connaître elle cesse de lui appartenir, attendu que tout le monde peut alors s'en emparer sans pour cela l'en déposséder ; cette matière ne comporte donc pas l'appropriation, qui est inséparable de l'idée de propriété.

Autre argument.

C'est confondre le droit avec le fait que de reconnaître à l'inventeur un droit de propriété sur son œuvre tant qu'elle est secrète et de le lui dénier dès qu'il la met au jour, sous prétexte que tous peuvent à ce moment s'en emparer contre son gré : en effet, si son droit existait avant la divulgation, il existe encore après, puisqu'il n'y a pas renoncé, et, s'il en est ainsi, la société a le devoir de le protéger contre la spoliation, ce qui suffira pour faire disparaître l'argument.

La société n'échapperait à ce devoir de protection que s'il lui était impossible de le remplir, et alors il serait vrai de dire que l'inventeur, en divulguant sa découverte, montre par là qu'il renonce à s'en réserver les bénéfices. Mais, fort heureusement, l'expérience a démontré jusqu'à l'évidence qu'il n'en est pas ainsi, et que l'inventeur n'est pas fatalement réduit ou à se voir dépouiller ou à garder son invention secrète, ce qui serait extrêmement nuisible au progrès industriel.

Quant à cette objection, que les tiers peuvent entrer en possession de la découverte sans que l'inventeur en soit dépouillé, elle n'a qu'une apparence de vérité, car tout le bénéfice que les autres en retirent il l'a en moins. L'appropriation n'est donc pas moins nécessaire en matière d'invention qu'en toute autre matière, et tout ce que l'on peut dire, c'est que l'on est ici en présence d'une propriété d'un genre spécial, ce qui ne prouve nullement qu'elle ne doive pas être garantie.

Si elle ne protégeait pas les inventions, la société commettrait un abus en prenant pour elle-même, sans donner aucune compensation à l'intéressé, le bénéfice d'un travail individuel. Ce serait, d'ailleurs, contre son propre intérêt, car il est clair que l'on ne stimulera les inventions qu'en leur accordant une protection légale, puisque autrement leurs auteurs ne pourraient espérer aucune rémunération de leur travail et de leurs dépenses; l'expérience à cet égard est trop bien faite, et tous les grands Etats producteurs ont trop bien reconnu et consacré cette vérité dans leurs lois pour que l'on redoute aujourd'hui la suppression des brevets ; mais il était bon que la discussion démontrât qu'il n'y a pas là seulement un expédient, mais aussi un acte de justice.

Constatons, toutefois, que la proposition ne fut votée par le Congrès qu'après la suppression d'un paragraphe disant que le droit de l'inventeur a son fondement dans la loi naturelle. Mais cette suppression ne change rien, en définitive, au sens de la proposition. *Changement à la rédaction primitive de la proposition.*

En ce qui concerne les marques de fabrique, le droit de propriété que le Congrès a reconnu à un industriel, sur le signe distinctif qu'il adopte comme marque de ses produits, ne se justifie pas par un travail personnel d'invention, comme dans le cas des brevets ou des dessins de fabrique ; ce n'est, dans la plupart des cas, qu'une sorte de droit de premier occupant ; mais des considérations de moralité commerciale commandaient de reconnaître à celui qui a choisi une marque le droit de l'employer exclusivement. *La propriété d'une marque de fabrique se justifie par des raisons différentes.*

2ᵉ RÉSOLUTION

2ᵉ RÉSOLUTION. (QUEST. GÉN.) — **Les étrangers doivent être assimilés aux nationaux** (1). *Assimilation des étrangers aux nationaux.*

Il est grandement à désirer que cette assimilation complète des étrangers aux nationaux passe bientôt *L'assimilation des étrangers aux nationaux est très désirable.*

---

(1) Le *Congrès de Vienne* avait voté la résolution suivante :
« II. (b) Il ne doit pas être refusé un brevet à un étranger. »
— D'autre part, la résolution suivante figurait parmi celles qui avaient été proposées au Congrès par la *Société des ingénieurs et architectes d'Autriche* et la *Société industrielle de la Basse-Autriche* et auxquelles s'étaient ralliées six autres Sociétés autrichiennes.
« II. (b) Un brevet d'invention ne doit pas être refusé à un

dans toutes les législations régissant la propriété industrielle ; ce n'est d'ailleurs que la réalisation complète d'un principe que l'on trouve déjà dans plusieurs d'entre elles et qui entre de plus en plus dans le droit international.

<small>Sans condition de réciprocité, même pour les marques et les dessins de fabrique.</small>

Le Congrès avait été saisi d'une proposition qui, excepté pour les brevets, exigeait la condition de la réciprocité ; mais cette restriction fut combattue d'une manière très heureuse par M. E. Clunet, avocat à la Cour d'appel de Paris, au nom de la justice et de la morale autant qu'au nom de l'intérêt bien compris des peuples. Il fit remarquer les tendances du droit international moderne à repousser toute distinction entre les nationaux et les étrangers ; il rappela que la France avait donné l'exemple de cette libéralité, en 1819, par l'abolition du droit d'aubaine ; en 1844, par la loi sur les brevets ; en 1852, par la loi sur la propriété littéraire, et que l'Angleterre avait suivi cet exemple en faisant la loi de 1862 sur les marques de commerce ; il constata que, contrairement à ce qu'on aurait pu croire, c'est précisément à partir de 1852, date où la France protégea par un décret-loi les œuvres étrangères sans condition de réciprocité, que nous avons pu conclure des traités assurant la protection des œuvres de nos nationaux à l'étranger.

étranger, même si celui-ci n'a pas encore acquis à l'étranger de brevets pour son invention. »

— Par contre, la *Société d'encouragement des arts, des manufactures et du commerce de Londres* avait soumis au Congrès la modification suivante, entre autres, à apporter au projet de loi anglais de 1877 sur les brevets :

« Les trois dernières lignes de la section 23 de la loi devraient être supprimées, à savoir : « Les dispositions de cette section relatives à un brevet étranger seront étendues et appliquées à un brevet colonial (c'est-à-dire à un brevet accordé dans toute partie des possessions de Sa Majesté, en dehors du Royaume-Uni). »

M. Clunet fit d'ailleurs ressortir l'anomalie qu'il y avait à exiger pour les dessins et les marques de fabrique ce qu'on n'exigeait pas pour les inventions brevetables, et rappela à ce sujet que, tandis que notre loi de 1857 sur les marques protégeait les marques étrangères, à la condition que les traités diplomatiques assurassent la réciprocité, la loi de 1873 était allée plus loin et avait dit qu'il suffirait que la protection fût inscrite dans les législations étrangères.

M. Imer Schneider, l'un des délégués envoyés au Congrès par la Suisse, annonça que, dans la pensée de son gouvernement, la délivrance des brevets aux étrangers devait être soumise à la condition de la réciprocité, et que cette condition était inscrite dans le projet de loi qui allait être proposé aux Chambres par M. Droz, chef du département de l'intérieur, sauf toutefois pour les inventions qui seraient jugées d'une grande utilité pour la Suisse. Cette opinion n'avait aucune chance d'être favorablement accueillie par le Congrès et ne pouvait être défendue que par un pays qui, n'ayant pas de lois sur les brevets, pouvait ignorer qu'en pareille matière une loi est d'autant plus féconde qu'elle est plus libérale. *Le gouvernement suisse est d'avis de poser la condition de réciprocité.*

C'est ce que fit ressortir M. Ch. Lyon-Caen, professeur agrégé à la Faculté de droit de Paris, qui succéda à la tribune au délégué de la Suisse, et qui était l'un des signataires de la proposition qui exigeait la condition de réciprocité, mais en exceptant les brevets. *Distinction proposée.*

Il rappela qu'aucune législation existante ne prescrivait cette condition en ce qui concerne les brevets; qu'en effet, chaque pays a intérêt à donner des brevets aux étrangers, et qu'il ne s'agit donc pas là d'un de ces droits qui ne profitent qu'aux étrangers individuellement. Mais, pour les marques, au contraire, l'orateur émit l'avis que leur protection en faveur des étrangers n'intéressait pas l'industrie nationale et qu'il ne fallait donc pas accorder à ceux-ci une protection que l'on n'obtenait pas chez eux.

Rejet de cette distinction.

Mais M. Clunet répondit que, pour les marques de fabrique également, il y a intérêt à donner une protection sans condition, afin que le public ne soit pas trompé sur ce qu'il achète par une fausse marque dont l'usage constitue un véritable vol, et le Congrès, avec raison selon nous, se rangea à cet avis.

3ᵉ RÉSOLUTION

Garantie de la propriété industrielle par des conventions séparées.

3ᵉ RÉSOLUTION. (QUEST. GÉN.) — **Les stipulations de garantie réciproque de la propriété industrielle doivent faire l'objet de conventions spéciales et indépendantes des traités de commerce ainsi que des conventions de garantie réciproque de la propriété littéraire et artistique.**

Ce doit être une mesure transitoire.

Le Congrès jugea utile de recommander cette mesure en prévision du temps qui s'écoulera nécessairement encore avant que l'on n'arrive à une entente entre tous les pays pour la garantie de la propriété industrielle.

M. A. Grodet, auteur de la proposition, expliqua que, depuis vingt années, trois modes différents avaient été suivis à cet égard : des stipulations de garantie réciproque de la propriété industrielle figurent dans les traités de commerce ; on les rencontre également dans les conventions de garantie réciproque de la propriété littéraire et artistique ; enfin, on trouve des conventions spéciales de garantie réciproque de la propriété industrielle.

L'auteur de la proposition fit remarquer que lorsque

les stipulations ne figurent que dans un traité de commerce, elles ont l'inconvénient de prendre fin avec lui, et le renouvellement des traités de commerce n'est pas toujours chose facile et rapide, même quand elles ont fait l'objet de conventions distinctes; comme ces dernières ont été discutées et conclues en même temps que les traités de commerce, il a été stipulé dans un dernier article de ces traités qu'elles prendraient fin à la même date.

Il est donc utile de garantir la propriété industrielle par des conventions spéciales qui aient une durée indépendante et soient applicables jusqu'à leur dénonciation.

4ᵉ **RÉSOLUTION.** (Quest. gén.) — **Un Service spécial de la Propriété industrielle doit être établi dans chaque pays. Un Dépôt central des brevets d'invention, des marques de fabrique et de commerce, des dessins et modèles industriels, doit y être annexé pour la communication au public.** Indépendamment de toute autre publication, **le service de la Propriété industrielle doit faire paraître une « Feuille officielle » périodique** (1).

4ᵉ Résolution
Service spécial de la Propriété industrielle. Feuille officielle.

Aucun orateur ne combattit cette proposition. Cependant, on fit une objection d'un caractère tout spécial : on fit remarquer que des conservatoires *locaux* rendraient beaucoup moins graves les conséquences

Cette proposition ne fut pas combattue.

---

(1) Sur le même sujet, le *Congrès de Vienne* avait pris la résolution suivante :

« II. (e) En même temps qu'un brevet est délivré, il doit en être fait une publication complète rendant possible l'application technique de l'invention.

« (g) Il doit être donné des facilités, au moyen d'une bonne

d'un incendie possible, et dont on a vu récemment un exemple pour le *Patent office* de Washington; mais la nécessité impérieuse pour les inventeurs et autres personnes de pouvoir faire, par eux-mêmes ou par un mandataire, des recherches dans les brevets ou dans les dessins et marques de fabrique qui ont fait l'objet d'un privilège rend indispensable la création d'un

---

organisation du bureau des brevets, pour obtenir le contenu de la spécification d'un brevet ou pour s'assurer des brevets qui sont encore en vigueur. »

— Résolutions des *Sociétés autrichiennes* déjà citées :

« II. (*f*) La concession, l'annulation et le retrait des brevets d'invention ont lieu, dans chaque Etat, par une administration spéciale des brevets, composée de plusieurs sections, dans lesquelles l'industrie sera suffisamment représentée.

« (*i*) Sur la demande de l'inventeur, la description de son invention doit être tenue secrète pendant douze mois.

« (*j*) Après l'expiration de ce délai, cette description doit être publiée complètement dans les annales officielles de l'administration des brevets, et chacun peut, etc.

« (*m*) On doit faciliter à chacun l'acquisition à un prix modéré de la description imprimée de chaque invention et la connaissance des brevets qui sont encore en vigueur.

« III. (*h*) L'organisation des administrations des brevets d'invention doit être le plus semblable possible dans tous les Etats appartenant à l'Union (Union internationale pour la protection de la propriété industrielle), et elles doivent adopter dans leur procédure la plus grande uniformité possible.

« Il est aussi à désirer que l'on constitue des agents de brevets d'invention, internationaux et approuvés, placés sous l'autorité des administrations des brevets et pourvus du droit exclusif de représentation. »

— Proposition soumise au Congrès par l'*Union industrielle du nord-ouest de la Bohême* :

« Les descriptions des inventeurs devront être tenues secrètes pendant un certain temps. A l'expiration du délai pendant lequel l'invention doit être tenue secrète, le brevet se délivre et la publication des spécifications y appartenant a lieu. »

— Dans une note adressée au Congrès, *M. de Bruignac* émettait l'avis que les descriptions devraient à la fois être publiées séparément, comme en Grande-Bretagne, et par séries, comme en France, et que si l'un de ces modes de publication était seul choisi il faudrait s'arrêter au dernier.

dépôt central où seront conservés tous les dossiers des privilèges nationaux.

En ce qui concerne spécialement les dessins industriels, il fut entendu que l'on réservait la question de savoir s'ils devaient être communiqués immédiatement au public ou si l'on ne devait pas pour cela attendre un certain temps, même jusqu'à l'expiration du privilège.

Ce système du secret étant celui qui est actuellement appliqué en France, nous en connaissons trop les inconvénients pour ne pas le repousser de la manière la plus énergique. On ne comprend pas, d'ailleurs, comment le secret serait plus indispensable en cette matière qu'en matière de brevets ; l'auteur est suffisamment protégé contre la contrefaçon par son droit de poursuivre le contrefacteur, et il ne faut pas obliger le public à respecter un titre qu'il ne peut connaître qu'après son expiration.

Quant à la feuille officielle dont la création est visée dans le dernier paragraphe de la résolution, elle devrait, dans la pensée du Congrès, publier les décisions et instructions du bureau des brevets, ainsi que les décisions judiciaires rendues en matière de propriété industrielle, comme le font *l'Official gazette* des États-Unis et le *Patentblatt* d'Allemagne.

Cette question de l'organisation, dans chaque pays, « d'un Service spécial de la Propriété industrielle » ne pouvait, naturellement, être traitée par le Congrès qu'au point de vue international ; elle ne pouvait, à ce titre, donner lieu à de longs développements, plusieurs pays ayant déjà des organisations de ce genre ; mais, au point de vue français, cette question est d'une importance capitale, car elle aurait pour conséquence de substituer une organisation de toutes pièces, étudiée dans son ensemble, à l'organisation

L'organisation d'un Service spécial de la Propriété industrielle au point de vue français.

actuelle qui ne répond plus au développement considérable qu'a pris en France la Propriété industrielle et qui est si préjudiciable aux véritables intérêts de l'industrie et des inventeurs.

Cette organisation doit être envisagée dans son ensemble.

Les inconvénients de l'organisation présente sont tels, que les améliorations partielles qui pourront être apportées successivement seront toujours insuffisantes et que la question ne peut recevoir de solution vraiment utile qu'en l'envisageant *dans son ensemble* et en créant un « Service spécial » formant un tout compact qui tienne compte des nécessités actuelles; et cette question étant, sur plusieurs points, intimement liée à la législation même et aux règlements d'administration publique qui régissent la Propriété industrielle, il ne nous semble pas que l'organisation d'un tel service puisse être utilement tentée, sans que, en même temps, la législation soit elle-même révisée dans celles de ses parties depuis longtemps reconnues défectueuses.

Elle doit coïncider avec une révision de la législation actuelle.

Notre cadre ne comporte pas l'examen d'une révision complète de la législation française sur les brevets d'invention, mais il ne nous paraît pas inutile d'indiquer en quelques mots les inconvénients que présente l'organisation actuelle du Service de la Propriété industrielle et les bases sur lesquelles devrait reposer l'organisation d'un « Service spécial ».

Inconvénients de l'organisation actuelle.

Que ce soit sous le régime de la délivrance des brevets après un examen préalable de la nouveauté des inventions, ou sous celui du simple enregistrement des demandes de brevets et de leur délivrance aux risques et périls du prétendu inventeur, il n'en est pas moins d'un intérêt général et de premier ordre que les demandes soient autant que possible limitées aux seules inventions véritablement nouvelles; et, que ce soit un comité d'examinateurs ou l'inventeur lui-même qui fasse les recherches destinées à déterminer la brevetabilité de l'invention, il est indispensable que ces recherches puissent être faites avec toute la célérité et tout le fruit désirables.

La première condition à laquelle doit répondre un Service de la Propriété industrielle est donc de rendre absolument faciles et rapides les investigations qui doivent déterminer les droits du domaine public et ceux des tiers, ce qui ne peut être obtenu qu'à l'aide d'une publicité officielle rapidement donnée aux demandes de brevets, aux inventions elles-mêmes et aux déchéances encourues. C'est donc sur la facilité des investigations et le mode de publicité employé pour renseigner les intéressés que repose toute l'économie d'un bon Service de la Propriété industrielle, et les résultats qui en découleront se feront immédiatement sentir.

Les investigations doivent être rendues plus faciles et plus rapides.

Nous avons, dans un précédent ouvrage (1), signalé

---

(1) (*Dessins et modèles de fabrique en France et à l'étranger*, par Ch. Thirion; 1877. Librairie Marchal, Billard et Cie, à Paris.) — Après avoir indiqué la manière d'installer le dépôt central des dessins et modèles comme dépendance du Ministère de l'agriculture et du commerce, l'auteur s'exprime ainsi :

« Nous irons plus loin, et nous dirons que tous les brevets périmés, toutes les marques de fabrique actuellement au Conservatoire des Arts et Métiers, devraient être ramenés au Ministère ou dans une annexe spéciale, de façon à constituer un *Grand dépôt général de la Propriété industrielle*.

« C'est qu'il semble, en effet, que l'on ait pris plaisir à disséminer ce qui devait être réuni.

« Examinons un peu, pour fixer les idées, ce à quoi est obligé, avec l'organisation actuelle, un inventeur qui veut déposer une demande de brevet d'invention et faire au préalable les investigations nécessaires :

« Cet inventeur ira d'abord au Ministère de l'agriculture et du commerce, à la salle des brevets, pour consulter les catalogues et examiner les brevets qu'il suppose avoir des rapports avec l'invention qu'il veut garantir. — Disons incidemment que le Ministère ne possédant qu'un exemplaire de chaque brevet, il est

les pérégrinations auxquelles devait se livrer un inventeur qui voulait déposer une demande de brevet et faire les recherches nécessaires pour s'assurer de la valeur de son invention. Le tableau n'avait rien d'exagéré ; mais ce ne sont pas là les seules entraves administratives devant lesquelles il vient se heurter, et, dans toute sa carrière, l'inventeur ou le fabricant se trouve à chaque instant dans la nécessité d'avoir recours à l'Administration, alors qu'il devrait pouvoir se renseigner seul, par lui-même, le seul rôle de l'Administration devant consister à mettre publiquement à la disposition de tous les renseignements qu'elle détient et qu'elle ne livre aujourd'hui que sur demandes spéciales et individuelles.

Prenons quelques exemples et comparons avec ce qui se passe dans les pays dotés d'un Service spécial de la Propriété industrielle :

S'agit-il de consulter les brevets délivrés pour connaître les antériorités qui peuvent être opposées à une invention ?

---

indubitable que quelques-uns de ceux que l'inventeur a besoin de consulter seront à l'Imprimerie Nationale pour les besoins de la publication officielle des brevets d'invention et qu'il devra revenir plusieurs fois avant de pouvoir les consulter. — L'inspection du catalogue et les nécessités de ses investigations amènent l'inventeur à désirer examiner des brevets expirés ; on l'envoie alors au Conservatoire des Arts et Métiers, et, pour peu qu'il ait à faire la comparaison entre un brevet du domaine public et un autre encore en vigueur, voilà le pauvre inventeur obligé de faire la navette entre la rue Saint-Martin et le boulevard Saint-Germain.

« Enfin, le voilà éclairé : il rédige sa demande, et, s'il ignore la marche à suivre, il la porte au Ministère qui le renvoie à la Préfecture, laquelle le renvoie à la recette centrale payer sa première annuité ; et comme, pendant toutes ces pérégrinations, l'heure s'est passée, l'inventeur est souvent obligé de remettre son dépôt au lendemain, heureux si un concurrent, mieux instruit, n'a pas fait le dépôt de la même invention la veille, et rendu ainsi toutes ses démarches inutiles.

« Le tableau peut paraître forcé, et, cependant, tout cela peut arriver et arrive. Mais ce que nous avons vu à plusieurs reprises

Il suffit pour cela, en Angleterre par exemple, d'acheter, à peu de frais, les *Blue-Books* imprimés contenant les descriptions et dessins des patentes délivrées.

<small>Facilités offertes par le système anglais.</small>

Pour arriver au même résultat, en France, il faut consulter le Catalogue officiel publié par l'Administration et qui contient seulement les titres des brevets récemment délivrés. Les brevets dont on désire prendre connaissance ayant été déterminés par l'inspection de leurs titres, il ne viendra à personne, un peu au courant de la question, l'idée d'acheter ou même de consulter la publication des brevets qu'exécute à grands frais le Ministère de l'agriculture et du commerce, par la raison bien simple que les brevets n'y sont pas publiés tous, qu'ils n'y sont pas publiés textuellement et que, par suite, quel que soit le mérite des rédacteurs de cette publication, il restera toujours dans l'esprit de celui qui l'aura consulté, un doute sur l'exactitude de la recherche entreprise. Il faut donc que celui qui veut faire une recherche aille au Ministère, dans un local insuffisant, demander communication des brevets originaux, qui lui sont remis un à un à de longs intervalles. Cette communi-

<small>Vices du système de publication des brevets en France.</small>

---

ce sont de malheureux inventeurs se promener tout l'après-midi du jour de l'échéance d'une annuité entre le Ministère, la Préfecture et les recettes diverses, offrir leur argent partout, et, en fin de compte, arriver au bon endroit après la fermeture des bureaux, et perdre ainsi leur brevet, leur seule fortune peut-être !

« Combien d'industriels de province, venant à Paris pour se renseigner sur les questions de propriété industrielle qui les intéressent, ont à se préoccuper en même temps de marques, de dessins et d'inventions, et que de pertes de temps leur seraient évitées s'ils pouvaient trouver tous les renseignements dont ils ont besoin dans un local unique, ainsi que cela a lieu en Angleterre et aux Etats-Unis.

« Il est bien certain, d'ailleurs, que la nécessité de la centralisation de tout ce qui se rapporte à la Propriété industrielle s'imposera tellement, avant qu'il soit longtemps, que la création d'un

cation au public, des titres mêmes des brevets, est déjà un danger à cause des altérations voulues qui peuvent être apportées aux titres officiels, de la détérioration et des pertes inévitables de pièces. Et si, encore, cette communication pouvait toujours se faire facilement ! Malheureusement, l'Administration n'ayant en sa possession qu'une seule expédition du titre officiel, des séries entières de ces expéditions sont constamment en communication à l'Imprimerie Nationale ou dans les bureaux de la Publication, ce qui amène ce résultat qu'il y a toujours un nombre considérable de brevets qu'il est difficile et souvent impossible de consulter. Le remède à cet inconvénient serait bien simple ! Il suffirait d'exiger de celui qui dépose une demande de brevet la remise de trois expéditions de ses pièces au lieu de deux ! Mais il faudrait, pour régler cette question de détail, mettre en mouvement tout l'appareil législatif, le nombre des exemplaires ayant été déterminé par la loi au lieu d'être laissé à la réglementation, et l'Administration, qui sait qu'il y aurait bien d'autres modifications à apporter à la loi de 1844, et qui n'est pas prête sur cette question, hésite à demander si peu aux Chambres législatives, et l'inconvénient signalé persiste et persistera peut-être longtemps encore.

La délivrance des copies de brevets est longue et onéreuse.

Malgré, ou plutôt à cause des difficultés que nous venons de signaler, une personne, inventeur ou

---

Service unique analogue au *Patent-Office* de Londres ou de Washington, concentrant tous les Services des brevets d'invention, des marques de fabrique, des dessins et modèles industriels, deviendra une obligation, et, peut-être, alors, appréciant toute l'importance que prennent chaque jour ces questions dans l'ensemble de notre industrie, reconnaîtra-t-on que la véritable destination des sommes perçues par le Trésor, du chef de la propriété industrielle, c'est de servir surtout à l'amélioration même des mesures qui ont pour but de faciliter au public la connaissance du domaine public et des droits des tiers. »

industriel, peut désirer avoir une *copie textuelle d'un brevet*, soit pour en consulter plus complètement la rédaction, soit pour la produire en justice : il lui faut alors adresser une demande au Ministre, en y joignant le récépissé du versement d'une somme de 25 francs effectué à la Recette centrale; puis il devra faire exécuter lui-même et au Ministère, souvent au milieu du public, les dessins joints au brevet, et, au bout d'un temps plus ou moins long, suivant que les demandes de même nature sont plus ou moins nombreuses, il obtient la copie qu'il a demandée et qui arrive souvent lorsqu'elle est devenue inutile. Est-ce assez compliqué auprès de la mesure si pratique adoptée en Angleterre et dans plusieurs autres pays? Et tout cela serait rendu si facile, si l'argent dépensé inutilement pour une publication incomplète était affecté à en faire une qui fût vraiment utile et qui supprimât les frais et les ennuis imposés à celui qui veut une copie textuelle d'un brevet! Et qu'on n'objecte pas la diminution du revenu qui résulterait de la suppression de la taxe de 25 francs perçue pour chaque copie, car, outre que les sommes encaissées de ce chef, par l'État, sont relativement insignifiantes, s'il est un impôt qui doive disparaître, c'est celui qui consiste à faire payer un renseignement que l'Administration *doit* à tous, gratuitement, ou, tout au moins, contre le simple remboursement des frais.

S'il s'agit d'obtenir communication d'un dessin ou d'un modèle de fabrique déposé, la question devient plus simple : aux termes de la législation actuelle, le dépôt étant secret, *on ne peut pas en obtenir communication du tout*. Le nouveau projet de loi dû à l'initiative de M. Bozérian, sénateur, adopté par le Sénat et qui doit être prochainement mis en discussion à la Chambre des députés, remédie partiellement à cet inconvénient, en

<small>Inconvénients du secret des dépôts de dessins ou modèles.</small>

ce qu'il autorise la communication au public, des dessins et modèles déposés; mais comme ce projet maintient, bien à tort suivant nous, le secret du dépôt pendant un certain temps, le public n'y gagnera que partiellement. Comme nous le verrons, lorsque nous examinerons les résolutions relatives aux dessins et modèles, la majorité du Congrès a partagé la manière de voir de M. Bozérian. Nous croyons que c'est une de ses erreurs.

Nécessité de publier les marques de fabrique déposées.

En ce qui concerne l'examen des marques de fabrique déposées, on peut en prendre communication, mais seulement à Paris, au Conservatoire des Arts et Métiers; malheureusement leur classement laisse beaucoup à désirer, et on ne peut être absolument certain du résultat d'une recherche faite dans les registres, en vue de savoir si telle ou telle marque a fait l'objet d'un dépôt. Il serait donc indispensable que tous les dépôts de marques de fabrique ou de commerce fussent publiés officiellement par l'Administration avec un fac-simile de la marque déposée; ce dernier point est essentiel, car bien souvent une marque ne diffère d'une autre que par quelques détails que l'inspection du dessin permet seule de saisir, et que ne peut remplacer une description, quelque détaillée soit-elle. En Angleterre, aux États-Unis, en Allemagne, etc., les publications de ce genre existent et rendent les plus grands services. Là encore, il faudrait une modification à la loi existante, et que l'obligation de déposer un *cliché* de la marque fût imposée au demandeur.

Les déchéances pour non payement des annuités devraient être publiées par l'Administration.

Dans les différents pays qui sont dotés d'un Service spécial de la Propriété industrielle, rien n'est plus aisé que de savoir si un brevet est déchu faute de *payement des annuités* à l'échéance; il suffit pour cela, de consulter « la Feuille officielle de la Propriété industrielle », qui mentionne soit les payements effectués, soit les déchéances encourues. Il n'en est pas de même en France, où cette sorte d'investigation, indispensable dans tant de circonstances, rencontre non seulement les plus grandes difficutés, mais encore un manque de certitude absolue. Si l'on veut savoir si les annuités d'un brevet ont été régulièrement payées, il faut adresser à cet effet, au Ministre, une demande écrite sur timbre en présentant autant de demandes spéciales qu'il y a de brevets sur lesquels on désire être renseigné, — exigence à l'appui de laquelle il serait difficile de fournir un texte de loi ou de règlement; — une huitaine de jours après, le temps nécessaire pour que la demande aille du cabinet du Ministre aux bureaux, la réponse est donnée avec cette réserve que « le renseignement est fourni sans engager la responsabilité de l'Administration, des annuités pouvant être versées avec des désignations insuffisantes ou inexactes ». De plus, ce n'est que six semaines à trois mois après l'échéance d'une annuité, que l'on peut avoir cette réponse, attendu qu'il faut ce temps pour l'arrivée et le dépouillement des états des receveurs généraux des départements, de telle sorte que, si ce renseignement est nécessaire, soit pour un procès, soit pour l'une des nombreuses causes qui le rendent utile et même indispensable, il faut s'en passer. Il suffit de signaler cette procédure pour faire comprendre combien il est urgent d'y porter remède.

Il n'est pas moins essentiel que le public soit tenu au courant des *mutations* dont les brevets d'invention, les marques et les dessins de fabrique sont l'objet. En France, on obtient ce renseignement, souvent indispensable, de la bienveillance de l'Administration, et, hâtons-nous de le dire, cette bienveillance vient, dans nombre de cas, suppléer aux exigences ou aux

<small>Le public doit être tenu au courant des mutations.</small>

lacunes de la loi. En Angleterre, il existe, au *Patent-Office*, un registre spécial nommé « Registre des propriétaires de patentes, » qui indique toutes les cessions. Un Journal officiel de la Propriété industrielle devra nécessairement tenir compte de cette urgence.

<small>La condition essentielle d'un Service spécial de la Propriété industrielle est de donner au public des informations rapides.</small>

En définitive, et sans multiplier les exemples, on peut affirmer que ce qui s'imposera avant tout dans l'organisation d'un Service spécial de la Propriété industrielle, ce sera de mettre à la portée du public tous les moyens d'investigation possibles, et de donner la *publicité* la plus rapide et la plus large à toutes les informations qui peuvent l'intéresser. Dans les pays où l'examen préalable est adopté, aux États-Unis par exemple, le personnel du *Patent-Office*, qui, par nécessité, se tient le plus possible au courant des questions qui touchent à la nouveauté et à la brevetabilité des inventions, devient, dans la plupart des cas, l'auxiliaire de l'inventeur, en lui facilitant les recherches qu'il doit faire et en lui signalant les points qui peuvent l'intéresser.

<small>Aux États-Unis, le bureau des brevets est ouvert au public toute la journée et même le soir.</small>

Une bibliothèque considérable fait partie du *Patent-Office* de ce pays et est à la disposition du public, qui trouve ainsi, dans le même local, toutes les sources de renseignements qui lui sont nécessaires. C'est encore là une bonne chose à emprunter à cette nation si essentiellement pratique. Nous pourrons également l'imiter sur un autre point, en ne restreignant pas à quelques heures par jour (de 11 heures à 3 heures) les courts instants pendant lesquels les brevets peuvent être consultés au Ministère; aux États-Unis, les recherches au *Patent-Office* peuvent s'effectuer toute la journée, et même le soir, ce qui n'oblige pas à la perte du meilleur de leur temps ceux qui vivent de leur travail.

Nous insistons sur cette considération qui doit dominer dans l'organisation d'un Service spécial de la Propriété industrielle, c'est que la condition à laquelle il faut répondre avant tout, c'est de fournir au public, sans qu'il ait à les demander, tous les renseignements de nature à l'éclairer; il faut, de plus, lui faciliter les recherches qu'il a à faire et économiser son temps le plus possible. Dans l'état actuel des choses, un renseignement quelconque doit être demandé par lettre, payé sous forme de taxe ou de timbre, et attendu un temps plus ou moins long; l'Administration met bien la plus extrême bienveillance dans ses rapports avec le public; mais, enserrée dans les règlements et dans les limites que lui impose la législation actuelle, elle est débordée par une correspondance incessante qui serait si avantageusement remplacée, pour tout le monde, par une publicité bien entendue. Pour répondre utilement et efficacement au but en vue duquel il serait créé, un Service devrait donc *prévoir* tout ce qui peut être utile au public spécial auquel il s'adresse, *publier* rapidement toutes ces informations, et *remplacer* par cette publicité la plus grande partie de ses rapports avec ceux qui s'occupent des questions de Propriété industrielle.

Conditions qui doivent prévaloir dans l'organisation d'un Service spécial de la Propriété industrielle.

Le Journal officiel de la Propriété industrielle, qui fait l'objet de l'une des résolutions du Congrès, est donc, on le voit, le complément indispensable d'une semblable organisation.

Nous avons dit plus haut que l'organisation du Service dont nous nous occupons ne pouvait être utilement tentée qu'en l'étudiant dans son ensemble et en l'exécutant de toutes pièces. Cela tient à ce que les mesures les plus utiles à prendre, celles sans lesquelles ce service serait sans utilité réelle pour le pu-

Ces conditions ne peuvent être réalisées qu'à la suite d'une révision de la loi du 5 juillet 1844.

blic industriel, ne pourront être réalisées qu'autant qu'une révision de la loi du 5 juillet 1844 aura modifié ou remis entre les mains de l'Administration le règlement des conditions matérielles des dépôts concernant le nombre des exemplaires à déposer, les dimensions et le mode d'exécution des dessins, l'examen des pièces au point de vue de leur exécution. Aussi avons-nous dit qu'une modification des lois existantes devait nécessairement concorder avec cette organisation; les points qu'il s'agit d'ailleurs de modifier sont tellement hors de discussion qu'il n'est pas nécessaire d'attendre, pour le faire, le moment où la loi devra être refondue dans son ensemble pour la mettre d'accord avec la résolution du Congrès. En attendant donc que l'organisation recommandée par le Congrès ait été rendue possible par cette modification dans la législation actuelle, nous terminerons sur ce sujet en indiquant comment nous comprenons un Service spécial de la Propriété industrielle, et quels sont les points de la législation actuelle sur lesquels devraient porter les modifications nécessitées par l'organisation de ce Service.

Le Service de la Propriété industrielle doit constituer une administration distincte relevant directement du Ministre.

Le Service de la Propriété industrielle devrait constituer une *Administration distincte*, installée dans un local qui lui soit spécialement affecté, ayant sa comptabilité particulière et s'alimentant au moyen de ses propres ressources.

Il lui serait adjoint un comité consultatif spécial.

A la tête de cette administration serait placé un chef relevant directement du Ministre de l'agriculture et du commerce. Un *Comité consultatif de la Propriété industrielle*, placé près de la Direction générale, donnerait son avis dans les divers cas susceptibles d'engager la responsabilité de l'administration; il procéderait à l'examen des demandes dans les conditions fixées par la législation ; il étudierait et provoquerait au besoin les améliorations successives dont le service pourrait être susceptible ; il serait consulté lors de modifications à apporter aux diverses lois qui régissent la Propriété industrielle ou de conventions avec les nations étrangères.

Il serait utile que le bâtiment dans lequel serait installé le Service de la Propriété industrielle lui fût spécialement et uniquement affecté. Il devrait être assez spacieux pour réunir les divers services secondaires actuellement dispersés, tels que : la collection des brevets ayant moins de quinze ans de date, actuellement installée au Ministère de l'agriculture et du commerce ; celle des brevets expirés, actuellement réunie au Conservatoire des Arts et Métiers ; les échantillons déposés à l'appui d'un certain nombre de demandes de brevets et que l'administration est obligée de reléguer, faute de place, dans les combles du Ministère, quoique la loi, en disant que l'inventeur pourra déposer des échantillons, ait placé le Ministère (qui, en fait, ne refuse jamais les échantillons) dans l'obligation morale de les communiquer au public, ce qu'il fait *autant qu'il le peut* ; la collection des marques de fabrique, qui se trouve actuellement au Conservatoire des Arts et Métiers ; celle des dessins et modèles industriels que prescrit la nouvelle législation à l'étude, et qui sont aujourd'hui disséminés dans les greffes des divers tribunaux de commerce.

<small>Le local affecté à ce service réunirait tout ce qui concerne la Propriété industrielle.</small>

En outre de salles spacieuses destinées au public, le local devrait comprendre une vaste bibliothèque dans laquelle seraient réunis tous les genres de publications de nature à fournir aux inventeurs et aux industriels les renseignements qui leur seraient utiles. Enfin il devrait réunir les aménagements nécessaires

<small>Il comprendrait une bibliothèque spéciale et une comptabilité particulière.</small>

au service de la Publication des brevets, marques, dessins et modèles, et à celui de la comptabilité et de la caisse.

Tout ce qui concerne la Propriété industrielle devant être concentré dans le même bâtiment, les payements de taxes, d'annuités, etc., devront dépendre du même service et s'effectuer au local même de ce qui deviendrait le « Patent-Office Français ».

<small>Les ressources budgétaires fournies par la Propriété industrielle doivent être spécialement affectées à en améliorer le service.</small>

Disons à ce sujet que c'est à tort, suivant nous, que les taxes exigées pour les dépôts ou la conservation des brevets, marques ou dessins sont considérées comme matière fiscale ; il en résulte une tendance à dépenser le moins possible des sommes perçues de ce chef. Il y a là une erreur qu'ont su éviter des pays comme l'Angleterre et les États-Unis, qui ont compris que les facilités données au développement de l'esprit d'invention profitaient à l'industrie et à la prospérité du pays, et que, par suite, le Service de la Propriété industrielle devant être considéré, en quelque sorte, comme un service d'utilité publique, les sommes perçues par l'État du chef de ce service devaient naturellement et équitablement servir avant tout à faciliter au public la connaissance et l'appréciation de ses droits et de ceux des tiers. C'est là une manière de voir qui nous paraît absolument juste, quoiqu'elle n'ait pas été partagée par le Congrès, et son application faciliterait singulièrement l'établissement du budget du Service de la Propriété industrielle. En effet, ce Service vivant de ses propres ressources, le total de ses recettes déterminerait le maximum de ses dépenses qui, toutes, devraient avoir pour but l'amélioration de son service de renseignements et de publications, l'excédent des recettes sur les dépenses ne devant faire retour au Trésor que lorsque les exigences du Service général auraient été satisfaites.

L'Administration du Service de la Propriété industrielle devrait être absolument pénétrée de ce sentiment que tout ce qui facilite l'esprit d'invention et éclaire l'inventeur sur l'étendue et la limite de ses droits profite au progrès et à la sécurité de l'industrie. Aussi avons-nous dit qu'aux États-Unis les examinateurs du *Patent-Office* sont en quelque sorte les auxiliaires des inventeurs, auxquels ils ne ménagent pas les avis et les renseignements officieux que leurs fonctions les mettent à même de leur donner utilement. Nous n'avons pas encore en France l'examen préalable des inventions au point de vue de la nouveauté, mais il ne faut pas perdre de vue que le principe de l'examen est adopté dans la plupart des autres pays, et que, d'ailleurs, le Congrès a admis, comme acheminement, pensons-nous, à l'adoption de ce principe, qu'un *avis préalable et secret* serait donné au demandeur sur la nouveauté de son invention.

<small>Un Service de la Propriété industrielle doit être un auxiliaire pour le public.</small>

Il ne faut pas oublier non plus que la publication *in extenso* de tous les brevets, — mesure qui nous semble devoir être une conséquence naturelle de l'organisation d'un Service spécial de la Propriété industrielle, — amènera la nécessité, même avec le système actuel d'enregistrement, de donner à l'administration un droit de contrôle plus complet sur la nature, la disposition et la rédaction des pièces déposées à l'appui des demandes de brevet. Ces diverses exigences devront être prises en considération dans l'organisation du Service de la Propriété industrielle, dont le personnel devra être choisi en vue de ces nécessités et de celles plus complètes que l'avenir lui réserve probablement.

En résumé, le Service spécial de la Propriété industrielle doit réunir :

<small>Résumé sur l'organisation d'un tel Service.</small>

Les dépôts des brevets d'invention, des marques de fabrique et des dessins et modèles industriels ;

La comptabilité et la caisse concernant ce Service ;

Le Comité consultatif de la Propriété industrielle dont il a été question plus haut ;

Le Service de la Publication *in extenso* des descriptions et des dessins joints à l'appui des demandes de brevets d'invention ;

Le service de la vente, par fascicules séparés analogues aux « *blue-books* » anglais, des descriptions des brevets, et, s'il y a lieu, des dépôts de dessins et modèles industriels ;

Une bibliothèque ouverte au public, largement pourvue d'ouvrages spéciaux.

<small>Matières que doit publier la *Feuille officielle de la Propriété industrielle*.</small>

Le service de publication d'une *Feuille officielle de la Propriété industrielle*, paraissant au moins une fois par semaine, et publiant tous les documents de nature à éclairer le public et que l'on ne peut se procurer aujourd'hui qu'à la suite de démarches spéciales et d'une longue attente, tels que : les brevets délivrés, avec l'indication des noms et *prénoms* des inventeurs et leurs revendications ; les marques de fabrique déposées avec le fac-similé de chacune d'elles ; les dessins et modèles déposés, avec l'indication sommaire des sujets ; les nullités et les déchéances des privilèges concédés, survenues à la suite de quelque cause que ce soit, et les mutations dont ils sont l'objet ; les modifications apportées dans les législations en France et à l'étranger ; les arrêts fixant la jurisprudence, émanant des tribunaux français et étrangers ; des informations spéciales transmises par les consulats français à l'étranger.

Dans de telles conditions le Service de la Propriété industrielle constituera une administration spéciale répondant utilement au but en vue duquel elle serait créée et à l'importance des intérêts dont elle aurait la garde. Il n'est pas impossible, certainement, d'améliorer successivement le service actuel ; mais les diverses parties de ce service ont une telle connexité, les améliorations nécessaires se présentent avec un tel caractère d'urgence, qu'il nous paraîtrait de tous points préférable d'examiner résolument la question dans son ensemble et de procéder à une organisation complète et de toutes pièces. Ce serait mieux et plus tôt fait.

Nous avons dit en commençant qu'une organisation rationnelle d'un Service spécial de la Propriété industrielle devait concorder avec certaines modifications de la législation actuelle. Nous indiquerons rapidement les points sur lesquels auraient à porter ces modifications. *Points sur lesquels devraient porter les modifications à la loi du 5 juillet 1844.*

Aux termes de la législation actuelle, aucune exigence de forme, d'étendue, de disposition, n'est imposée dans la rédaction tant des dessins que du mémoire descriptif déposé à l'appui d'une demande de brevet ; le mémoire est accepté tel quel, qu'il soit notamment incompréhensible ou insuffisant, ou d'une prolixité hors de proportion avec l'objet de la demande ; certains inventeurs croient devoir faire remonter au déluge l'exposé de leur découverte, tandis que d'autres, pensant que leur invention s'expliquera d'elle-même, se contentent de déposer un dessin avec une simple légende ou même sans description aucune. *Actuellement le mémoire descriptif est accepté tel quel.*

Cette diversité présente de nombreux inconvénients qu'il est absolument indispensable de faire disparaître : le public, désireux de se renseigner, éprouvera les plus grandes difficultés pour discerner, au milieu du fatras de l'un et du laconisme de l'autre, la véritable pensée de l'inventeur et les points particuliers qui peuvent être valablement revendiqués comme nouveaux ; d'un autre côté, la publication *in extenso* des dessins et mémoires descriptifs déposés à l'appui des demandes de brevets serait rendue difficile par cette latitude trop absolue laissée à l'inventeur pour présenter et décrire son invention.

<small>Inconvénients de cette mesure.</small>

Le premier inconvénient disparaîtra en obligeant l'inventeur à terminer son mémoire descriptif par l'indication *précise* des points qui, suivant lui, constituent son invention et dont il revendique la propriété exclusive, et en spécifiant nettement dans la loi que ses droits porteront *uniquement* sur les points ainsi revendiqués, le mémoire ne servant qu'à leur explication. Ainsi disparaîtront les difficultés et les incertitudes résultant de la législation actuelle, et l'on ne verra plus, comme dans les procès actuels, torturer un texte pour lui faire dire des choses auxquelles l'inventeur n'a peut-être jamais pensé, ou trouver la base d'un droit privatif dans une phrase incidente qui ne prend de valeur que par l'interprétation qui lui est donnée ; d'un autre côté, le public industriel, qui a tant d'intérêt à compulser les brevets pour connaître les limites des droits des tiers et déterminer le sien propre, ne sera plus dans la nécessité de lire avec l'attention la plus méticuleuse les longs mémoires qu'il doit consulter, du moment que les revendications finales de chacun de ceux-ci contiendront l'énonciation des *seuls* points qui peuvent lui être opposés. Dans de telles conditions, rien ne s'opposera plus à ce que le contrôle dévolu à l'administration soit étendu, et qu'elle puisse exiger de l'inventeur soit un supplément de description, soit la suppression de détails inutiles.

<small>L'inventeur devrait être tenu à préciser ses revendications.</small>

Aucune obligation spéciale, autre que le tracé à

l'encre et d'après une échelle métrique, n'est également imposée au demandeur pour l'exécution des dessins; on accepte cependant des photographies, des dessins à l'encre ombrés au crayon, des croquis à la plume, etc., etc. Il en résulte une diversité de formats (nous avons vu un dessin ayant plus de 10 mètres de long) et de modes d'exécution qui rendent absolument impossible l'application, à leur reproduction, des procédés de photogravures aujourd'hui adoptés dans un grand nombre de pays pour la publication des brevets d'invention. Il faudrait donc pouvoir exiger que les dessins déposés à l'appui des demandes de brevets fussent exécutés à l'encre noire, sans emploi de teintes colorées, sur des papiers non pliés, de force et de dimensions particulières, en un mot dans les conditions nécessaires pour leur reproduction par la photogravure.

Quant au nombre d'expéditions à remettre par le demandeur, aussi bien pour les descriptions que pour les dessins, il devrait être porté de deux à trois, afin qu'il y eût toujours un exemplaire qui puisse être mis à la disposition du public. Une modification dans la rédaction de l'article 6 de la loi de 1844 donnerait facilement satisfaction aux différents points que nous venons de signaler. *Les dessins devraient être fournis en triple expédition et dans des conditions permettant leur reproduction par la photogravure.*

L'article 34 devra être modifié pour permettre de publier le texte de tous les brevets aussitôt après la délivrance, et les demandes au fur et à mesure qu'elles se produisent. En ce qui concerne les autres conditions de détail résultant de l'organisation d'un Service spécial de la Propriété industrielle, et qui se trouveraient en contradiction avec la loi de 1844 ou la législation actuelle sur les marques de fabrique, elles n'exigeraient que de légères modifications dans le *Les brevets devront être tous publiés in extenso aussitôt après leur délivrance.*

texte de ces lois; quant aux dessins et modèles industriels, il serait indispensable que la loi qui doit les régir et qui sera prochainement soumise au Parlement, allât au devant des exigences qui devront résulter de l'organisation du « Service spécial » dont il vient d'être question.

Enfin et subsidiairement, il serait nécessaire de profiter du moment où ces quelques modifications à la loi de 1844 seraient demandées aux Chambres législatives pour faire disparaître cette erreur de la loi qui frappe brutalement de déchéance le breveté qui n'a pas acquitté son annuité avant l'échéance : il faudrait qu'un délai de trois mois au moins fût accordé au breveté avant que la déchéance fût encourue.

5ᵉ RÉSOLUTION

Protection provisoire des inventions, dessins et marques admis aux Expositions.

5ᵉ RÉSOLUTION. (QUEST. GÉN.) — **Il y a lieu d'accorder une protection provisoire aux inventions brevetables, aux dessins et modèles industriels, ainsi qu'aux marques de fabrique ou de commerce figurant aux Expositions internationales, officielles ou officiellement reconnues.**

Précédents.

En recommandant d'accorder une protection provisoire aux produits figurant aux Expositions internationales, le Congrès n'a fait que consacrer un principe déjà passé dans le domaine de l'application.

Ce serait la France, d'après une affirmation portée à la tribune du Congrès, qui aurait donné l'exemple, lors de l'Exposition de 1855, et cet exemple aurait été suivi par l'Angleterre, les États-Unis et l'Autriche.

Mais il y a là une erreur qu'il est juste de rectifier : Quatre ans avant notre Exposition de 1855, à la veille de l'Exposition universelle de 1851, l'Angleterre admit le principe de la protection provisoire, et en 1852 elle en étendit l'application, en en faisant une des bases de sa loi sur les brevets d'invention. D'un autre côté, il convient de rappeler que ce fut l'Autriche qui songea à étendre le bénéfice de la protection provisoire aux dessins industriels et aux marques de fabrique figurant à l'Exposition de Vienne de 1873, au lieu de l'accorder seulement aux inventions brevetables, comme on l'avait fait jusque-là.

Dans la discussion de la résolution dont nous nous occupons ici, on fit remarquer que l'application du principe de la garantie provisoire des produits exposés n'avait donné lieu à aucun inconvénient. Cela est vrai, mais on peut se demander s'il en serait encore de même dans le cas où le nombre des certificats provisoires, qui ne fut que de 500 lors de l'Exposition de 1855, de 350 lors de celle de 1867 et de 645 en 1878, deviendrait plus considérable.

<small>Cette protection provisoire présente-t-elle des inconvénients ?</small>

Il pourrait alors y avoir des inconvénients à tenir secrète l'invention ou la marque déposée, pendant toute la durée de la protection provisoire, celle-ci pouvant dans certains cas atteindre près d'une année.

On est même très porté à le penser, si l'on remarque que, pour les dépôts définitifs, ceux opérés en temps ordinaire, on a pris comme règle de réduire la période du secret à un temps beaucoup moindre, juste le temps nécessaire pour la vérification des pièces de la demande et pour la délivrance du titre; il y a évidemment les mêmes raisons pour publier rapidement l'objet des dépôts provisoires, puisque ceux-ci donnent également naissance à des privilèges que le public est tenu de respecter tout aussi bien que ceux qui résultent de dépôts définitifs, ce qui implique logiquement l'obligation de lui en faire connaître l'objet dans les mêmes conditions.

En vain objecterait-on que le déposant ne pourra

poursuivre les contrefacteurs qu'après avoir opéré son dépôt définitif, qui, lui, sera publié. Qu'importe, en effet, que les poursuites n'aient lieu qu'après la publication, si elles peuvent porter sur des faits accomplis pendant la période du secret? Le public n'en est pas moins exposé à commettre des contrefaçons à son insu, et à s'en voir demander compte plus tôt ou plus tard.

Le secret des dépôts provisoires est un inconvénient pour le public.

Le secret des dépôts provisoires présente un autre inconvénient, qui n'est pas moins grave, dans le cas où ceux-ci ne sont pas suivis des formalités destinées à les rendre définitifs ; dans ce cas, en effet, la publication n'est pas seulement retardée, elle manque complètement, et cela au grand préjudice du public, pour qui l'une des principales compensations au sacrifice qu'il s'impose en subissant des priviléges temporaires, consiste dans l'avantage qu'il obtient ainsi, d'avoir connaissance des inventions qui se produisent. Dans le cas dont nous parlons, avec le secret des dépôts provisoires, les particuliers jouissent d'un privilège plus ou moins long, et le public n'obtient absolument rien en échange. Il est vrai que les galeries d'une exposition sont ouvertes à tout le monde; mais d'abord, tout le monde ne peut pas s'y rendre, et ensuite la simple vue d'un appareil exposé permet rarement de se rendre compte de son principe et de sa disposition aussi bien que l'inspection d'une description et de dessins.

Dès lors, puisque l'exposant est tenu, pour obtenir son certificat de garantie, de fournir des pièces descriptives, pourquoi ne pas les publier?

Nous savons bien qu'on répondra que le dépôt provisoire a été institué pour protéger les conceptions que l'auteur n'a pas encore eu le temps de faire garantir régulièrement dans les divers pays, et que l'on doit éviter une publicité susceptible de nuire à la validité des privilèges qui seraient demandés ultérieurement ; mais nous répondons que ce moyen de sauvegarder les intérêts de l'inventeur est inefficace ; la preuve, c'est que le Congrès a dû, par sa septième résolution, émettre le vœu que l'inventeur, en faisant un dépôt dans le pays où il expose, obtînt par là une garantie provisoire dans les autres pays également ; aujourd'hui, en effet, faute d'une convention internationale en ce sens, celui qui a exposé en France, par exemple, n'a pas à craindre que son invention soit divulguée par une publication officielle de sa description ; mais la publicité qui résulte du fait même de l'exhibition de l'invention et des comptes rendus qui peuvent en être faits dans des livres ou des journaux, a le même effet de lui enlever le caractère de nouveauté et de brevetabilité dans d'autres pays, jusqu'au jour où une convention internationale en aura disposé autrement.

Or, si le secret ne suffit pas, à lui seul, pour réserver les droits de l'inventeur, et s'il doit s'y ajouter une convention internationale, il serait urgent de rechercher si cette convention ne pourrait pas partir d'un autre point de vue et permettre de supprimer le secret en déclarant que, sans cette condition, l'inventeur aura un certain temps, à partir du jour où il demande un brevet dans un pays, pour en prendre valablement dans les autres. Nous rappellerons, à ce propos, qu'aux États-Unis on n'exige pas de celui qui demande une patente la nouveauté absolue de son invention, et que cette dernière peut sans inconvénient être connue dans le pays même, depuis moins de deux années ; ce système ne semble pas avoir révélé de dangers sérieux. Dans tous les cas, la question mérite d'être examinée, puisque le secret, à lui seul, ne remplit pas le but cherché, tout en présentant de graves inconvénients pour le public. D'ailleurs, la question est plus large et embrasse non seulement le cas spécial des expositions, mais aussi les circonstances ordinaires, car on en est encore à trouver un moyen efficace d'assurer la protection internationale de l'inventeur. On lira utilement, sur ce sujet, la discussion du Congrès sur la résolution 12. (QUEST. GÉN.)

Gratuité des certificats de garantie provisoire.

On peut remarquer que la gratuité des certificats provisoires n'est pas indiquée dans la résolution, mais elle était dans la pensée du Congrès, et, pour les étrangers surtout, on avait dit combien il importait de leur offrir une hospitalité entièrement gratuite quand on les conviait à une exposition ; un amendement présenté pour combler cette lacune involontaire ne put être soumis à l'assemblée parce qu'il était arrrivé après le vote.

A quels genres d'expositions doit s'appliquer la garantie provisoire ?

Une longue discussion s'était élevée au sujet du qualificatif qu'il convenait d'ajouter au mot « Expositions ». La première rédaction proposée disait : « Expositions internationales officielles»; M. Pollock, délégué des États-Unis, dit qu'il ne connaissait que la France et l'Autriche qui fissent des expositions officielles, que l'Exposition de Londres de 1851 et la récente Exposition de Philadelphie avaient été des entreprises privées ; il ajouta qu'aux États-Unis on n'avait même pas besoin de l'autorisation du Gouvernement pour faire une exposition.

La rédaction proposée n'était donc pas assez large pour s'appliquer à des expositions telles que celles de Philadelphie et de Londres, qu'elle était évidemment destinée à embrasser cependant.

D'un autre côté, quelques membres proposèrent d'étendre la protection provisoire aux expositions internationales organisées par des particuliers ou par des Sociétés savantes, et même aux expositions régionales.

Finalement, le Congrès, voulant tenir compte des conditions différentes qui peuvent présider à l'organisation d'une exposition, mais ne croyant devoir demander le bénéfice de la protection provisoire que pour le cas des expositions internationales et ayant un caractère officiel, adopta la rédaction ci-dessus.

Le secret étant le principal inconvénient de ces dépôts, on pourrait, sans aucun danger, appliquer le principe de la protection provisoire d'une manière plus large, et l'étendre aux expositions organisées par des particuliers ou par des Sociétés savantes, fussent-elles seulement nationales ou même régionales, au lieu de n'en faire bénéficier que les expositions internationales et ayant un caractère officiel, auxquelles la résolution que nous discutons accorde une préférence qu'il est difficile de justifier autrement que par l'intérêt qu'il y a à ne pas augmenter le nombre des privilèges secrets. *La suppression du secret permettrait une application plus large de la mesure.*

6ᵉ Résolution

6ᵉ RÉSOLUTION. (Quest. gén.) — **La durée pendant laquelle sont protégées les inventions, marques, modèles et dessins figurant auxdites Expositions internationales, doit être déduite de la durée totale de la protection légale ordinaire, et non lui être ajoutée.** *La durée de la protection provisoire doit être déduite.*

Cette résolution, complément de la précédente, ne fut pas votée sans quelque opposition : on proposait de laisser la durée de la protection provisoire s'ajouter à la durée régulière, au lieu de l'en déduire, afin d'in- *Proposition contraire.*

demniser l'exposant des frais et des peines auxquels l'exposition l'entraînait.

<small>Nécessité de déduire la durée de la protection provisoire.</small>

Mais cela créerait une grande inégalité entre ceux qui demanderaient des certificats de garantie provisoire et ceux qui prendraient des brevets ou feraient des dépôts définitifs, et la durée des privilèges n'aurait plus rien de fixe ; il suffit que le certificat provisoire soit gratuit, c'est ailleurs que l'exposant doit trouver le bénéfice de sa participation à une exposition universelle.

<small>Point de départ de la protection provisoire.</small>

Ajoutons, au sujet de cette résolution, qu'il fut expliqué, au cours de la discussion, que la durée du certificat provisoire devait courir du jour où l'exposant était informé de son admission.

7ᵉ RÉSOLUTION

<small>La protection provisoire est acquise dans tous les pays qui ont exposé.</small>

7° RÉSOLUTION. (Quest. gén.) — **La protection provisoire accordée aux inventeurs et auteurs industriels qui prennent part auxdites Expositions internationales devrait être étendue à tous les pays qui sont représentés à ces expositions.**

<small>Utilité de cette résolution.</small>

La septième résolution n'est qu'une extension heureuse de la précédente : il importe que l'exposant soit protégé complètement contre les conséquences de la divulgation qui résultera de l'exposition, c'est-à-dire qu'il soit protégé non seulement dans le pays où celle-ci aura lieu, mais dans tous les pays qui y auront pris part. Aussi la résolution fut-elle votée sans opposition.

8°. **RÉSOLUTION**. (Quest. gén.) — Le fait qu'un objet figure dans une Exposition internationale ne saurait faire obstacle au droit de saisir réellement cet objet, s'il est argué de contrefaçon.

Saisie des objets exposés s'ils sont argués de contrefaçon.

La question visée dans cet article est une de celles dont l'Exposition universelle de 1878 a fait ressortir l'importance. Lorsqu'il s'est agi, en effet, pendant la durée de cette exposition, de faire saisir des produits argués de contrefaçon, on n'a pu en obtenir l'autorisation, bien que rien dans la loi française n'y mît opposition ; en présence de la résistance du pouvoir judiciaire et de l'administration, les brevetés qui croyaient utile à leurs intérêts de faire enlever de l'Exposition, à leurs risques et périls, les produits qu'ils considéraient comme une contrefaçon des leurs (ce qu'ils auraient été facilement autorisés à faire si ces produits s'étaient trouvés dans tout autre local), ont dû se contenter de les décrire afin de constater la contrefaçon, et les laisser exposés jusqu'à la fin sous le nom du contrefacteur. Et cependant, rien dans la loi, nous le répétons, n'autorise cette différence de traitement, ainsi que le fit remarquer M. Bozérian dans un discours très substantiel, et comme cela est démontré aussi avec une grande force dans l'ouvrage de M. E. Clunet sur « la saisie des objets appartenant aux exposants français et étrangers ».

Des faits ont démontré l'utilité de cette résolution.

Pour refuser l'autorisation d'opérer une saisie réelle, on s'est appuyé sur les dispositions du Règlement général de l'Exposition, qui interdit l'enlèvement des produits avant le jour de la clôture, comme si un règlement pouvait faire échec à la loi ; d'autre part, lorsqu'il s'agissait de produits étrangers, on a, de plus, argué que le local des sections étrangères était

Motifs invoqués pour refuser l'autorisation de saisir.

réputé ne pas appartenir au territoire français et devait donc jouir du bénéfice de l'exterritorialité; ce second argument est également combattu dans le livre de M. E. Clunet avec beaucoup de compétence.

Comme le fit très bien remarquer M. Bozérian, le droit de saisie descriptive pourrait suffire, à la rigueur, quand il s'agit de la contrefaçon d'un brevet; mais lorsqu'il s'agit d'un dessin ou d'une marque, il est clair qu'une description sera toujours insuffisante pour tenir la place de l'objet lui-même, et que le propriétaire légitime pourra ainsi être mis dans l'impossibilité de faire reconnaître la contrefaçon et se trouvera lésé sans pouvoir obtenir réparation. Or, on ne saurait comprendre, ajoutait très justement M. Bozérian, qu'il doive s'arrêter devant une vitrine, au risque d'être par là empêché de se faire rendre justice, tandis qu'il obtiendrait du magistrat l'autorisation de pénétrer dans la demeure intime d'un citoyen pour la constatation de faits du même genre. Cela se comprend d'autant moins qu'il n'y a pas à craindre un abus, puisque, pour saisir, il faut l'autorisation d'un magistrat, laquelle, le plus souvent, n'est accordée que contre le dépôt d'un cautionnement. Nous avons voté, disait M. Bozérian en terminant, que les étrangers devaient être assimilés aux nationaux; eh bien! il faut que les nationaux et les étrangers soient égaux devant la contrefaçon comme ils le sont devant les récompenses et devant les lois dont ils profitent; il faut que l'Exposition ne montre que les merveilles de l'industrie honnête et ne soit pas un refuge inviolable pour la contrefaçon.

Refus de laisser saisir dans une manufacture de l'État, en Belgique.

M. Demeur, membre du Parlement belge, délégué de l'Union syndicale de Bruxelles, signala au Congrès, à ce propos, un fait analogue, bien que ne se rattachant pas à une exposition. Il est arrivé en Belgique

que l'État était accusé d'une contrefaçon commise dans une fabrique de canons ; l'Administration refusa de laisser pénétrer dans la fabrique, et le pouvoir judiciaire céda devant cette résistance.

On voit par ce fait, qu'il n'était pas inutile de signaler l'utilité qu'il y aurait à rédiger la loi de telle manière qu'elle permît en toute occasion de prouver l'existence de la contrefaçon ; et même dans le cas où une description suffirait pour cela, le propriétaire légitime peut souffrir un préjudice considérable du fait que ce qui est sien se trouve exhibé sous le nom d'un autre pendant toute la durée d'une exposition internationale.

9ᵉ Résolution

9ᵉ **RÉSOLUTION.** (Quest. gén.) — **Chacune des branches de la Propriété industrielle doit faire l'objet d'une loi spéciale et complète.**

Loi spéciale pour chaque branche de la Propriété industrielle.

Le but de cette résolution s'explique de lui-même ; elle tend à rendre plus facile à chacun de se renseigner sur une loi qui l'intéresse, et cela n'est pas sans importance pratique. Aujourd'hui, dans beaucoup de pays, il n'y a pas pour chaque branche de la Propriété industrielle une loi spéciale et complète, et la loi sur les dessins de fabrique, par exemple, renvoie pour certains points à la loi sur les brevets, etc. ; cela rend véritablement difficile de s'éclairer sur des sujets dont la connaissance serait aujourd'hui indispensable à tous les industriels ou commerçants.

But visé par cette résolution.

Ce serait peut-être aller bien loin que de demander que non-seulement il y eût une loi sur les brevets, une loi sur les dessins et une loi sur les marques de fabrique, mais encore que chacune de ces lois rappelât toutes

Son principe doit être appliqué aussi largement que possible.

les dispositions des lois générales applicables à la matière, et cependant plus on se rapprocherait de cet idéal de clarté, plus, à notre avis, on favoriserait les progrès de l'industrie, tout en évitant un grand nombre de procès qui ne se produisent aujourd'hui que par suite de l'ignorance de la loi chez les industriels. En effet, on ne peut méconnaître que, même en France où les diverses branches de la Propriété industrielle font l'objet de lois séparées, chacune d'elles a absolument besoin d'être complétée par de nombreuses dispositions qu'il faut chercher ailleurs; c'est à cela qu'il serait bon de remédier dans la plus grande mesure possible.

10ᵉ Résolution

Une seule législation pour un État et ses colonies.

10ᵉ RÉSOLUTION. (Quest. gén.) — **Il est à désirer qu'en matière de Propriété industrielle, la même législation régisse un État et ses colonies, ainsi que les diverses parties d'un même État. Il est également à désirer que les conventions de garantie réciproque de la Propriété industrielle conclues entre deux États soient applicables à leurs colonies respectives.**

C'est un premier pas vers l'uniformité.

Le vœu exprimé dans cette résolution n'a pas besoin d'être justifié : il est évident que plus on obtiendra d'uniformité dans les législations qui régissent la Propriété industrielle, plus on y gagnera, et que le premier pas à faire dans cette voie, c'est d'uniformiser la législation des diverses provinces ou colonies d'un État.

Objection : la résolution ne s'applique qu'à l'Angleterre.

On objecta à la proposition qu'elle ne pouvait guère viser que l'Angleterre; et que ce pays pourrait s'en offenser; on soutint que, dans tous les cas, les grandes colonies anglaises, jalouses de leur autonomie, ne se laisseraient pas imposer la législation de la métropole.

Mais M. l'amiral Selwyn répliqua que l'Angleterre se formaliserait d'autant moins de la proposition, qu'elle désirait, elle aussi, voir établir la plus grande uniformité possible de législation, et qu'elle souscrirait même à une convention universelle pour la garantie réciproque de la Propriété industrielle; que, quant aux colonies, elles ne se rallieraient à une législation uniforme que si elles le voulaient, mais que l'on avait lieu de l'espérer, car cela était de leur intérêt. *Réponse à cette objection.*

Nous pouvons faire remarquer à ce sujet que les lois de toutes les colonies anglaises, en matière de brevets d'invention, sont basées sur les mêmes principes généraux que la loi anglaise (protection provisoire, droit de modifier ou de restreindre l'objet du brevet, etc.), et n'en diffèrent guère que par la durée (dans quelques colonies seulement), par le chiffre des taxes et par le détail des formalités à remplir. Il y aurait donc peu de chose à faire pour rendre ces lois uniformes, et cela ne semble pas pouvoir rencontrer une bien grande opposition. *Les lois des colonies anglaises ne diffèrent pas essentiellement.*

Enfin, nous rappellerons que, d'après la loi espagnole de 1878, un seul brevet couvre l'Espagne et toutes ses colonies, lesquelles délivraient jusqu'alors des privilèges séparés, ce qui montre que les Gouvernements sont déjà entrés dans la voie recommandée par le Congrès. En fait, comme on l'a dit, il ne reste plus guère que les colonies anglaises qui aient, en matière de brevets, des législations différentes de celle de la métropole. *L'Espagne vient de faire ce que la résolution demande.*

11ᵉ Résolution

La contrefaçon est un délit de droit commun.

11ᵉ RÉSOLUTION. (Quest. gén.) — La contrefaçon d'une invention brevetée, d'une marque de fabrique ou de commerce, d'un dessin ou d'un modèle industriel déposé, est un délit de droit commun.

Exception pour le cas de bonne foi.

La proposition fut combattue parce qu'elle ne disait pas que la bonne foi serait exclusive du délit de contrefaçon.

Le cas est fréquent.

Plusieurs membres du Congrès firent remarquer que, très souvent, celui qui contrefaisait un brevet le faisait à son insu, que sa bonne foi était entière et que, par conséquent, il ne devrait être tenu qu'à la réparation civile du préjudice causé ; cela se présente, en effet, très souvent, et si nous sommes de ceux qui voudraient voir réprimer sévèrement la contrefaçon quand elle est volontaire, par contre il nous semblerait regrettable que l'on établît les pénalités comme s'il en était toujours ainsi, car cela est très loin de la vérité.

Les recherches sont difficiles.

Il ne faut pas oublier que ce n'est qu'au prix de recherches difficiles, longues et coûteuses que l'on peut aujourd'hui, en France et dans beaucoup d'autres pays, faute d'une publication satisfaisante des brevets, savoir s'il en existe un pour un produit, un appareil ou un procédé donné ; de plus, il faut reconnaître que, même lorsqu'on a sous les yeux certains brevets, il

L'appréciation est difficile également.

est bien difficile de savoir exactement ce qu'ils couvrent, l'inventeur n'étant pas obligé, sauf dans quelques pays, de préciser ses revendications ; y fût-il même astreint, l'appréciation de la contrefaçon serait encore souvent très difficile, car il se présente dans la pratique un nombre infini d'espèces que la loi sera toujours impuissante à prévoir, et qui font naître les questions les plus délicates.

Il faut donc, tout en donnant aux tribunaux le pouvoir de punir la contrefaçon comme un « vol industriel », ainsi qu'on l'a dit, lorsque le contrefacteur aura eu réellement une intention délictueuse, ne pas les obliger à appliquer aussi une peine de droit commun à ceux qui n'auront agi que par ignorance ou à la suite d'une interprétation qui ne se trouvera pas partagée par les juges.

La bonne foi doit donc faire écarter la peine correctionnelle.

M. Ch. Lyon-Caen appuya la proposition, tout en réservant la question de savoir quand on devrait appliquer la loi pénale; cette question ne lui paraissait pouvoir être tranchée qu'après plusieurs autres, par exemple celle d'une période de secret pour les brevets; il reconnaissait sans difficulté que celui qui commettrait une contrefaçon pendant cette période ne serait pas passible de la loi pénale; mais, passé cette période, il faisait remarquer que certaines législations admettent que même celui qui est de bonne foi s'en est rendu passible par sa grande négligence.

Réserves.

On pourrait, à la rigueur, se rallier à cette opinion, si la publication donnée aux brevets était suffisante pour donner réellement à chacun le moyen de s'éclairer; mais, jusque-là du moins, il faut se montrer avare de ces pénalités de droit commun, et même alors nous pensons, quant à nous, qu'il vaudrait mieux laisser aux juges le pouvoir de ne pas appliquer une peine correctionnelle, s'il ressort des débats que le prévenu n'est pas même coupable d'une négligence, mais seulement d'une appréciation inexacte de sa situation.

12ᵉ RÉSOLUTION

Dépôt simultané des demandes aux divers consulats.

12ᵉ RÉSOLUTION. (Quest. gén.) — Il est à désirer que le dépôt des demandes de brevets, de marques, de dessins et de modèles puisse s'effectuer simultanément à l'autorité locale compétente et aux consulats des diverses nations étrangères (1).

But de la proposition.

Par la pensée qui l'a inspirée, cette résolution a une portée très grande, puisqu'elle tend à permettre à l'inventeur ou auteur industriel d'assurer ses droits dans tous les pays en même temps.

Le moyen proposé est transitoire.

Mais le moyen qu'elle propose pour arriver à ce résultat n'est peut-être pas la meilleure solution que puisse recevoir le problème. Ce moyen n'a, du reste, été recommandé par le Congrès qu'à titre transitoire, pour attendre le moment où une entente internationale aura pu être conclue; cependant, il est clair qu'il exige, lui-même, une entente préalable, puisqu'il consiste en une procédure nouvelle et uniforme qui a besoin d'être acceptée par tous les pays; seulement, il est vrai que l'entente pourrait se faire plus facilement et plus rapidement sur un point isolé que sur l'ensemble des questions qu'embrasse le programme

Cependant il exige une entente internationale.

Raisons qui pourraient faciliter cette entente.

---

(1) Résolution de la *Société des ingénieurs et architectes d'Autriche* et autres Sociétés autrichiennes :

« (g) Tout inventeur peut, pour s'assurer la propriété de son invention, présenter en même temps sa demande au bureau de l'administration des brevets de son domicile et aux représentants des puissances étrangères. »

— Résolution de l'*Union industrielle du nord-ouest de la Bohême* :

« Les demandes de brevets devront être déposées simultanément au tribunal compétent du domicile de l'inventeur et aux consulats des pays respectifs. »

d'une entente internationale pour la garantie de la propriété industrielle.

Mais on aurait eu également cet avantage avec la solution beaucoup plus simple proposée par M. J. Armengaud jeune, dans un ensemble de dispositions qu'il proposait de soumettre aux délibérations d'une Commission internationale, puis reprise par M. Em. Barrault et appuyée par M. Pollock. Le seul avantage du système recommandé par la résolution consiste en ce que l'intervention du consul de chaque État peut faciliter une entente à laquelle il serait peut-être difficile pratiquement d'arriver sans cela.

L'accord serait d'ailleurs plus facile si le demandeur déposait aux divers consulats, comme la rédaction de la résolution semble l'indiquer, des pièces complètes semblables à celles qu'il dépose aujourd'hui dans son pays, que s'il se bornait à se rendre à ces consulats pour y faire simplement la déclaration qu'il vient de former une demande de privilége dans son pays, comme cela semblait être dans la pensée de M. Bozérian, qui a expliqué en ce sens la proposition déjà présentée par lui au Congrès d'Anvers.

<small>Y aurait-il dépôt de pièces ou simple déclaration ?</small>

Dans le premier cas, en effet, ce n'est qu'un changement du lieu de dépôt; mais, par cela même, le demandeur y gagne peu de chose et n'a pas les avantages qu'il trouve à avoir un mandataire qui suit le sort de sa demande près de l'administration de chaque pays. Dans le second cas, au contraire, la solution proposée ne serait guère plus facile à faire accepter par les Gouvernements que celle de M. Barrault; car, dans l'une comme dans l'autre, il s'agira de faire reconnaître à l'intéressé un droit de propriété basé sur le dépôt d'une spécification dans son pays seulement.

Voici la proposition de M. Barrault :

Proposition différente. « L'obtention d'un brevet d'invention dans un pays assurera à l'inventeur ou à ses ayant-droit la priorité de la prise d'un brevet dans d'autres pays, dans la première année du brevet primitif. »

Elle donne une solution plus simple. Comme on le voit, elle supprimait la formalité coûteuse de la déclaration aux différents consulats, que son auteur jugeait inutile puisque la demande formée par l'intéressé dans son pays constitue un document authentique, qui peut servir de base pour lui accorder un droit de priorité dans les autres pays pendant un certain temps, en attendant qu'il y dépose des demandes régulières.

Nous préférerions à coup sûr cette solution à celle défendue par M. Bozérian, qui est plus compliquée sans offrir aucun avantage de plus. Si, au contraire, la résolution votée par le Congrès veut dire qu'il faudra déposer des demandes avec toutes les pièces à l'appui, elle nous paraît, comme nous venons de le dire, pouvoir être plus facilement acceptée par les divers Gouvernements; mais cela ne serait pas d'un bien grand avantage pour les auteurs industriels qui voudront faire garantir leurs droits.

La résolution n'assurait pas la priorité au premier inventeur. M. Pollock, délégué des États-Unis, a fait aussi à la résolution une objection très fondée, qui est celle-ci, en substance : Si vous faites reposer le droit sur la priorité de déclaration, vous favoriserez le plus jeune, le plus actif, celui qui accomplira cette formalité le premier ; ce qu'il faudrait faire, ce serait de protéger le *premier inventeur*, en s'en rapportant au titre créé par le dépôt d'une demande de privilège dans un pays; autrement, vous ne réaliserez pas la reconnaissance du droit de priorité d'un inventeur dans tous les pays indistinctement. Cela revient à dire que la déclaration aux consulats est une complication non seulement inutile, mais nuisible, ce qui est bien notre avis.

La section française de la Commission permanente, chargée de préparer les bases de l'unification des diverses législations, a d'ailleurs été frappée de ces diverses objections, et, dans le projet d'une « Union internationale pour la protection de la propriété industrielle », qu'elle a rédigé en vue de la Conférence internationale officielle dont elle poursuit la réalisation, elle a replacé cette question sur son véritable terrain.

Dans ce projet, la section française propose que *tout dépôt d'une demande de brevet, fait régulièrement dans l'un quelconque des États contractants, devrait être attributif de priorité d'enregistrement dans tous les États pendant un délai à déterminer.*

13ᵉ RÉSOLUTION. (QUEST. GÉN.) — Le Congrès émet le vœu que, au regard des pays d'Orient qui n'ont point pourvu par les lois à la protection de la propriété industrielle, et notamment au regard de l'Egypte, où fonctionne une juridiction mixte internationale, l'action diplomatique intervienne pour obtenir des Gouvernements de ces pays qu'ils prennent des mesures efficaces qui assurent aux inventeurs et aux industriels le respect de leur propriété.

13ᵉ Résolution

Mesures à prendre dans les pays qui n'ont pas de lois sur la propriété industrielle.

Cette résolution, proposée par M. Colfavru, avocat au Caire, a été votée sans discussion. La mesure qu'elle demande serait très utile en attendant que des lois définitives viennent s'y substituer.

Ces mesures seraient transitoires.

Notons, d'ailleurs, que l'un des pays visés dans la résolution, l'Égypte, possède déjà une loi datant de 1871, et qui est en vigueur aussi dans l'empire ottoman, mais qui ne concerne que les marques de fabrique.

DEUXIÈME PARTIE

QUESTIONS SPÉCIALES

AUX

BREVETS D'INVENTION

DEUXIÈME PARTIE

QUESTIONS SPÉCIALES
AUX
BREVETS D'INVENTION

Nous allons maintenant passer en revue les résolutions relatives aux brevets d'invention, par lesquelles le Congrès commença l'examen des questions se rattachant spécialement à une des trois branches de la Propriété industrielle.

1re RÉSOLUTION

1re **RÉSOLUTION.** (BREVETS D'INVENTION.) — **En dehors des combinaisons et plans de finances et de crédit et des inventions contraires à l'ordre public ou aux bonnes mœurs, toutes les inventions industrielles sont brevetables. Des brevets doivent être accordés aux inventeurs de produits chimiques, alimentaires et pharmaceutiques** (1).

Inventions brevetables.

Cette définition des inventions brevetées est la même, en substance, que celle donnée par la loi fran-

Définition empruntée à la loi française de 1844.

---

(1) M. Chevreul, alors directeur du Muséum, avait, au nom et comme président de la 5e Commission des Congrès et Conférences de l'Exposition universelle, appelé l'attention du Congrès

çaise de 1844, sauf que cette dernière excluait les produits pharmaceutiques, pour lesquels le Congrès, au contraire, demande la protection.

Produits chimiques et produits alimentaires ou pharmaceutiques.

Il n'y eut de discussion qu'en ce qui concerne les produits chimiques ou pharmaceutiques.

Arguments en faveur de la brevetabilité des produits chimiques.

La brevetabilité des produits chimiques trouva des partisans et des adversaires également résolus. La discussion s'ouvrit par un discours de M. Poirrier, fabricant de produits chimiques et de matières colorantes, qui demanda que les produits chimiques puissent être brevetés (comme le dispose la loi française, contrairement à la loi allemande), en faisant remarquer avec pleine raison que si les brevets sont utiles et légitimes dans d'autres genres d'inventions, ils ne le sont pas moins dans celui-là.

Un brevet ne couvrant que le procédé de fabrication est inefficace.

On ne comprend pas, ajoutait M. Poirrier, que certaines législations refusent le brevet pour un produit chimique et l'accordent pour les moyens de le fabriquer, surtout parce qu'il y a là une inégalité choquante, et aussi parce qu'un brevet de procédé ne donne qu'une garantie illusoire, attendu qu'un produit livré à l'état pur ne peut déceler le procédé de fabrication, ce qui favorise la contrefaçon.

Licences obligatoires proposées.

Quant aux inconvénients résultant de la concession de privilèges pour les produits chimiques, et consis-

---

de la Propriété industrielle sur la nécessité d'examiner la question de la brevetabilité des produits chimiques, brevetabilité repoussée par la loi allemande de 1877 et par le récent projet de loi suisse. Ce savant avait d'ailleurs été devancé par la Commission d'organisation, qui avait inscrit cette question au paragraphe 3 du programme.

— Le tribunal de commerce de Saint-Etienne s'était, de son côté, prononcé pour la brevetabilité des produits chimiques et pharmaceutiques.

tant en ce que, pendant toute la durée de ces brevets, leurs titulaires peuvent empêcher l'exploitation des moyens meilleurs et moins coûteux de fabriquer le même produit, M. Poirrier y voyait le remède dans les licences obligatoires, lesquelles, comme on le verra plus loin, furent repoussées par le Congrès.

M. Schreyer, délégué de la Suisse, sans vouloir se prononcer ni dans un sens, ni dans l'autre, s'attacha à faire ressortir les inconvénients que l'on rencontrera, soit qu'on délivre, soit qu'on ne délivre pas de brevets pour les produits chimiques. *Motifs pour et contre la brevetabilité des produits chimiques.*

Dans le premier cas, on ferme la porte, pendant la durée du brevet, à ceux qui trouveraient un mode de fabrication meilleur et plus économique, et par là on les oblige à s'expatrier, c'est justifier dans une certaine mesure le reproche adressé aux brevets par M. Michel Chevalier. Le fait s'est produit, ajoutait M. Schreyer. Il y a quelques années, Renard et Franck ont obtenu un brevet pour l'aniline; les inventeurs français, qui ont trouvé par la suite un moyen moins coûteux de l'obtenir, sont allés exploiter leur procédé en Suisse, ne pouvant pas l'exploiter en France, et c'est la Suisse qui a profité de leur découverte.

D'un autre côté, en ne donnant pas de brevets pour les produits chimiques, on rencontre des inconvénients qui touchent et l'inventeur et le public en général : pour l'inventeur, cela est évident, puisqu'il n'a pas le bénéfice de sa découverte, qui passe tout entier à celui qui apporte un perfectionnement au procédé de fabrication; néanmoins, M. Schreyer trouve exorbitant qu'une seule maison ait le droit, pendant quinze ans par exemple, de fabriquer seule un produit nouveau; il a donc proposé dans le comité suisse de limiter la *Proposition d'accorder un brevet d'une durée réduite.*

durée du privilège accordé pour le produit. Quant aux inconvénients pour le public, M. Schreyer ne les a pas indiqués, mais il est très facile de suppléer à son silence : ils consisteront en ce que les inventeurs ne se consacreront plus à découvrir de nouveaux produits.

<small>Quand le produit sera protégé partout, la contrefaçon sera impossible.</small>

Plusieurs orateurs sont venus appuyer M. Poirrier, et ont réfuté l'objection de M. Schreyer touchant le danger de voir les procédés de fabrication perfectionnés émigrer dans d'autres pays ; quand le produit sera protégé partout, ont-ils dit, où se réfugiera la contrefaçon ? Si l'on est allé exploiter en Suisse des produits brevetés en France, c'est parce que la Suisse, n'accordant pas de brevet, était devenue un refuge pour la contrefaçon.

<small>Exemple de la nécessité de protéger le produit.</small>

D'un autre côté, M. Pollock, pour démontrer, par un exemple, qu'un produit ne sera jamais protégé tant qu'il ne le sera pas en lui-même et en dehors des moyens de l'obtenir, a rappelé ce qui s'est produit en Amérique pour le caoutchouc vulcanisé. L'inventeur n'avait pris sa patente que pour le procédé ; qu'arriva-t-il ? On inonda l'Amérique de caoutchouc vulcanisé fabriqué à bon marché en Angleterre, et la patente obtenue par l'inventeur serait devenue absolument sans valeur pour lui s'il n'avait pu, grâce à une disposition particulière et très remarquable de la loi des États-Unis, obtenir une patente rectifiée qui lui permît de s'opposer à l'introduction du produit.

Quant à la durée différente que M. Schreyer proposait pour les brevets de produits, elle fut également combattue comme établissant une inégalité entre les inventeurs.

<small>Rien ne justifie un traitement différent à l'égard des produits chimiques.</small>

Avant de passer à la résolution suivante, nous voudrions faire, au sujet de la brevetabilité des produits chimiques, une remarque qui tend à montrer qu'au point de vue des inconvénients qui peuvent résuiter d'un monopole temporaire d'exploitation, les produits chimiques ne diffèrent pas essentiellement des autres inventions et que rien ne justifie un traitement différent à leur égard.

Quel est l'argument que l'on oppose à leur brevetabilité ? C'est que, pendant toute la durée du brevet, il sera interdit à tout autre que l'inventeur du produit — à moins d'une entente amiable — de fabriquer ce produit par des moyens plus ingénieux et qui permettraient de l'obtenir meilleur, en plus grande quantité, à meilleur compte ; qu'en un mot, il lui sera interdit d'exploiter les perfectionnements apportés à la fabrication de ce produit. <small>La seule conséquence du brevet est de retarder l'exploitation des perfectionnements.</small>

Mais, est-ce que les brevets ne peuvent pas toujours avoir pour conséquence de retarder l'exploitation des perfectionnements, et pourtant est-ce qu'il ne serait pas quelquefois tout aussi intéressant de pouvoir perfectionner un produit non chimique de première utilité, ou une machine servant à fabriquer par exemple du pain, des tissus, des chaussures, que de pouvoir perfectionner un procédé destiné à la fabrication d'un produit chimique qui ne trouve peut-être dans l'industrie que des applications de peu d'importance ? Ainsi, même si l'on admet que l'intérêt général permet de dépouiller un inventeur sans lui accorder d'indemnité, le ruineux honneur que l'on fait aux produits chimiques est loin d'être toujours justifié. <small>Et il en est de même de tous les brevets.</small>

Voici même un exemple qui fera ressortir la contradiction dans laquelle tombent les adversaires de brevets en matière de produits chimiques. Il peut arriver ceci, que quelqu'un aura inventé un nouveau produit chimique et en même temps un nouvel ap- <small>Contradiction.</small>

pareil nécessaire pour préparer les ingrédients dont il se compose ; eh bien ! on trouve tout naturel que, dans ce cas, les tiers ne puissent pas se servir de l'appareil tant que durera le brevet, même en le perfectionnant, et l'on s'élève contre la nécessité où ils sont de respecter de même le produit qu'elle a uniquement en vue. Quelle contradiction ! D'abord, est-ce qu'une machine, un appareil, n'est pas aussi un produit ? Est-ce que cela n'est pas admis par la jurisprudence ? Et puis, est-ce que l'on ne pourrait pas invoquer, à l'égard de la machine, dans l'exemple que nous venons de citer, la même raison d'intérêt général que l'on invoque contre le produit chimique auquel elle se rapporte, en s'appuyant sur ce fait que la fabrication est intimement liée au produit lui-même au point de vue de son utilisation par le public, et dire alors : Cette machine étant le seul moyen connu de fabriquer le produit, elle doit pouvoir aussi être employée par tout le monde, de même que l'on dit déjà : Tout le monde doit pouvoir faire usage du produit parce que l'on en a pas trouvé d'autre qui puisse le remplacer ? La logique exige qu'on aille jusque-là, si l'on reconnaît à la société le droit de confisquer la propriété des choses qui lui peuvent être utiles, au nom de l'intérêt général.

Est-il vrai que le brevet délivré pour un produit chimique confisque une utilité naturelle ?

Nous savons bien qu'on invoque une autre raison, qui, si elle était vraie, serait plus sérieuse que la théorie de l'utilité générale, permettant de dépouiller l'inventeur. On dit : Le produit chimique est une *utilité* naturelle qui appartient à tous les hommes, et qu'un individu ne peut confisquer à son profit.

Cela n'est pas exact.

Mais cela n'est pas exact et il y a là une confusion. Personne n'a jamais demandé qu'il soit accordé un brevet pour un véritable produit naturel, c'est-à-dire pour un corps que l'on trouve tout formé dans la nature, et celui qui découvrira le premier un pareil corps pourra tout au plus obtenir un brevet pour une application spéciale qu'il en indiquera en faisant connaître les moyens industriels de réalisation; quant au produit lui-même, il entrera dans le domaine public. C'est ainsi que les choses se passent en France, où les inventions chimiques sont protégées.

Les produits chimiques pour lesquels on demande qu'il soit accordé des brevets, ce ne sont pas ceux que l'on découvre ainsi tout faits dans le sol, mais bien ceux qui n'ont pu être obtenus qu'au moyen de certains traitements qui n'avaient pas encore été appliqués aux matières susceptibles de leur donner naissance, ceux, en un mot, qui sont apportés à l'industrie au prix, non pas d'un simple travail de fouilles, mais d'un travail d'*invention* opéré dans l'usine ou dans le laboratoire. Peut-on dire que ces produits-là sont des utilités naturelles? Évidemment non, pas plus qu'une machine n'est une utilité naturelle. Sans doute, pour obtenir le produit, comme pour construire la machine, l'inventeur a utilisé les matières et les lois qui existaient dans la nature et qu'il a su découvrir ou appliquer d'une façon nouvelle. Mais en vérité, il serait difficile à tout homme de puiser à une autre source, et ce n'est pas là un argument à invoquer. La vérité est que, dans les deux cas, il a fallu un travail personnel du même genre, un travail d'*invention*, et que, dans les deux cas, l'inventeur a droit à la même protection pour son œuvre. Et à ceux qui déplorent que le public soit privé temporairement d'une utilité nouvellement créée, — que ce soit un produit chimique, un autre genre de produit ou une machine, — nous demanderons ce que le public aurait fait si cette utilité n'était pas née, et s'il n'avait pas pu se la procurer,

<small>Le brevet ne s'applique qu'aux produits qui ont nécessité un travail d'invention.</small>

même en rémunérant l'inventeur, et cela pendant un temps indéterminé.

<small>Il peut être utile d'appliquer le principe de l'expropriation à certaines inventions.</small>

Cependant, nous admettons qu'il est des cas où il peut être utile, dans l'intérêt général, de mettre immédiatement une invention dans le domaine public; mais il faut procéder, dans chaque cas particulier, par voie d'expropriation pour cause d'utilité publique (principe que le Congrès a reconnu applicable aux brevets), en donnant à l'inventeur une indemnité équitable, et non pas établir certaines catégories d'inventions pour lesquelles la confiscation sans indemnité serait de règle et de droit; la spoliation ne se justifierait pas plus dans le cas des produits chimiques que dans tout autre cas, et l'on peut dire ici ce que M. Wirth, de Francfort, disait au Congrès dans une autre occasion (lors de la discussion sur les licences obligatoires) : L'argument que l'on oppose aux privilèges temporaires d'exploitation pour des produits chimiques conduirait logiquement, s'il devait être admis, à la suppression complète des brevets.

<small>Mais il ne faut pas établir des catégories d'inventions condamnées à la confiscation.</small>

<small>Brevetabilité des produits alimentaires.</small>

La brevetabilité des *produits alimentaires* fut reconnue sans débat par un vote qui suivit immédiatement celui sur les produits chimiques.

<small>Produits pharmaceutiques.</small>

Quant à la question des *produits pharmaceutiques*, elle prit un développement inattendu, par suite de la présence au Congrès d'un certain nombre de représentants de cette industrie; un seul d'entre eux, d'ailleurs, se montra opposé aux brevets, et les arguments par lesquels il défendit son opinion étaient peu faits, nous devons le dire, pour impressionner l'Assemblée.

<small>Pourquoi la loi française de 1844 a refusé</small>

La discussion s'était ouverte par un discours de M. Léon Lyon-Caen, avocat à la Cour d'appel de

Paris, dans lequel il avait rappelé dans quelles circonstances la loi française de 1844 avait refusé, pour les produits pharmaceutiques, le brevet que la loi de 1791 permettait d'obtenir. Par un décret de 1810, Napoléon avait décidé que l'on ne pourrait vendre que les remèdes prescrits par ordonnance doctorale et ceux inscrits au Codex (c'est un décret du second empire qui permit d'y ajouter les remèdes approuvés par l'Académie de médecine); une commission instituée au Ministère de l'intérieur devait inscrire au Codex les compositions pharmaceutiques jugées efficaces; l'Etat pouvait s'emparer des remèdes jugés utiles, à la charge de payer une indemnité à l'inventeur. La législation de 1844 a donc raisonné ainsi : Ou le remède est utile, et alors il convient d'en acheter la propriété à l'inventeur, ou c'est un remède de charlatan, et alors il faut en empêcher la vente. Dans les deux cas, il y a donc lieu de ne pas accorder de brevets. *le brevet pour les remèdes*

Quant à la première raison, a dit M. Léon Lyon-Caen, il faut en faire bon marché et ne pas admettre que l'on peut exproprier toutes les inventions susceptibles d'être utiles au public. Quant à la seconde, elle est spécieuse, et, d'ailleurs, en refusant le brevet, on n'atteint pas le but que l'on s'est proposé, car on constate journellement que les pharmaciens lancent leurs produits par la réclame et arrivent, de plus, à obtenir un véritable privilège en déposant leurs flacons et leurs étiquettes et en s'autorisant ensuite de ce dépôt pour imprimer partout: « Se défier de la contrefaçon. » Aujourd'hui, ajoutait M. L. Lyon-Caen, les pharmaciens sont des hommes instruits, plusieurs d'entre eux ont inventé des remèdes très utiles, tels que le sulfate de quinine, etc., et il faut les encourager en leur accordant des brevets qui, *Les motifs invoqués ne sont pas concluants.*

loin d'étendre le champ du charlatanisme, le restreindront.

<small>Le brevet permettra de supprimer la réclame.</small>

M. G. Lecoq, pharmacien, parla dans le même sens, en faisant remarquer que le brevet substitué à la spécialité supprimerait d'énormes frais de réclame qui, en définitive, sont toujours payés par le public.

<small>Crainte que les brevets n'augmentent le nombre des remèdes secrets, etc.</small>

M. Genevoix, délégué de la Chambre syndicale des pharmaciens de Paris, et qui a déclaré être allé à l'étranger pour étudier la question, s'est montré opposé à la délivrance de brevets pour les produits pharmaceutiques, redoutant qu'elle n'ait pour conséquence d'augmenter le nombre des remèdes secrets, parce que, disait-il, chaque pharmacien voudra inventer quelque chose pour pouvoir se dire breveté. Il n'admettait les brevets que pour les procédés de préparation. Le Gouvernement, a-t-il dit, ne doit pas renoncer aux garanties qu'il trouve dans les lumières de l'Académie de médecine, de l'École de pharmacie, etc., et, d'ailleurs, il est nécessaire de connaître la composition exacte de tous les remèdes mis en vente. La solution doit donc être cherchée dans la publication d'un recueil spécial où tous les pharmaciens pourront produire leurs découvertes, ce qui leur permettra de les vendre légalement, tout en donnant aux médecins et au public la sécurité résultant de la connaissance des formules exactes.

<small>Cette crainte est chimérique.</small>

Ce recueil pourrait être une excellente chose, mais nous ne voyons pas comment ce serait une solution en ce qui concerne la protection des inventeurs, car, lorsqu'un inventeur y aurait publié sa découverte, cela n'empêcherait pas les concurrents de s'en emparer ; au contraire, pourrions-nous ajouter.

D'ailleurs, M. Genevoix ignorait sans doute que la prise d'un brevet oblige à donner une description complète de la découverte ; les brevets ne pourraient donc que diminuer considérablement et non pas augmenter le nombre des remèdes secrets ; en même temps qu'ils protégeraient l'inventeur, ils provoqueraient la publicité des formules aussi bien que pourrait le faire la création d'un recueil spécial, et même beaucoup mieux, car il est difficile d'admettre qu'un pharmacien qui voudrait exploiter un remède secret s'empressât d'aller le publier au recueil.

<small>Loin d'augmenter le nombre des remèdes secrets, les brevets le diminueront.</small>

<small>Ils feront connaître les formules.</small>

Il est vrai que cette publication lui serait indispensable, dans la pensée de M. Genevoix, pour avoir le droit de vendre son remède. Considérée à ce point de vue, la publication au recueil devient une formalité nécessaire pour obtenir l'autorisation de vente ; nous n'essayerons pas de nous prononcer sur la question de savoir si cette formalité est préférable à celles qui sont exigées aujourd'hui ; on pourrait d'ailleurs conserver ces dernières, sans préjudice de la publication d'un recueil spécial, qui offrirait bien une garantie aux médecins, mais qui paraît insuffisante pour sauvegarder le public, attendu qu'il n'est pas apte à juger de l'action médicatrice ni même de l'innocuité d'une préparation, sur la seule connaissance de sa formule.

Tout ce que nous voulons constater, c'est qu'il ressort de la solution même proposée par M. Genevoix, adversaire des brevets en matière de produits pharmaceutiques, que la garantie de la propriété d'un remède nouveau et l'autorisation de le débiter au public sont deux questions absolument distinctes, que l'on a eu trop souvent le tort de confondre ensemble ; que l'on commence par permettre à chacun de

<small>La garantie de la propriété d'un remède nouveau et l'autorisation de le débiter sont deux questions distinctes.</small>

s'assurer, au moyen d'un brevet, la propriété du produit qu'il a découvert, et les autorités compétentes diront ensuite si ce produit peut ou non être vendu.

Les produits pharmaceutiques doivent pouvoir être brevetés.

C'est ce que le Congrès a pensé en votant que les remèdes devaient pouvoir faire l'objet de brevets d'invention.

Mais non pas les simples mélanges.

Toutefois, il fut spécifié, au cours de la discussion, que les remèdes susceptibles d'être brevetés seraient seulement ceux qui constitueraient de nouveaux produits chimiques, et non les « simples mélanges ».

Conséquences de cette distinction.

Le vote favorable émis par le Congrès à l'égard des remèdes ne fait donc que compléter son vote sur les produits chimiques, en expliquant que ceux-ci seront toujours brevetables, même quand ils auront une destination pharmaceutique.

Il y aurait beaucoup à dire sur cette distinction établie entre les remèdes au point de vue de leur protection légale, distinction qui fut cependant appuyée par un avocat spécialiste expérimenté, M. Pataille.

Difficulté d'application.

On peut se demander si ce n'est pas exclure de la brevetabilité la plus grande partie des remèdes, et quelle raison sérieuse le justifie. On ne peut, d'autre part, se défendre de penser que cette distinction serait souvent bien difficile à appliquer dans la pratique.

Heureusement, la rédaction de la résolution est telle que l'on n'a pas à craindre le même inconvénient à l'égard des produits chimiques non pharmaceutiques ; cela restreint le champ d'application d'un système presque inapplicable ; si le Congrès avait exclu de la brevetabilité les mélanges *en général*, cela aurait donné lieu aux fréquentes difficultés qui se produisent dans le fonctionnement de la nouvelle loi allemande :

là, on se trouve, en quelque sorte, dans la situation inverse : ce sont les produits chimiques qui ne sont pas brevetables; mais la difficulté est la même, et l'embarras que les commissions d'examen éprouvent à prendre une décision sur la brevetabilité de certains mélanges, de certaines compositions, de certaines recettes, montre que la distinction entre un produit chimique et un « simple mélange » n'est pas toujours facile à faire.

2ᵉ **RÉSOLUTION.** (Brev. d'inv.) — Les brevets doivent assurer, pendant toute leur durée, aux inventeurs ou à leurs ayant-cause, le droit exclusif d'exploiter l'invention et non un simple droit à une redevance qui leur serait payée par les tiers exploitants (1). Droit exclusif d'exploitation pour le breveté; pas de licences obligatoires.

Au sujet de cette proposition se posa la grosse question des licences obligatoires, qui trouvèrent dans le Congrès quelques partisans, surtout parmi les membres étrangers. Licences obligatoires

---

(1) Projet de résolution soumis au Congrès par l'*Association pour la réforme et la codification du droit des gens* :

« 16. — Un brevet devra avoir pour effet que nul, à l'exception du breveté, ne puisse, sans le consentement de ce dernier, fabriquer, utiliser ou vendre soit les machines, procédés, combinaisons d'organes, etc., formant l'objet de l'invention, soit les articles produits par ces machines, procédés, combinaisons d'organes, etc. »

— Proposition de l'*Union industrielle du nord-ouest de la Bohême* :

« Il ne paraît point utile d'introduire ou de conserver, dans la législation sur les brevets, les licences obligatoires ou la déchéance pour défaut ou insuffisance d'exploitation. »

— Résolution de la *Société d'encouragement des arts, manufactures et du commerce de Londres* :

Origine de la question.

Ainsi que l'a rappelé M. Ch. Lyon-Caen, cette question, qui depuis quelque temps a soulevé tant de débats en divers pays, est née il y a une vingtaine d'années, lorsqu'un grand mouvement se produisit contre les brevets, principalement en Angleterre et en Allemagne. On leur reprochait de gêner la liberté de l'industrie. Ce fut alors que certains esprits, et notamment M. Klostermann, l'un des hommes qui se sont le plus occupés des questions touchant la propriété industrielle, imaginèrent, comme moyen de conciliation, d'obliger le breveté à accorder des licences qui permettraient à tout le monde d'exploiter moyennant le payement d'une redevance.

Deux variantes proposées.

Au Congrès, on a proposé deux variantes : dans la première, le breveté serait tenu d'accorder des licences dès le début de son brevet ; dans la seconde, il aurait un droit d'exploitation exclusive pendant la première moitié de cette durée et devrait ensuite concéder des licences.

« III. Les licences obligatoires ne sont point désirables. »

N. B. Le Conseil de la Société a refusé de s'associer à cette résolution. »

— Résolution du *Congrès de Vienne* :

« II. (*h*) Il convient d'établir des règlements obligeant le breveté, *dans les cas où l'intérêt public l'exigerait*, à permettre l'emploi de son invention à toutes les personnes sérieuses qui en feraient la demande, moyennant une juste compensation. »

N. B. Il fut rappelé au Congrès de Paris que cette résolution n'avait été adoptée que comme un moyen de conciliation.

— Résolution soumise au Congrès par les *Sociétés autrichiennes* déjà nommées :

« II. (*c*) Tout inventeur doit obtenir un brevet d'invention exclusif pour dix ans, et, pour les dix années suivantes, seulement un brevet d'invention à imposition, en vertu duquel chacun est tenu à payer à l'inventeur une taxe déterminée pour l'exploitation de l'invention. »

M. Ch. Lyon-Caen combattit le système des licences obligatoires en s'appuyant sur les considérations suivantes :

D'abord, il y aurait contradiction à reconnaître à l'inventeur un droit de propriété et à dire ensuite que tout le monde pourra exploiter. « Il serait bien singulier, remarqua M. Ch. Lyon-Caen, de dire à quelqu'un : « Vous êtes propriétaire d'une maison, mais vous ne pourrez pas l'habiter seul, ni même choisir vos locataires. »

Arguments contre les licences obligatoires.

En second lieu, il peut y avoir pour l'inventeur, outre un intérêt pécuniaire, un intérêt d'honneur dans le droit d'exploitation exclusive, car des concurrents pourraient avilir l'invention par la manière dont ils l'exploiteraient.

Enfin, l'orateur invoqua une troisième raison, raison purement pratique, mais qui lui paraissait décisive : c'est qu'il faut que la loi fixe la manière dont la redevance sera déterminée, et qu'il est bien difficile de formuler un système rationnel. Ainsi, proposera-t-on, par exemple, une redevance proportionnelle au prix des objets vendus? Il faudrait alors que chaque fabricant allât déclarer, dans un lieu public et déterminé, le nombre des objets brevetés qu'il fabrique et qu'il vend, et leur prix, tandis que les affaires veulent le secret. D'ailleurs, pour s'assurer de la véracité des déclarations, on serait obligé de les soumettre à une sorte d'exercice.

Aucune législation, faisait remarquer M. Ch. Lyon-Caen, n'a adopté les licences obligatoires, ni pendant toute la durée du brevet, ni pendant une partie. La loi allemande de 1877 décide seulement que le brevet peut être déclaré déchu quand il est nécessaire, dans l'intérêt public, que l'invention soit exploitée par un

Elles n'existent dans aucune législation.

grand nombre de personnes, et qu'il est constaté que l'inventeur a refusé d'accorder des licences moyennant une indemnité suffisante.

Expropriation pour cause d'utilité publique.

Il concluait qu'il faut repousser les licences obligatoires, même dans le cas où il est de l'intérêt public que l'invention soit exploitée par tout le monde. Dans ce cas, il faut recourir à l'expropriation.

Arguments en faveur des licences obligatoires.

M. Poirrier vint, au contraire, attaquer le monopole d'exploitation, même temporaire, qu'il trouvait contraire à l'intérêt du public et de l'industrie, non moins qu'à l'intérêt bien compris de l'inventeur lui même ; il jugeait, d'ailleurs, absolument légitime la suppression de ce monopole et il demandait « le droit d'exploitation pour tous, moyennant une redevance fixe et proportionnelle ».

Le discours très étudié et très complet qu'il prononça pour défendre son système renfermait des observations très intéressantes qu'il est bon de reproduire afin de montrer les arguments invoqués à l'appui des licences obligatoires et de permettre d'en apprécier exactement la valeur.

1° Le monopole d'exploitation est nuisible à l'industrie et au public.

En vue de prouver d'abord que le monopole d'exploitation est contraire aux intérêts de l'industrie et du public, M. Poirrier dit que, dans ce système, toute une industrie est laissée à la merci d'un homme, l'inventeur ; or, il peut être un très mauvais industriel ; qu'arrivera-t-il, s'il livre des produits mauvais à un prix trop élevé ou en quantité insuffisante? Mais si l'invention n'avait pas été faite! dira-t-on. A cela l'orateur répond : « Alors l'industrie marcherait avec ses anciens procédés et ses anciens produits. » Il faut voir au delà de nos frontières, ajoutait-il; quelques pays ne reconnaissent pas le droit de l'inventeur, d'autres donnent des brevets, mais avec l'expropriation ou les licences obligatoires quand l'intérêt public l'exige. Or, dans le pays où existe la liberté d'exploitation, on fait concurrence au breveté en vendant le produit à meilleur marché qu'il ne peut le faire dans son pays; dans le pays du brevet, l'industrie est donc condamnée « à se suicider ou à faire de la contrefaçon ».

2° Le monopole favorise la contrefaçon.

Comme exemple, M. Poirrier rappela qu'en ce qui concerne les matières colorantes dérivées de la houille, les brevetés ne peuvent pas satisfaire aux besoins de l'industrie française et qu'on achète à la contrefaçon étrangère; dans une enquête officielle, devant une commission parlementaire, un sénateur, fabricant déclarait ceci : « C'est l'Allemagne, je regrette de le dire, qui nous fournit tous les nouveaux colorants. »

Exemple.

Dans la même enquête on trouve encore ceci : « On fabriquait l'alizarine artificielle à Avignon, par suite d'un brevet d'importation; mais le propriétaire de ce brevet n'a pas su en tirer parti, car, jusqu'à ce jour, il n'a pu livrer aucun produit qui pût être mis en parallèle avec les colorants étrangers. » Ainsi, on achète à la contrefaçon, premier inconvénient.

Autre inconvénient : Le brevet, s'il donne un droit d'exploitation exclusive, peut nuire au progrès, contrairement au but des brevets, dans le cas où le breveté, de crainte de nuire à ses autres produits, ne livre pas le produit breveté ou ne le livre pas dans de bonnes conditions; or, quand on arrête l'élan du progrès, ce n'est pas seulement pour quinze ans, et l'on aurait tort de dire qu'on peut bien donner un monopole temporaire puisque ensuite la société jouira de l'invention. Non, car après quinze ans, dans

3° Il retarde le progrès pendant un temps qui excède même la durée du brevet.

les pays où il existe une liberté [d'exploitation complète ou relative, le produit sera offert à bas prix et les nationaux ne pourront plus lutter contre les fabricants étrangers devenus riches de capital et d'expérience.

Exemple. — L'orateur a pris pour exemple les couleurs d'aniline : la plupart des découvertes qui s'y rapportent ont été faites en France, et pourtant ce pays ne compte que trois fabriques, aujourd'hui que les brevets sont expirés ; tandis qu'en Suisse et en Allemagne, où cette industrie n'a pas été monopolisée, elle a grandi et possède quinze fabriques ; malgré l'expiration des brevets, aucune nouvelle usine ne se monte en France, parce qu'on redoute les avantages acquis par les fabricants étrangers. Ainsi, concluait M. Poirrier, quand il y a monopole d'exploitation, le pays de l'inventeur ne profite pas même de l'invention après l'expiration du brevet.

L'orateur désire, lui aussi, l'entente internationale; mais il faut tenir compte qu'il y a des pays où les inventions françaises ne peuvent acquérir un droit d'exploitation exclusive; la situation actuelle est donc au détriment de notre industrie. Ainsi, nous avons inventé l'aniline, et cela a enrichi l'Allemagne et la Suisse; tandis que la grande découverte de l'alizarine artificielle, faite par l'Allemagne, a été brevetée en France et qu'il en est résulté le plus grand trouble pour l'agriculture d'une partie de notre pays, sans aucune compensation pour nous.

4° Il est également contraire à l'intérêt de l'inventeur. — A l'appui de son allégation, que le monopole est également contraire aux intérêts de l'inventeur, M. Poirrier dit que lorsqu'il s'agira d'une invention importante, la durée du brevet se passera en procès, parce que les représentants d'une industrie menacée par cette invention se ligueront contre son auteur. Il importe donc de faire cesser cet antagonisme en permettant à tous d'exploiter moyennant une redevance.

L'inventeur peut, d'ailleurs, être très mauvais commerçant et avoir intérêt à se borner à toucher des primes des cessionnaires.

Quant à la crainte que l'invention ne soit dépréciée par la manière dont les cessionnaires l'exploiteront, M. Poirrier la juge chimérique, car tout fabricant a intérêt à bien produire pour obtenir la préférence des acheteurs, et l'on trouvera chez les fabricants cessionnaires d'une invention brevetée la même émulation qui s'établit aujourd'hui entre les fabricants d'un produit appartenant au domaine public.

<small>5° Les cessionnaires ne déprécieront pas l'invention.</small>

M. Poirrier n'admet pas que l'inventeur ait un droit inviolable sur son invention, et il lui semble que les partisans du privilège d'exploitation le reconnaissent eux-mêmes en ne donnant à ce privilège qu'une durée très limitée et en acceptant, en outre, l'expropriation pour cause d'utilité publique.

<small>6° L'inventeur n'a pas un droit inviolable.</small>

Le monopole d'exploitation n'est donc qu'une manière de récompenser l'inventeur, et, dès lors, on peut en adopter une autre, si elle est plus conforme à l'intérêt de celui-ci et à l'intérêt public.

<small>7° Le monopole d'exploitation pourrait être remplacé par un autre mode de rémunération.</small>

La solution proposée par M. Poirrier serait la suivante :

Tout le monde aurait le droit d'exploitation moyennant une redevance proportionnelle, qui serait fixée, non par un jury ou une commission, mais par la loi ; on établirait, à cet effet, différentes catégories d'industries, comme on l'a fait pour les patentes de commerçants, et chaque catégorie payerait une redevance

<small>Solution proposée. — Redevance proportionnelle dont le taux serait fixé par une loi.</small>

différente. Ce système semble à M. Poirrier préférable à l'indemnité que l'on propose d'accorder pour l'expropriation ; car, si l'on se trompe dans ce dernier cas, c'est une fois pour toutes, tandis que la redevance proportionnelle sera toujours d'autant plus élevée que l'invention sera plus utile. Cette redevance pourra être, par exemple, de 2 à 10 p. 100 du chiffre des ventes, et, comme elle sera fixée d'avance par la loi, il n'y aura aucune discussion avec l'inventeur. Quant à la constatation du chiffre des ventes, elle résulterait de l'inscription de ces dernières sur un livre spécial paraphé par le président du tribunal.

Arguments contre les licences obligatoires.

M. F. Wirth, solliciteur de brevets d'invention à Francfort-sur-le-Mein, répliqua à M. Poirrier pour soutenir le droit d'exploitation exclusive pour l'inventeur pendant toute la durée de son brevet.

1° Impossibilité de fixer la redevance d'une manière équitable.

Il insista sur l'impossibilité de fixer la redevance, impossibilité qui lui semblait complète, quel que fût le mode employé.

2° Pas de précédent sérieux en faveur des licences obligatoires.

D'autre part, à propos de la résolution du Congrès de Vienne qui admet le principe des licences obligatoires et que l'on a invoquée à l'appui de ce système, M. Wirth fit observer que cette résolution n'avait été adoptée que dans un but de conciliation ; il rappela aussi que la loi allemande ne prescrit les licences obligatoires que dans le cas d'un intérêt public, et encore n'est-ce que dans certaines circonstances ; c'est pour cela seulement que cette loi est acceptable et sans dangers.

3° Les raisons invoquées par leurs partisans tendraient à supprimer tous les brevets.

Les raisons produites en faveur de la résolution proposée par M. Poirrier, ajouta M. Wirth, tendraient à ce que l'on ne délivre plus aucun brevet, et, faisant allusion à l'exemple de l'aniline, que l'on avait cité, il dit que les inconvénients n'auraient pas été moindres pour les fabricants français si l'aniline, au lieu de n'avoir pas été brevetée en Allemagne, y avait fait l'objet d'un brevet avec licences obligatoires.

M. Limousin prit aussi la parole pour soutenir la proposition, qu'il avait signée avec M. Poirrier, et s'appliqua à prouver que le breveté ne cesse pas d'être propriétaire lorsqu'on exploite son invention en lui payant une redevance, pas plus, dit-il, que l'auteur dramatique ne cesse d'être propriétaire lorsqu'on représente sa pièce. C'est exagérer, selon M. Limousin, le droit de propriété, que d'en conclure la nécessité d'une exploitation exclusive, et pourtant quelquefois on fait plus que de permettre l'exploitation exclusive, on donne un monopole d'invention et l'on permet à l'inventeur de confisquer les utilités naturelles à son profit, sous prétexte qu'il a travaillé pour les découvrir.

<small>4° Les licences obligatoires ne portent pas atteinte au droit de propriété du breveté.</small>

<small>5° Par le monopole, on confisque des utilités naturelles.</small>

Après avoir rapporté les arguments produits de part et d'autre dans la discussion, qu'il nous soit permis de présenter quelques observations qu'ils nous suggèrent.

Nous noterons d'abord ce point, digne de remarque, que les adversaires de l'exploitation exclusive ne lui signalent d'inconvénients qu'en ce qui concerne les produits chimiques, quoique les propositions qu'ils ont présentées au Congrès ne fassent pas de distinction et réclament les licences obligatoires pour tous les brevets sans exception. On pourrait en conclure que les inconvénients du monopole d'exploitation sont restreints à un seul genre d'inventions. Cependant, pour notre part, nous ne croyons pas, nous l'avons

<small>On n'a signalé d'inconvénients au monopole que pour les inventions chimiques.</small>

déjà dit, que les inventions chimiques soient, au point de vue des brevets, essentiellement différentes des autres, et si M. Poirrier, le seul orateur qui se soit appuyé sur des exemples, les a cherchés dans l'industrie chimique, c'est que, appartenant lui-même à cette industrie, elle le touchait davantage et qu'il était mieux au courant de ce qui s'y passait.

<small>Et dans quelques cas seulement.</small>

D'ailleurs, on peut remarquer qu'il a cité à peine un ou deux cas où le monopole d'exploitation aurait présenté de sérieux inconvénients; les autres industries n'en fourniraient pas des exemples plus nombreux, et cela restreint beaucoup, assurément, l'importance pratique de l'objection.

Toutefois, ce qu'a dit M. Poirrier mérite qu'on s'y arrête un instant, bien que les inconvénients qu'il a signalés tiennent uniquement au manque d'uniformité dans les diverses législations sur les brevets, ainsi que nous le montrerons plus loin.

<small>Même dans l'état actuel des choses, le monopole n'est pas la seule cause du mal.</small>

Dans l'état de choses actuel, où tandis qu'il fait l'objet d'un monopole d'exploitation dans un pays, un produit chimique peut être exploité librement dans certains autres, on ne saurait nier que cela ne crée, pour le pays du brevet, une situation d'infériorité qui peut durer même après l'expiration du privilège, par suite de l'avance que les étrangers ont été à même de prendre. Mais tout ce que l'on a dit à cet égard est-il bien exact, et le mal résulte-t-il nécessairement et uniquement du monopole d'exploitation ?

<small>Quand le breveté est impuissant à lutter contre la concurrence étrangère, cela ne peut tenir qu'aux conditions économiques du pays qu'il habite.</small>

Nous ne le croyons pas. D'une part, en effet, l'inventeur pourra souvent, grâce à son privilège même, se mettre en mesure de satisfaire aux besoins de la consommation, en constituant s'il le faut une société puissante, qu'il lui sera d'autant plus facile de former que le produit aura plus d'utilité. D'autre part, il ne faut pas oublier que l'inventeur n'est grevé d'aucune charge par son brevet, sauf le payement d'une taxe annuelle insignifiante; de sorte qu'on ne voit pas pourquoi il ne pourrait pas produire à aussi bon marché que les étrangers, si les conditions économiques dans lesquelles ils se trouve n'étaient pas elles-mêmes différentes; on peut donc se demander si, dans les cas cités où l'industrie française s'est trouvée incapable de soutenir la concurrence étrangère, cela ne doit pas être attribué aux conditions moins favorables où elle se trouvait placée par le poids de l'impôt, le prix relativement élevé des salaires, etc. Or, s'il en était ainsi, une modification apportée au régime des brevets ne porterait pas remède au mal.

Puisque, en dehors des conditions économiques plus ou moins favorables où se trouve placée l'industrie de chaque pays, le fabricant breveté n'a pas plus de charges que ses concurrents, la seule raison pour laquelle le monopole d'exploitation pourrait avantager la concurrence étrangère, c'est que la liberté de cette concurrence met en jeu un plus grand nombre d'initiatives individuelles. A ce point de vue, il est possible que les brevets, comme tout autre genre de monopole, offrent quelques inconvénients, que l'on a depuis longtemps signalés, mais qui sont largement compensés par les avantages qu'ils procurent. *Tout monopole restreint le nombre des initiatives individuelles.*

Nous ne suivrons pas plus longtemps, sur ce terrain, les adversaires du droit exclusif d'exploitation, qui ne semblent pas avoir compris que ce système ne donnait lieu aux inconvénients signalés par eux *que lorsqu'il n'était pas adopté dans tous les pays*, ou, en d'autres termes, que le mal ne venait que du manque d'uni- *Tout le mal vient du manque d'uniformité dans les législations.*

formité des législations, auxquels le Congrès avait précisément pour but de chercher à porter remède en élaborant les bases d'une entente internationale : que l'on adopte partout les licences obligatoires, ou que l'on adopte partout le monopole temporaire d'exploitation, dans les deux cas les inconvénients signalés disparaîtront. C'est ce qu'aucun orateur n'a fait clairement ressortir dans la discussion de cette question, et c'est pourtant un fait d'une grande importance, car il donne toute liberté pour choisir celui des deux systèmes qui est le plus équitable pour l'inventeur, sans que l'on ait à craindre de nuire dans aucun cas à l'intérêt général.

Effets du manque d'uniformité.

M. F. Wirth, de Francfort, visant le cas de l'aniline cité comme exemple par M. Poirrier, avait bien dit que les inconvénients pour la France n'auraient pas été moindres si le produit, au lieu de n'être pas breveté en Allemagne, y avait fait l'objet d'un brevet avec licences obligatoires. Mais cela n'est vrai qu'en supposant que les licences obligatoires n'auraient pas existé aussi en France; autrement, c'est-à-dire si l'invention avait pu, dans les deux pays, être exploitée par tous, moyennant une redevance, on aurait évité, comme le disait M. Poirrier, de placer la France dans une situation d'infériorité. Mais le système du droit exclusif temporaire n'aurait pas atteint moins bien ce résultat.

Le monopole temporaire, quand il existera partout, satisfera tous les intérêts.

Puisque le remède consistera dans l'uniformité de législation, sur quelque base qu'elle soit établie, pourquoi ne pas adopter le principe du privilège temporaire d'exploitation, lequel, tout en sauvegardant les intérêts du public, est de nature à garantir en même temps ceux de l'inventeur, qui seraient presque toujours sacrifiés avec l'autre système ?

On a parlé, en effet, d'une ou deux grandes inventions, et l'on a pu montrer l'intérêt qu'il y aurait eu à ce qu'il fût loisible à tout le monde de les exploiter, l'absence de cette faculté ayant profité à la concurrence étrangère. Mais est-on sûr qu'il en serait de même à l'égard du plus grand nombre des inventions, et n'est-il pas vrai, au contraire, que, pour la plupart d'entre elles, l'exploitation ne sera tentée que par l'inventeur lui-même, stimulé par son amour-propre et sa confiance d'auteur et, de plus, par l'encouragement qu'il trouvera dans un monopole temporaire qui lui garantira que, lorsqu'il aura fait réussir l'invention, d'autres, plus puissants, ne viendront pas recueillir les fruits de ses efforts ?

Dangers des licences obligatoires pour le plus grand nombre des inventions.

Bien plus, n'est-il pas à craindre que les inventions, grandes ou petites, ne naissent même plus, le jour où les inventeurs ne seront plus stimulés par la perspective de recueillir tout le bénéfice de leurs travaux ? Nous sommes fondé à dire que l'expérience à cet égard n'est plus à faire ; on a constaté depuis longtemps que les pays qui n'assuraient pas aux chercheurs industriels une protection suffisante, voyaient diminuer chez eux l'esprit d'invention et provoquaient l'émigration des quelques découvertes qui s'y faisaient encore. Il y en a des exemples célèbres ; aux États-Unis, on a constaté que le plus grand nombre des inventeurs étrangers étaient des Allemands qui étaient venus se fixer en Amérique à l'époque où, dans leur patrie, ils ne trouvaient pas de protection pour leurs découvertes.

L'absence d'un droit exclusif d'exploitation pourra empêcher les inventions de naître.

Exemples.

Aussi croyons-nous que les licences obligatoires n'offriraient d'avantages que dans un nombre de cas extrêmement restreint, tandis qu'elles présenteraient dans tous les autres les inconvénients les plus graves, et qu'elles équivaudraient presque, en définitive, à la suppression des brevets — et des inventions.

L'entente internationale semble prochaine. Les licences obligatoires sont moins opportunes que jamais.

Or, qu'on le remarque, on n'a jamais été plus près qu'aujourd'hui d'arriver, pour tous les pays, à une uniformité de législation basée sur la reconnaissance à l'inventeur d'un droit exclusif d'exploitation temporaire, ce qui, comme nous le disions tout à l'heure, donnera tous les avantages des licences obligatoires, sans en avoir aucun des inconvénients. Le moment serait donc mal choisi pour se rejeter sur ce dernier système, qui est un pis-aller auquel il n'y aurait lieu de se résigner que si l'entente internationale était reconnue impossible.

Tous les pays sont favorables à un monopole temporaire.

Nous savons bien que ce système permet à un pays, même sans qu'il y ait besoin pour cela d'aucune entente commune, de se protéger contre la concurrence des pays qui ne délivreraient des brevets que d'après ce même principe, et contre ceux qui ne délivreraient pas de brevets du tout. Mais nous voyons, en ce moment, des pays qui se trouvent dans ce dernier cas, sur le point d'adopter une loi sur les brevets, et quant aux pays qui en possèdent déjà une, aucun d'eux n'a admis le principe des licences obligatoires, sauf pour quelques cas exceptionnels, et ils délivrent tous, en réalité, des privilèges d'exploitation exclusive. L'entente sur cette base paraît donc assez facile à obtenir, et si l'on ajoute à cela cette considération que les licences obligatoires n'auraient d'avantages que pour l'exploitation de quelques inventions importantes très rares, à supposer qu'elles n'en empêchassent pas l'éclosion, on ne peut que partager l'opinion du Congrès, qui a cru devoir en repousser le principe.

L'argument le plus sérieux, en théorie seulement toutefois, que les partisans des licences obligatoires pourraient invoquer, c'est que leur système est le seul qui permette à un pays de se protéger contre la concurrence des pays étrangers, même dans le cas où l'inventeur, en ne prenant pas de brevets dans ces pays, y abandonnerait son invention à quiconque voudrait l'exploiter; c'est là, en effet, un danger contre lequel ne prémunirait pas l'adoption universelle d'une législation uniforme (à moins que la demande d'un brevet dans un seul pays ne suffît pour garantir l'invention partout, comme on l'a suggéré, ce qui, au point de vue de l'inventeur, serait l'idéal de la protection internationale).

Un motif en faveur des licences obligatoires.

Mais, d'abord, en abaissant beaucoup les taxes et en simplifiant les formalités, on poussera l'inventeur à se faire breveter non seulement dans son pays, mais dans tous les pays voisins; ensuite, il n'est pas vrai de dire, d'une manière générale, que la concurrence étrangère soit dans des conditions plus avantageuses que l'inventeur pour fabriquer à bon marché : si cela est vrai, par exemple pour les Suisses contrefaisant une invention française, cela ne pourra pas l'être pour les Français contrefaisant une invention suisse, puisque les avantages ne tiennent qu'aux conditions économiques dans lesquelles est placée l'industrie de chaque pays, et non pas aux charges résultant du brevet, qui sont sensiblement nulles. Ainsi, il y a donc des pays pour lesquels les licences obligatoires ne rachèteraient par aucun avantage leurs inconvénients qui, à notre avis, nous le répétons, seraient des plus funestes. Quant aux pays placés, au contraire, dans de bonnes conditions pour produire et qui sembleraient avoir intérêt à les adopter pour protéger certaines de leurs industries, on peut encore

Il n'est pas décisif.

se demander si cela est bien vrai à leur égard, car si l'inventeur, qui n'a aucune charge du fait de son brevet, ne peut pas soutenir la concurrence étrangère, comment pourrait-elle être soutenue par ses cessionnaires qui seront obligés de lui payer une prime?

Enfin, rappelons, ce que l'on semble oublier, que l'introduction de produits contrefaits est prohibée par toutes les législations actuelles sur les brevets, et qu'il suffira donc aux tribunaux d'appliquer en pareil cas des peines sévères pour que les industriels ou commerçants qui achètent aujourd'hui à la contrefaçon étrangère s'adressent à l'inventeur, en lui fournissant, s'il le faut, les capitaux qui lui manquent pour se mettre en mesure de satisfaire aux besoins de leur consommation.

Il n'est donc pas vrai que les licences obligatoires seraient favorables à l'industrie et au public.

Telles sont les raisons qui nous paraissent pouvoir être opposées au premier argument invoqué en faveur des licences obligatoires, et consistant à dire qu'elles protègent mieux les intérêts de l'industrie et du public.

Elles ne le seraient pas non plus à l'inventeur.

Quant au second argument, consistant à dire que cette solution offre plus d'avantages à l'inventeur, il ne nous touche nullement. Nous repoussons absolument ce système dans lequel on commence par dépouiller l'inventeur, afin, dit-on, de lui éviter des procès et de faire sa fortune en dépit de son manque d'aptitudes commerciales, et nous avouons préférer une manière de faire moins paternelle dans laquelle la société se borne à respecter elle-même et à faire respecter par les particuliers la propriété de chaque inventeur, et le laisse libre ou d'exploiter lui-même ou de donner volontairement des licences à qui il lui plaît; cette dernière voie peut être pour lui très bonne à suivre dans certains cas, mais il doit en être seul juge;

autrement, ce n'est plus lui qui est propriétaire, quoi qu'on en dise, et la comparaison que M. Limousin a voulu établir, dans le but de prouver le contraire, entre l'inventeur dont on exploite *de force* l'invention et l'auteur dont on joue la pièce *avec son autorisation*, nous paraît tout à fait inacceptable.

<small>Avec les licences obligatoires l'inventeur ne serait plus propriétaire.</small>

En résumé, nous applaudissons sans réserve à la résolution votée par le Congrès, qui préconise un système donnant une égale satisfaction aux intérêts de l'inventeur et à ceux du public en général. Les graves questions soulevées au sujet de cette résolution ont d'ailleurs fait ressortir d'une façon bien frappante l'utilité d'une entente internationale, sans laquelle ces questions ne pourraient pas recevoir de solution satisfaisante.

<small>La résolution conciliera tous les intérêts pourvu qu'il soit établi une législation uniforme.</small>

3ᵉ RÉSOLUTION

3ᵉ RÉSOLUTION. (Brev. d'inv.) — **Le principe de l'expropriation pour cause d'utilité publique est applicable aux brevets d'invention.**

Le caractère d'utilité publique doit être reconnu par une loi.

<small>Expropriation pour cause d'utilité publique.</small>

Sur le sujet auquel se rapporte cette résolution, plusieurs opinions s'étaient produites. Sans parler de ceux qui défendaient les licences obligatoires, avec lesquelles l'expropriation serait inutile, certains membres du Congrès repoussaient et l'expropriation et les licences obligatoires; parmi ceux qui, au contraire, désiraient pour l'État le droit d'exproprier un brevet, les uns pensaient qu'une disposition en ce sens devait être introduite dans la loi, tandis que les autres le jugeaient au moins inutile, estimant que le pouvoir législatif avait dès aujourd'hui le droit d'exproprier

<small>Opinions diverses.</small>

un brevet, comme toute autre propriété, quand l'intérêt général le commandait.

Arguments contre l'expropriation. Les adversaires de l'expropriation ont soutenu que les mêmes raisons qui s'opposent aux licences obligatoires s'opposent aussi au droit d'expropriation, qui menacerait continuellement la propriété des brevets ; d'ailleurs, l'expropriation, a-t-on dit, ne saurait être admise pour un droit de propriété qui a une aussi courte durée qu'un brevet et qui, par suite, sera presque toujours arrivé près de son terme au moment où l'invention aura pu être appréciée et où on l'expropriera ; on a dit aussi que l'État pourrait abuser du droit d'expropriation et l'appliquer sans que cela soit réellement d'intérêt public.

M. l'amiral Selwyn a élevé contre l'expropriation des objections encore plus radicales ; d'après lui, l'expérience faite en Angleterre a démontré que l'expropriation ne peut, dans aucun cas, être utile au public : S'il s'agit d'une invention que l'on veut répandre rapidement (comme cela s'est présenté pour la photographie, par exemple), on va contre le but en enlevant à l'inventeur tout intérêt personnel aux progrès de sa découverte. S'il s'agit, au contraire, d'une invention que l'État croit avoir intérêt à tenir secrète, le fait même de l'expropriation attire sur elle l'attention, et chacun cherche à savoir comment se fait la chose expropriée ; de sorte qu'au bout de peu de temps le Gouvernement doit renoncer à tenir l'invention secrète, et il a payé pour rien ; aujourd'hui, du reste, avec les moyens de communication dont on dispose, on ne pourrait pas empêcher un inventeur d'offrir son invention aux Gouvernements étrangers. D'un autre côté, il est arrivé en Angleterre, et on verrait des faits analogues se reproduire, que l'on a exproprié des systèmes d'armes de guerre, et que les fabricants auxquels le Gouvernement s'est adressé pour ensuite se procurer ces armes, lui ont demandé le même prix qu'il payait à l'inventeur, quoiqu'eux-mêmes n'eussent à verser aucune prime à ce dernier.

Enfin, tous les orateurs qui ont parlé contre l'expropriation ont insisté sur la difficulté de constituer une juridiction offrant toutes les garanties nécessaires pour fixer l'indemnité de manière qu'elle ne soit ni trop forte ni trop faible.

Quant aux orateurs qui, tout en admettant l'expropriation, ont combattu la proposition, ils se sont appuyés non seulement sur ce qu'ils jugeaient inutile de donner au pouvoir législatif, par l'insertion du principe dans la loi des brevets, un droit qu'il avait déjà selon eux, mais encore sur le danger que cela présenterait en semblant poser l'expropriation comme règle, alors que cela ne devait être qu'une exception ; d'après les orateurs, lorsque, pour demander l'expropriation dans un cas particulier, le pouvoir législatif n'aurait qu'à demander l'application d'un principe déjà inscrit dans la loi, elle serait votée plus facilement, et c'est là un danger qu'il faut éviter.

Il est inutile d'inscrire dans la loi des brevets le droit d'expropriation, parce qu'il existe déjà.

Il n'est pas sans intérêt de constater que M. Léon Lyon-Caen lui-même, qui avait signé seul la proposition repoussant l'expropriation, a été moins absolu au cours de la discussion et a déclaré qu'il admettrait l'expropriation d'un brevet présentant une grande utilité publique ; mais seulement, dans ce cas, ajoutait-il, il faudrait laisser l'État chercher à se concilier avec l'inventeur, et l'on s'arrangerait le plus souvent, comme cela est déjà arrivé dans quelques cas, par exemple pour le daguerréotype.

Les adversaires mêmes de l'expropriation ne la repoussent pas absolument.

D'un autre côté, après le rejet du système des licences obligatoires, on vit des partisans de ce sys-

En définitive, le principe de l'expropriation des brevets est admis à

peu près par tout le monde. tème se rallier à l'expropriation pour cause d'utilité publique ; de sorte qu'il y a lieu de croire, comme le disait M. Ch. Lyon-Caen, que l'Assemblée n'était guère divisée que sur des questions de forme, et non sur le principe. Quoi qu'il en soit, voici succinctement les réponses qui furent faites aux objections opposées au principe de l'expropriation en matière de brevets.

Arguments en faveur du droit d'expropriation.

M. Pouillet, signataire, avec MM. E. Clunet et Ch. Lyon-Caen, de la proposition adoptée, fit remarquer que l'expropriation par l'État ne peut pas être assimilée aux licences obligatoires, qui ont en vue l'intérêt de chacun plutôt que l'intérêt de tous, et il rappela que, dans toutes les législations, la propriété d'un citoyen lui est garantie, mais qu'il peut être dépossédé pour cause d'utilité publique, dans des cas exceptionnels et moyennant une juste indemnité. Pour démontrer l'utilité qu'il y avait à appliquer ce principe aux brevets d'invention, l'orateur cita deux

Exemples.

exemples : d'abord le daguerréotype, que l'on n'aurait pas aussi rapidement perfectionné de manière à en faire sortir la photographie, s'il n'avait pas, dès l'origine, été mis dans le domaine public (il est vrai que, dans ce cas, l'État traita à l'amiable avec les deux inventeurs, mais ils auraient pu refuser de traiter) ; en second lieu, M. Pouillet cita la fuchsine, dont M. Poirrier avait parlé, et dit que si cette première matière colorante tirée du goudron de houille avait de suite été mise dans le domaine public, beaucoup de perfectionnements faits en Allemagne auraient pu l'être chez nous. Les cas de ce genre sont rares, ajouta-t-il, mais il y a aussi les inventions intéressant la Défense nationale ; la loi allemande admet l'expropriation pour les armes de guerre.

Il faut donc que le principe de l'expropriation, en matière de brevets, soit reconnu et admis comme il l'est en toute autre matière ; il doit y avoir d'abord déclaration d'utilité publique, et déclaration par une loi, afin qu'il soit certain que l'expropriation n'est prononcée que dans l'intérêt général.

<small>Une loi doit déclarer le caractère d'utilité publique.</small>

M. Pouillet contesta absolument qu'une disposition inscrite dans la loi des brevets d'invention ne fût pas nécessaire pour permettre d'exproprier un individu de son brevet ; il est certain, dit-il, qu'en France par exemple, si le législateur déclarait l'expropriation d'un brevet, alors que le principe ne serait pas formulé d'un manière générale, ce serait une atteinte au droit public, qui garantit la propriété de tout citoyen. M. Limousin exprima la même opinion sur ce point.

<small>Utilité d'inscrire le droit d'expropriation dans la loi des brevets.</small>

Enfin, M. Pouillet répondit aux objections touchant la difficulté de fixer l'indemnité d'expropriation. On avait dit : Un brevet, ce n'est pas le passé, ce n'est pas le présent, c'est l'avenir ; comment donc évaluerez-vous l'indemnité ? Cela sera aussi difficile que pour les licences obligatoires. Quelle juridiction la fixera ? Sera-ce le pouvoir législatif ? Mais alors il sera juge et partie. Sera-ce une autre juridiction, un jury par exemple ? Comment ce jury sera-t-il constitué pour offrir les garanties désirables ? Il y a là des difficultés insurmontables.

<small>Moyen de fixer l'indemnité d'une manière équitable.</small>

M. Pouillet exprima, au contraire, l'opinion que l'expropriation des brevets, avec l'aide du jury, ne présentera pas plus de difficultés que pour tout autre genre de propriété, contrairement à ce qui aurait lieu avec les licences obligatoires, qui exigeraient un contrôle sur une multitude de licenciés.

Quant au danger de ne pas fixer d'une manière équitable le chiffre de l'indemnité, l'orateur dit qu'il serait possible de l'éviter en employant par exemple le moyen suivant : On diviserait l'indemnité en deux parts, dont la première ne représentant qu'une partie de la valeur de l'invention, serait payée de suite, et dont l'autre serait fixée, en parfaite connaissance de cause, après l'expiration du temps que le brevet aurait duré. On trouverait encore, probablement, d'autres moyens de fixer l'indemnité d'une manière équitable.

4ᵉ Résolution.

Un brevet sera toujours délivré, après un avis purement officieux et secret.

4ᵉ RÉSOLUTION. (Brev. d'inv.) — **Le brevet d'invention doit être délivré à tout demandeur, à ses risques et périls.**

Cependant, il est utile que le demandeur reçoive un avis préalable et secret, notamment sur la question de nouveauté, pour qu'il puisse, à son gré, maintenir, modifier ou abandonner sa demande (1).

Cette résolution est un moyen de conciliation entre les partisans et les adversaires de l'examen préalable.

Cette résolution est un moyen de conciliation entre les partisans et les adversaires de l'examen préalable, et elle n'a été votée qu'après le rejet du principe de l'examen, entendu dans son sens le plus large, c'est-

---

(1) Résolutions du *Congrès de Vienne* :

« II. (a) L'inventeur lui-même, ou son représentant légal, doit seul pouvoir obtenir un brevet.

« (c) Il est bon d'introduire dans la réalisation de ces principes un système d'examen préalable.

« (k) A tous autres égards, et, spécialement, en ce qui concerne les formalités de délivrance des brevets, le Congrès se réfère aux lois anglaise, américaine et belge et à un projet de loi préparé pour l'Allemagne par la Société des ingénieurs allemands. »

à-dire pouvant être suivi du refus du brevet. Ce premier vote pouvait être prévu de la part d'une réunion où les étrangers, en général favorables à l'examen, étaient beaucoup moins nombreux que les Français,

---

— Résolutions de l'*Association pour la réforme et la codification du droit des gens* :

« IV. Avant la délivrance du brevet *définitif*, l'inventeur ou son représentant devra déposer une spécification complète décrivant exactement la nature de l'invention et la manière de la mettre en pratique ; on devra aussi faciliter la demande d'opposition ; de plus, l'invention devra être examinée à l'effet de reconnaître :

« (a) Si la spécification est claire ;

« (b) Si l'invention est contraire aux bonnes mœurs ;

« (c) Si elle est véritablement nouvelle eu égard aux publications antérieures exclusivement.

« V. Une publication antérieure ne pourra porter atteinte à ladite invention, si elle ne remplit exactement les conditions suivantes :

« (a) Elle ne devra pas avoir plus de vingt et un ans de date, et devra se présenter sous la forme d'un mémoire complet, identique à la description faite par la personne qui sollicite le brevet. Quand un brevet aura été demandé dans un État, la publication de l'invention pendant un temps limité, un an par exemple, ne portera pas nécessairement préjudice au droit du breveté qui demanderait des privilèges dans les autres pays.

« (b) Si la description antérieure a plus de vingt et un ans de date, on devra prouver que l'invention est bien identique, en ce qui concerne la partie revendiquée par la personne qui sollicite le brevet, et que cette invention a été exploitée publiquement dans les derniers vingt et un ans.

« VI. Si quelques parties de l'invention donnaient prise à ces objections, le demandeur aura le droit de rectifier son mémoire descriptif.

« VII. Les brevets qui satisferont aux conditions ci-dessus ne seront pas refusés, sauf en cas de fraude, ou quand l'invention sera déclarée contraire aux bonnes mœurs.

« VIII. Les opinions et rapports motivés des Comités d'examen, relativement aux demandes de brevets, ne seront pas communiqués au public, excepté en cas de procès par suite d'opposition.

« IX. La protection provisoire sera maintenue jusqu'au moment où le brevet définitif sera accordé ou refusé.

imbus, pour la plupart, des idées de la loi de 1844 ; il a eu lieu, d'ailleurs, avant que cette question importante n'eût été complétement éclairée par la discussion. Quatre fois la clôture fut demandée, et,

---

« X. En l'absence de fraude, le demandeur premier en date sera considéré comme l'inventeur.

« XVII. Une fois délivré, le brevet ne pourra être révoqué ; il sera censé conférer un titre absolu à l'invention qui est décrite dans la spécification complète, à moins qu'il ne soit prouvé qu'il existe un brevet antérieur protégeant une invention identique, ou bien que cette dernière a été publiquement exploitée dans les vingt-un ans qui précèdent immédiatement la demande du brevet. »

— Résolutions votées par la *Société des ingénieurs et architectes d'Autriche* et sept autres Sociétés autrichiennes :

« II. (*a*) L'inventeur lui-même ou son successeur légal peut seul obtenir un brevet d'invention.

« (*h*) Lorsque l'Administration a constaté que la demande de brevet est faite en due forme, et juge l'objet brevetable, elle ordonne la publication de cette demande. Avec la publication commencent, en faveur du solliciteur du brevet, les effets légaux du brevet d'invention pour l'objet de cette demande.

« (*i*) Sur la demande de l'inventeur, la description de son invention doit être tenue secrète pendant douze mois.

« (*j*) Après l'expiration de ce délai, cette description doit être publiée complètement dans les Annales officielles de l'administration des brevets, et chacun peut, pendant un délai de huit semaines, porter réclamation contre cette demande de brevet.

« (*k*) Après l'expiration de ce délai et après l'examen des réclamations présentées, l'Administration aura à décider sur la concession du brevet d'invention.

« (*l*) Il doit être permis et possible aux intéressés de porter plainte contre ces décisions à l'administration des brevets même, et, en dernier lieu, d'en appeler à un tribunal supérieur. »

— Résolution de la *Société d'encouragement des arts, des manufactures et du commerce de Londres* (à propos du projet de loi anglais sur les brevets, 1837) :

« I. L'assemblée est autorisée à déclarer qu'elle reconnaît la nécessité d'un plus grand nombre de commissaires pour les brevets ; mais qu'en même temps elle désire exprimer la très formelle opinion que ces commissaires devraient être payés, l'assemblée étant d'opinion que des agents non salariés ne peuvent être suffi-

après avoir été repoussée trois fois, elle fut prononcée quand plusieurs orateurs étaient encore inscrits pour prendre la parole. On ne saurait donc nier qu'il existait une forte prévention contre le système de

---

samment propres à remplir les importants devoirs qui leur incombent.

« II. — Qu'aucun rapport contraire d'un examinateur, même avec droit d'appel, ne doit empêcher un demandeur d'obtenir un brevet à ses propres frais et risques; et, de plus, que les rapports contenant les opinions des autorités du Bureau des Brevets (*Patent-Office*) ne devraient pas être rendus publics, mais qu'ils pourraient opportunément être remis au demandeur pour qu'il puisse modifier sa demande en tenant compte des points signalés par les autorités, ainsi que fournir un état précis de ce qu'il revendique néanmoins. »

— Résolutions de l'*Union industrielle du nord-ouest de la Bohême* :

« Une demande de brevet ne devrait être refusée que dans le cas de fraude ou autant que l'invention serait contraire aux bonnes mœurs.

« Un examen préalable des demandes de brevets aura lieu sous les conditions et dans les limites spécifiées ci-dessous. L'examen préalable ne portera exclusivement que sur les questions suivantes :

« (*a*) La description est-elle suffisamment exacte?

« (*b*) L'invention n'est-elle point contraire aux bonnes mœurs?

« (*c*) L'objet de l'invention est-il nouveau? Considération qui devrait être subordonnée aux seules questions :

« 1. — Existe-t-il des publications antérieures?

« 2. — Peut-il être prouvé que, de notoriété publique, l'objet de l'invention ait déjà été exploité dans les limites déterminées par la demande de brevet?

« (*d*) Une influence préjudiciable sur la prise en considération d'une demande de brevet ne devra être accordée à la publication antérieure que si l'une ou l'autre des conditions suivantes se trouve pleinement accomplie :

« 1. — La publication antérieure ne doit porter que vingt et un ans de date au maximum; elle doit présenter une description complète de l'invention en tous points identique à celle du demandeur;

« 2. — La publication a-t-elle plus de vingt et un ans de date,

l'examen dans l'esprit de la majorité des membres du Congrès, et cela ne fait que rendre plus significatif le terrain que ce système a gagné, de sorte que l'on peut espérer voir bientôt disparaître les dernières craintes qu'il excite encore et le voir adopter dans les législations futures sur les brevets, comme il l'a été depuis très-longtemps dans la loi des États-Unis et tout récemment dans la loi allemande. (Nous ne parlons pas des pays, comme l'Autriche, la Russie, où l'examen est pratiqué, mais dans des conditions qui ne permettent pas d'en tirer d'avantages sérieux.)

---

il devra être prouvé que l'invention, telle que la réclame le demandeur, a été exploitée publiquement pendant les derniers vingt et un ans révolus.

« Quel que soit, du reste, le résultat de l'examen préalable [le cas excepté que la demande tomberait sous la restriction prévue à l'alinéa (*d*)], un brevet devrait toujours être accordé au demandeur si, persistant dans sa demande, il fait mention de l'objet désigné par le tribunal comme étant déjà connu, en indiquant les qualités distinctives de son invention, pour lesquelles il continue à revendiquer la nouveauté.

« Les brevets dits d'importation ne seront délivrés qu'à l'inventeur ou à ses ayant-cause. »

— Dans des mémoires présentés au Congrès et répondant aux diverses questions du programme, le *Tribunal de commerce de Saint-Étienne* et la *Chambre syndicale des tissus et matières textiles de la même ville* se prononçaient en faveur d'un examen préalable portant sur la nouveauté des inventions. — La *Chambre des arts et manufactures de Rethel (Ardennes)* demandait aussi l'examen préalable, avec droit d'opposition pour les tiers. — *M. Lloyd Wise*, agent de brevets à Londres, demandait qu'il y eût un examen préalable et que, quel qu'en fût le résultat, le brevet fût délivré aux risques du demandeur ; il faisait remarquer que ce système avait été adopté en Angleterre par de nombreuses associations. Dans la pensée de M. Wise, la publication de l'invention ou son exploitation n'en devrait exclure la nouveauté que lorsqu'elle ne remonterait pas à plus de vingt et un ans. Il faudrait que, quand un brevet est réclamé pour une invention dans un pays, la publicité qui lui est donnée ne mît pas obstacle à des demandes de brevets dans d'autres États pendant douze mois environ ; pour atteindre ce but, le demandeur devrait déclarer de suite dans quels pays il se propose de se faire breveter.

En attendant, le système intermédiaire, voté par le Congrès, pourrait déjà donner des résultats utiles dans beaucoup de cas, sans pourtant être tout à fait exempt des reproches adressés au système de la proclamation pure et simple, en raison surtout de ce que l'avis de la Commission, restant secret, éclairerait bien l'inventeur sur la valeur de son brevet, mais n'éclairerait nullement le public, et, comme conséquence, n'ajouterait pas à ce titre beaucoup d'autorité. Mais, comme l'application de ce système mixte nécessiterait la création d'une commission d'examen aussi puissamment organisée que celle qui serait nécessaire pour donner des avis suivis d'une sanction effective, il est permis de croire que l'on en arriverait bientôt là, au grand profit de l'industrie et des inventeurs eux-mêmes, comme nous essaierons de le démontrer. Auparavant, il nous faut indiquer les arguments invoqués pour ou contre les divers systèmes, y compris un autre système mixte, dit système provocatoire, qui a été appliqué par l'Allemagne après avoir pris naissance en Angleterre, et qui est destiné à provoquer, après le dépôt d'une demande de brevet, les oppositions des intéressés.

Divers systèmes de délivrance proposés.

La discussion eut pour point de départ la proposition suivante, signée par MM. Lyon-Caen, A. Cahen, A. Huard, Clunet, Armengaud aîné, Dumoustier de Frédilly :

« Le brevet d'invention doit être délivré aux demandeurs, à leurs risques et périls, sans examen préalable. »

La proposition qui s'en écartait le plus était la suivante, signée de M. Amb. Rendu et de plusieurs de ses collègues :

« Il est nécessaire de soumettre les demandes de brevets à un examen préalable, portant sur la question de nouveauté par rapport aux brevets délivrés antérieurement. »

Nous examinerons plus loin, à leur ordre, les diverses propositions intermédiaires.

<small>Arguments en faveur du système de la proclamation ou enregistrement pur et simple.</small>

Nous allons d'abord rapporter les raisons invoquées en faveur du système de la proclamation ou enregistrement pur et simple.

Comme on pourra le voir, ses partisans objectent surtout au principe de l'examen préalable la difficulté, l'impossibilité pratique de l'appliquer, et les erreurs qui doivent, à leur avis, en être la conséquence ; ils pensent, au surplus, que les avantages attribués à ce dernier système ou sont chimériques, ou peuvent être obtenus aussi bien en délivrant les brevets sans examen, pourvu qu'on les soumette à une taxe.

<small>Que l'examen, au point de vue de la nouveauté serait impraticable.</small>

La première objection, c'est que l'examen au point de vue de la nouveauté serait impossible aujourd'hui, vu le grand nombre de brevets qui sont demandés annuellement dans tous les pays. A l'appui de cette opinion, M. Em. Barrault rappela que M. Woodcrofft avait pu montrer, dans une enquête parlementaire faite en Angleterre, cinq ou six patentes délivrées aux États-Unis pour des inventions vieilles de trente ans.

<small>Qu'il serait difficile de trouver des examinateurs offrant toutes les garanties.</small>

Il fut dit qu'il serait fort difficile de recruter des examinateurs offrant toutes les garanties voulues de compétence et d'intégrité, et qu'aux États-Unis on a vu de nombreux exemples de corruption ; que, de plus,

<small>Que l'examen serait coûteux.</small>

l'examen est très coûteux, à en juger par ce pays, et qu'en définitive, l'expérience que l'on y a faite de l'examen préalable a été défavorable ; que si, en Allemagne, on n'a pas constaté les mêmes inconvénients, l'examen préalable y est appliqué depuis trop peu de

<small>Que l'inventeur serait obligé d'aller défen-</small>

temps pour qu'on puisse encore rien conclure ; qu'enfin, ce système met l'inventeur dans la nécessité d'aller défendre sa cause devant la Commission d'examen.

dre sa cause devant la commission d'examen.

On allégua encore qu'il présente cet inconvénient d'obliger les examinateurs, et aussi les juges d'appel, à apprécier la valeur d'une invention alors que l'exploitation n'a pas encore fait la lumière sur ce point, tandis que l'on a vu des tribunaux être amenés à valider des brevets à cause uniquement du succès des inventions sur lesquelles ils portaient.

Qu'il est impossible d'apprécier une invention qui n'est pas encore exploitée.

On aurait, d'ailleurs, tort de croire, au dire des adversaires de l'examen préalable, que l'adoption de ce système donne du prestige aux inventions pour lesquelles un brevet a été obtenu, puisque ce brevet, après sa délivrance, peut encore être contesté devant les tribunaux. Le seul résultat qu'on puisse en espérer, c'est donc d'écarter un certain nombre de demandes portant sur des inventions chimériques ou manquant totalement de nouveauté.

Que l'examen n'ajouterait aucune autorité aux brevets.

Qu'il servirait seulement à écarter les inventions futiles, ce que l'on obtient sans cela au moyen de taxes annuelles.

Or, il suffit, pour arriver au même but, d'instituer des taxes périodiques, et les inventeurs se feront justice eux-mêmes en cessant de payer leurs annuités. Sur ce sujet, on a produit des renseignements statistiques dont la plupart avaient déjà été fournis au Congrès de Vienne (qui, entre parenthèses, appuya néanmoins l'examen préalable), mais qui sont assez intéressants pour que nous leur donnions place ici.

En France, 57 pour 100, en moyenne, des brevets délivrés tombent au bout de la première année, faute de payement de la taxe ; après trois ans, il n'en reste plus que 33 pour 100.

En Angleterre, où des taxes sont exigibles à la fin de la troisième et de la septième année, il ne reste plus, après cette seconde échéance, que 6 pour 100 des patentes demandées, en comprenant dans ces dernières les simples protections provisoires. En Italie, la proportion des brevets abandonnés est moins forte. En Belgique, les résultats sont à peu près les mêmes qu'en France : à la fin de la deuxième année, il ne reste plus que 50 pour 100 des brevets délivrés; à la fin de la troisième, 33 pour 100 ; à la fin de la quinzième, 5 pour 100.

<small>Que le système de l'enregistrement évite toute erreur dont l'inventeur puisse se plaindre.</small>

En s'appuyant sur ces faits, on soutint que les auteurs d'inventions manquant de nouveauté ou d'importance en faisaient bientôt justice eux-mêmes, pour la plupart, et qu'il valait donc mieux s'en tenir au système de l'enregistrement, avec lequel les inventeurs ne peuvent se plaindre du jugement porté sur leurs inventions, puisqu'ils le prononcent eux-mêmes, outre qu'une Commission d'examen commettrait quelquefois des erreurs qui porteraient réellement un préjudice.

Suivant l'un des orateurs, le seul changement qu'il conviendrait de faire, ce serait de faire disparaître le nom de *brevet*, qu'il croit de nature à induire en erreur sur la signification de ce titre, et de le remplacer par la désignation de *Certificat de dépôt*.

Mais, d'ailleurs, il faut qu'on puisse produire une invention librement et sans contrôle, comme on produit une œuvre littéraire ou artistique.

<small>Que l'adoption du principe de l'examen n'est pas nécessaire pour arriver à une entente internationale.</small>

Quant à l'entente internationale, qui ne semble pouvoir se faire que sur un programme comprenant l'examen préalable, puisque ce système réunit à peu près l'unanimité des étrangers, les mêmes orateurs ont exprimé l'espoir de convaincre ceux-ci et de les amener à l'adoption du système de l'enregistrement pur et simple.

<small>Arguments en faveur de l'examen préalable.</small>

Du côté des partisans de l'examen, en réponse aux objections ci-dessus, on fit valoir les avantages particuliers de ce système, et cela d'une manière à peu près complète ; mais chacun des orateurs s'attacha à un point particulier de la question ; quelques-uns semblent même n'avoir pas osé défendre le principe de l'examen dans son application la plus large, en présence des dispositions hostiles de l'assemblée, et il en est résulté qu'il n'a été fait au Congrès aucun exposé d'ensemble de ce système.

Nous ne croyons donc pas inutile de grouper méthodiquement les arguments invoqués au cours de la discussion en faveur de l'examen préalable et de les compléter même sur quelques points, afin de montrer, aussi bien qu'il nous sera possible, le fort et le faible de chacun des deux systèmes.

Nous aborderons ensuite l'examen des systèmes mixtes qui ont été proposés.

Le vice primordial du système de l'enregistrement, vice dont on ne saurait méconnaître la gravité, c'est qu'il favorise des usurpations, dont le Gouvernement se rend complice dans une certaine mesure en délivrant un titre sans chercher à s'assurer si celui qui le sollicite y a des droits ; on éviterait, il est vrai, ce dernier inconvénient, qui est d'ailleurs le moindre, en remplaçant l'appellation de *brevet* par celle de *certificat de dépôt*, comme on l'a proposé ; mais cela ne changerait rien au fond des choses, et cela ne ferait pas disparaître l'immoralité et les dangers d'un système qui permet, à quiconque le demande, d'obtenir un titre lui créant une présomption de propriété sur une chose qui appartient, en réalité, soit à un tiers, soit au domaine public, titre avec lequel il pourra ensuite, de bonne ou de mauvaise foi, inquiéter ses concurrents et leur intenter des procès ; le plus souvent il les perdra, soit ; mais s'il est de bonne foi, il sera alors le premier victime, ce qui n'empêchera pas

Le système de l'enregistrement favorise des usurpations.

Un brevet sans valeur au point de vue de la nouveauté est vexatoire pour le public.

les procès d'être vexatoires pour ceux qui auront été obligés de les soutenir; trop heureux seront-ils, encore, s'ils peuvent finalement faire repousser les prétentions injustes du breveté, car il arrive assez souvent que l'on sait une invention dans le domaine public et que, cependant, on est impuissant à en fournir les preuves juridiques nécessaires pour triompher devant un tribunal; tout au moins, cela peut-il obliger à faire de longues et coûteuses recherches. Et tout cela, parce qu'un individu aura demandé un brevet, de mauvaise foi peut-être, pour une chose déjà connue.

Quant à ceux qui ne voudront pas se résoudre aux frais, aux pertes de temps et à tous les ennuis qu'entraîne un procès de ce genre, ils s'inclineront devant ce titre nul, et leur soumission sera exploitée par le breveté comme un témoignage de la réalité de ses droits; c'est ce qui arrive bien souvent.

Manque d'autorité des brevets délivrés sans examen.

La possession d'un brevet sans valeur servira aussi quelquefois à celui à qui il aura été délivré, pour tenter d'obtenir d'un capitaliste des fonds que celui-ci croira placer sur une invention privilégiée et non sur une chose banale. On en a des exemples; cependant il est vrai qu'ils sont relativement rares, mais c'est là précisément le plus grand argument en faveur de l'examen préalable. On ne peut pas supposer, en effet, que les brevetés n'essaient pas de se procurer les capitaux qui peuvent leur manquer pour se livrer à l'exploitation, et s'ils réussissent si rarement, cela ne tient qu'à la défiance des capitalistes et du public en général à l'égard des brevets délivrés sans examen; beaucoup de ces brevets ayant plus de chances d'être nuls que d'être valables, et la question de leur validité ne pouvant être éclairée que par des recherches entraînant à des dépenses plus ou moins considérables, qui seront en pure perte si le résultat de la recherche est défavorable, on refuse systématiquement de s'intéresser dans l'exploitation d'un brevet, ou si l'on engage son temps ou son argent dans une affaire de ce genre, ce n'est que lorsqu'il s'agit d'une invention offrant une importance assez exceptionnelle pour mériter qu'on fasse au préalable quelques frais dans le but de s'éclairer sur sa nouveauté. En définitive, on peut dire qu'aujourd'hui, dans les pays qui délivrent les brevets sans examen, et en France notamment, on est moins disposé à croire un brevet valide qu'à le croire nul, sinon totalement, au moins pour une grande partie de son contenu.

Cette opinion, une fois accréditée, doit nécessairement avoir pour conséquence d'éloigner des industries brevetées les capitaux disponibles, et c'est ce qui est arrivé chez nous dans une mesure que l'on ne peut que déplorer ; tandis que l'État, les villes, les grandes administrations publiques trouvent de l'argent à très bas prix, l'industrie en trouve difficilement, même en le payant très cher, et cette circonstance nuit à son développement. En fait, on peut presque dire que les seuls brevets qui soient exploités sont ceux qui ont été pris par des fabricants pour des objets rentrant dans leur industrie, parce qu'ils n'ont pas besoin de chercher des capitaux au dehors, et ne font que substituer aux produits ou aux procédés connus qu'ils fabriquaient jusque-là, ceux qui font l'objet de leur brevet.

Il en résulte que les capitaux ne se placent pas sur les brevets.

D'après des renseignements sérieux et qui furent produits devant le Congrès de Vienne en 1873, il en est tout autrement aux États-Unis, où les brevets, délivrés après un examen fait très-sérieusement par une commission puissamment organisée, présentent une

Le contraire arrive aux États-Unis qui pratiquent l'examen préalable.

forte présomption de validité. Là, les trois quarts ou les sept huitièmes du capital national sont placés sur des inventions brevetées, tandis que pour une invention qui ne serait pas brevetée il serait à peu près impossible de trouver un dollar (1); aussi, estime-t-on que la moitié au moins des inventions sont rémunératrices pour les inventeurs. Cela contraste de la façon la plus frappante avec ce qui a lieu chez nous et dans les autres pays où règne ce que l'on a appelé, on ne sait pourquoi, le système de la liberté, c'est-à-dire ceux où les brevets sont délivrés sans examen et où 5 pour 100 d'entre eux seulement atteignent le terme de leur durée, 66 pour 100 étant abandonnés dès la troisième année.

L'abandon prématuré des brevets délivrés sans examen est-il dû réellement au peu de valeur des inventions ?

Cet abandon rapide de la presque totalité des brevets délivrés sans examen conduit à se demander s'il est bien vrai que cet abandon, que les partisans de la proclamation pure et simple considèrent comme un argument en faveur de leur système, ne porte, ainsi qu'ils le pensent, que sur des inventions ne méritant pas d'être exploitées, ou s'il ne résulte pas tout simplement du manque d'autorité des brevets ainsi obtenus et, par suite, de la difficulté de trouver des capitaux pour les exploiter.

Il y a tout lieu de croire le contraire.

Il faut observer, en effet, que le nombre des brevets *accordés* aux États-Unis, est environ deux fois et demie aussi grand que celui des brevets pris en France, et il est difficile de croire, si sévère que l'on soit pour le génie inventif de notre pays, que, tandis qu'en Amérique la moitié des quatorze mille patentes

---

(1) V. le Rapport de M. Thomas Webster sur le Congrès international des Brevets d'invention tenu à Vienne en 1873. (Chez Marchal, Billard et Cie, 27, place Dauphine.)

délivrées annuellement peuvent être exploitées avec profit, il y ait chez nous un si petit nombre de brevets qui méritent qu'on s'en occupe ; la disproportion est trop grande pour ne pas tenir à quelque autre cause, et quiconque a l'occasion de s'occuper des inventions et d'être journellement en rapport avec les inventeurs, a connaissance de mainte invention qui, faute de possibilité de l'exploiter, a dû être abandonnée, quoiqu'étant de nature à réussir, au moins dans une certaine mesure, et il ne saurait en être autrement, puisque la plus grande partie des brevets sont demandés pour des perfectionnements qui améliorent des appareils ou des procédés déjà en usage, que le public adopterait sans difficulté si l'inventeur était matériellement en mesure de les exploiter.

Il y a, d'ailleurs, un enseignement à cet égard, dans le fait que, journellement, des industriels s'informent, auprès du Ministre, des brevets dont l'annuité n'a pas été payée et les exploitent ensuite avec profit, ce qui prouve que ce n'est pas le manque de valeur du brevet qui l'avait fait abandonner. Non, répétons-le, une grande partie des brevets délivrés sans examen ne sont abandonnés que par suite du peu d'autorité qu'ils présentent et qui ne permet pas à leur propriétaire de se procurer des capitaux, ou, plus généralement, d'intéresser le public à leur invention.

On trouverait encore une autre preuve du prestige que l'examen donne aux brevets dans ce fait qu'en Amérique on met quelquefois un lot de brevets en vente aux enchères publiques, comme ailleurs on y mettrait des meubles ou des tableaux, et qu'ils y trouvent des acquéreurs. Qui donc, en France, pourrait se flatter de réussir à vendre des brevets de cette manière ?

En résumé, nous pensons qu'avant de se réjouir du nombre énorme de brevets qui sont abandonnés prématurément et avant d'en conclure à l'inutilité de l'examen, on devrait d'abord s'assurer si ces brevets ont réellement pour objet des inventions chimériques ou manquant de nouveauté, recherche que l'on semble avoir oublié de faire et qui pourrait bien donner lieu à d'assez grands mécomptes. Et s'il est vrai, comme nous le croyons, que beaucoup des inventions abandonnées par leurs auteurs ont quelque mérite, il y a le plus grand intérêt à remédier à un état de choses qui les fait tomber dans le domaine public; car, sans parler du tort que cela cause aux inventeurs et du découragement que cela peut amener, l'expérience a démontré que personne ne fera jamais autant d'efforts que l'inventeur pour répandre son invention, parce qu'il s'y attache exclusivement, y ayant naturellement confiance, et trouvant un intérêt d'amour-propre aussi bien que de lucre à la faire réussir.

Il ne faut donc pas se hâter de s'en réjouir.

Cet abandon est préjudiciable aux inventeurs et au public.

D'ailleurs, il ne faut pas oublier qu'en adoptant l'examen préalable, on n'est nullement forcé de renoncer aux avantages que présente l'établissement de taxes périodiques pour faire abandonner les brevets sans valeur; les deux principes peuvent parfaitement être combinés, et, à notre avis, ce serait excellent; de cette manière, des brevets seraient encore abandonnés, faute de payement des annuités, mais ce seraient alors réellement des brevets ne méritant pas une exploitation. Au lieu d'opposer le principe des taxes périodiques à celui de l'examen préalable, il faut donc, selon nous, les appliquer ensemble, de manière que l'un complète l'autre.

L'adoption de l'examen préalable n'implique pas le rejet des taxes périodiques.

Si l'on combine ces deux principes, les seuls brevets abandonnés seront ceux qui porteront sur des inventions sans valeur.

Maintenant, nous voudrions appeler l'attention sur un fait digne d'être remarqué dans ce qui se passe aux États-Unis, auxquels il faut toujours en revenir quand il s'agit de l'examen préalable, puisqu'il n'y a que dans ce pays où il soit appliqué convenablement et depuis longtemps. Nous voulons parler de la proportion, de moins en moins grande, des refus, coïncidant néanmoins avec un nombre croissant de demandes. N'y a-t-il pas là la preuve que l'éducation des inventeurs se fait graduellement (grâce, en grande partie, aux moyens d'information qu'on leur fournit), ce qui facilite la tâche des Commissions d'examen, et la preuve en même temps que l'esprit d'invention est stimulé par l'autorité qui s'attache aux brevets dans ce pays, et qui permet à ceux qui en possèdent d'y trouver autre chose qu'une source de travail et de sacrifices sans rémunération.

Avec l'examen, l'éducation des inventeurs se fait graduellement.

Est-il besoin de nous arrêter à cette objection que, si l'examen n'a pas pour conséquence une garantie absolue de la valeur du brevet et ne le rend pas inattaquable dans l'avenir, cet examen n'offre plus aucun avantage ?

La garantie n'a pas besoin d'être absolue pour donner de l'autorité aux brevets.

Comment! si un brevet a une chance d'être sans valeur contre quatre-vingt-dix-neuf d'être bon, au lieu d'avoir une chance sur cent d'être valable, on n'aura rien gagné au point de vue de l'autorité qui s'attachera à ce brevet! Cela n'est pas sérieux. Aucune institution humaine ne peut offrir la perfection, et refuser de modifier un régime dont tout le monde reconnaît les graves défauts, sous prétexte que le système proposé pour le remplacer, quoique meilleur, n'est pas parfait lui-même, ce serait montrer un manque complet de sens politique. D'autant plus que, s'il arrivait à une Commission d'examen d'accorder par erreur un brevet pour une invention qui n'est pas nouvelle, le public aura, comme dans le système de la délivrance sans examen, le droit d'introduire une instance en nullité; seulement, cela

Les droits du public sont sauvegardés.

ne sera nécessaire que très-rarement, à en juger par le fait même cité par les adversaires de l'examen, de *cinq ou six* patentes délivrées pour de vieilles inventions en Amérique, où l'examen préalable fonctionne *depuis 90 ans.*

<small>Il en est de même des droits de l'inventeur, grâce à la faculté d'appel.</small>

Ainsi, il n'y aura pas plus de danger qu'aujourd'hui, bien au contraire, de léser le public, cela est évident; quant au danger de léser l'inventeur, nous ne voyons pas qu'il soit plus grand qu'aujourd'hui, pourvu que celui-ci ait un recours contre la décision des examinateurs primaires; au point de vue des frais et à tous les points de vue, sa situation n'est pas pire, en effet, que celle qui lui serait faite par une demande en nullité contre laquelle il aurait à se défendre après l'obtention du brevet; elle est même meilleure, car, dans la pra-

<small>La Commission d'examen aidera l'inventeur.</small>

tique, la Commission d'examen l'engagera à modifier sa demande, de manière à permettre de lui accorder un brevet, pourvu qu'il ait inventé la moindre chose brevetable, tandis que, dans une action en nullité, il arrive souvent qu'un brevet tombe complètement, parce que l'inventeur l'a fait porter sur des points non brevetables, tandis qu'il négligeait d'autres points qu'il aurait pu utilement prendre pour base de sa demande. On ne peut donc pas dire que le principe de l'examen soit nuisible à l'inventeur, s'il peut porter devant l'autorité judiciaire autant d'appels qu'on lui en permet dans l'autre système.

<small>Avec l'examen, les litiges se jugent avant la délivrance du brevet, et non après.</small>

Toutefois, il y a cette différence, qu'il doit soutenir, avant la délivrance du brevet, un procès que, sans l'examen, il n'aurait eu à soutenir que plus tard ou peut-être même pas du tout.

Dans la première hypothèse, c'est-à-dire si le procès doit avoir lieu soit avant la délivrance, soit après, est-ce bien un désavantage pour l'inventeur qu'il ait lieu avant? On peut au moins en douter, car le plus souvent ce procès sera perdu par lui, attendu qu'il y a de grandes chances pour que les examinateurs aient raison, puisqu'ils examinent l'affaire sans être influencés par aucun amour-propre d'auteur ni aucun intérêt personnel, et que, d'autre part, ils ont une grande expérience des questions de brevetabilité et possèdent tous les éléments d'information. Mieux vaut donc pour l'inventeur, s'il n'a pas droit à un brevet valable, qu'il le sache avant d'avoir fait des sacrifices de temps et d'argent pour monter une fabrication.

D'ailleurs, en pratique, il ne faut pas l'oublier, ces appels contre les décisions des examinateurs seront assez rares, les motifs de leur décision étant communiqués à l'intéressé, qui s'y rendra le plus souvent. *Le plus souvent, l'inventeur se rendra à l'avis qu'il recevra.*

Quant au second cas, celui où le demandeur est obligé de faire un procès pour essayer d'obtenir un brevet qui, par hypothèse, n'aurait jamais été attaqué, est-ce toujours là une chose regrettable, un vice du système de l'examen, et le demandeur sera-t-il toujours fondé à s'en plaindre? Nous ne le croyons pas, car si le jugement démontre que c'était la Commission qui avait raison, — comme cela arrivera souvent si elle est bien organisée, — on aura évité, en refusant le brevet, que le demandeur puisse, pendant quinze ans, au moyen d'un titre nul, en imposer au public et spéculer sur son ignorance et sur son éloignement pour les procès; on aura évité, en un mot, une usurpation scandaleuse qui peut se produire avec la délivrance sans examen. Dans le cas, seulement, où l'appel du demandeur serait fondé, on lui aurait causé un préjudice indû en l'obligeant à soutenir un procès. Mais ce dommage serait toujours assez limité, puis- *Défense du public contre les brevets usurpés.*

Cas où un brevet serait refusé à tort.

que tout se serait passé avant que l'exploitation n'eût commencé, et, d'ailleurs, la notoriété et l'autorité que cela donnerait au brevet seraient souvent une compensation suffisante.

<small>L'examen préalable diminuera le nombre des procès.</small>

En définitive, l'examen préalable diminuera beaucoup le nombre des procès en nullité, puisqu'il n'y en aura que très peu sous forme d'appel des décisions des examinateurs et, pour ainsi dire, aucun entre particuliers (c'est ce que l'on observe aux États-Unis, où l'on ne voit guère d'autres procès de brevets que les procès en contrefaçon); ensuite, ces procès, ayant lieu avant le commencement de l'exploitation, auront beaucoup moins d'inconvénients pour l'inventeur, tout en sauvegardant les droits du domaine public; enfin, l'inventeur y trouvera l'avantage d'être éclairé et de pouvoir ainsi faire porter ses revendications sur les points réellement nouveaux et brevetables de son système; si les inventeurs sont obligés de se mettre en rapport avec la Commission d'examen, par eux-mêmes ou par un mandataire, ils y trouveront donc plus de profit que de peine, et l'on en trouverait peu qui s'en plaignissent : ils ont trop d'avantages à connaître les objections qui peuvent être élevées contre leur demande, avant que celle-ci n'ait été rejetée définitivement, de manière à pouvoir y répondre et modifier, s'il y a lieu, leur description et leurs revendications.

<small>Réponse à l'objection que l'avis émis par les examinateurs lierait les tribunaux.</small>

On prétend que la faculté de former un ou plusieurs appels devant l'autorité judiciaire ne donnerait pas une garantie efficace à l'inventeur, attendu que l'avis des examinateurs créerait un préjugé et que les magistrats hésiteraient à juger autrement que ces hommes techniques; qu'ils craindraient, d'ailleurs, de se mettre en conflit avec l'autorité administrative en adoptant une solution contraire à la sienne.

En ce qui concerne, d'abord, l'influence que pourrait exercer sur l'esprit des juges d'appel l'avis émis par les examinateurs, nous demanderons si elle serait plus grande que celle de l'avis qu'ils demandent aujourd'hui aux experts dans les questions de brevets : sans doute, pour le point technique ils y auront égard, comme il convient, mais en quoi seront-ils plus liés par l'opinion d'examinateurs que par l'opinion d'experts? Or, on ne songe pas à attaquer le principe de l'expertise, quoique les experts ne soient pas toujours et partout aussi familiarisés avec les questions de brevets que le seront les examinateurs. Quant à la crainte de voir les juges s'incliner devant la décision qui leur sera déférée, dans l'appréhension de se mettre en désaccord avec l'Administration, il y a là uniquement une question d'indépendance sur laquelle nous ne croyons même pas devoir insister.

Maintenant, est-ce un défaut du principe de l'examen, que d'obliger les examinateurs et, le cas échéant, les juges d'appel, à se prononcer sur la brevetabilité de chaque invention avant que le succès qu'elle est susceptible de trouver dans le public puisse plaider en sa faveur? Pour nous, nous pensons, au contraire, que c'est là une circonstance très heureuse; car on a vu trop souvent, dans notre système actuel, les juges être influencés par le succès commercial d'une invention. *Il est désirable que l'invention soit examinée en elle-même, en dehors de son succès commercial.*

La dernière objection que l'on fait au système de l'examen préalable, et celle sur laquelle on insiste le plus, c'est qu'il est inapplicable, vu la difficulté de recruter un corps d'examinateurs offrant toutes les garanties de compétence et de moralité, et en même temps ne coûtant pas trop cher. *On n'éprouvera pas de difficulté à recruter le personnel de la Commission d'examen.*

La condition de compétence ne nous paraît pas

difficile à satisfaire; on trouvera, au contraire, une abondance de sujets à qui l'on pourra confier les fonctions d'examinateur. Quant à la question de moralité, nous sommes surpris qu'elle ait même pu être soulevée; nous sommes persuadé qu'on trouverait des examinateurs intègres aussi facilement qu'on trouve des hommes intègres pour remplir toutes les autres fonctions publiques; pour qu'il en fût autrement, il faudrait que les fonctions d'examinateur fussent fatalement pervertissantes par leur nature, supposition qui est dénuée de sens. En ce qui concerne, d'autre part, les dépenses auxquelles donne lieu l'examen, on a dit devant le Congrès que l'examen coûtait à l'Administration des États-Unis seize millions de dollars, ou quatre-vingts millions de francs par an. Cette allégation, que l'on a négligé de démentir, et qui ne peut manquer d'avoir eu sa part d'influence sur le vote, était tellement loin d'être exacte, que le *Patent-Office* a, chaque année, un excédent de recettes important, et que, d'ailleurs, le traitement du personnel (qui ne comprend pas seulement les examinateurs) ne s'est élevé, pour 1877 par exemple, qu'à 398.024 dollars. L'ensemble des dépenses du *Patent-Office* pour cette même année a été de 610.746 dollars; l'ensemble des recettes, de 732.342 dollars; et comme, au 1ᵉʳ janvier 1877, le *Patent-Office* était créditeur du Trésor pour 992.354 dollars, ce crédit s'est trouvé porté à 1.114.221 dollars au 1ᵉʳ janvier 1878 (1). Voilà la vérité sur les frais qu'entraîne l'examen, et encore les dépenses du *Patent-Office* américain comprennent-elles la publication d'une feuille spéciale du genre indiqué par le Congrès, et dont le

---

(1) Rapport du commissaire des patentes pour l'année 1877, présenté en 1878.

prix de revient est loin d'être insignifiant, sans compter que, dans ce pays, la taxe des brevets est très faible.

Comme conclusion, nous ne prétendons pas que le système de l'examen ne donne lieu à aucun inconvénient; mais en comparant les résultats qu'il peut donner, et qu'il donne là où il fonctionne, avec ceux que fournit le système de l'enregistrement, nous croyons qu'il est appelé à le remplacer sous peu, dans tous les pays où il n'existe pas, et que dans ceux, comme l'Autriche et la Russie, où il n'est pas organisé d'une manière satisfaisante, il ne manquera pas d'être réorganisé sur des bases sérieuses. On ne peut nier, en effet, qu'il offre seul certains avantages capitaux, soit au point de vue de la justice et de la morale, soit au point de vue politique et pratique : au point de vue de la justice, il protège le public contre la fraude, et, sur ce sujet, nous ne pouvons nous empêcher de remarquer dans quelle contradiction est tombé le Congrès quand, après avoir reconnu à l'inventeur un droit de propriété sur son œuvre et avoir déclaré qu'on ne limitait la durée de ce droit que pour le concilier avec l'intérêt de la société, lequel ne permettait même pas de délivrer un brevet à l'importateur, il a souffert que l'intérêt de cette même société fût sacrifié à la première personne à laquelle il plairait de demander un brevet sans être ni inventeur ni même importateur; il est vrai que le brevet peut être attaqué, mais que vaut cette faculté dans la pratique et combien en coûte-t-il au public pour se débarrasser des brevets illégitimes que ses Gouvernements délivrent à qui en fait la demande ?

Au point de vue pratique, la supériorité du système de l'examen est encore plus frappante, car seul il donne de l'autorité aux brevets et permet d'en tirer

Conclusion au sujet de l'examen préalable.

parti; à la rigueur, en effet, on peut soutenir que le public a les moyens de s'affranchir des brevets usurpés et qu'il n'a qu'à y recourir, mais comment donner aux brevets délivrés sans examen le prestige qui leur manque?

La confiance ne se décrète pas, et rien ne donnera confiance dans la valeur des brevets tant que l'on saura que le plus grand nombre d'entre eux sont nuls ou peu s'en faut.

Enfin, l'examen a l'avantage de protéger l'inventeur contre sa propre ignorance et de lui épargner bien des pertes de temps, bien des taxes payées pour un brevet nul à son insu et, aussi, bien des procès venant ruiner une exploitation en cours. D'ailleurs, le Trésor n'y perd rien, car s'il élimine quelques demandes, il en reçoit de nouvelles, plus qu'il n'en faut pour combler la différence; de sorte qu'il se délivre un plus grand nombre de brevets, qui ne sont pas abandonnés prématurément parce qu'ils portent sur des inventions réelles, et qui sont non moins profitables au Trésor qu'à l'inventeur : au Trésor par la perception des taxes annuelles, et à l'inventeur parce que, grâce à la confiance qu'inspire son titre, il trouve de l'argent pour exploiter, sans parler du public qui y trouve aussi son avantage comme consommateur.

Raisons qui ont inspiré le système de l'avis préalable.

Un assez grand nombre de personnes, tout en reconnaissant l'intérêt qu'il peut y avoir à éclairer l'inventeur, ne peuvent cependant se résoudre à accorder aux Commissions d'examen le droit de refuser le brevet, même si cette faculté de refus est corrigée par le droit, pour le demandeur, d'interjeter appel devant la juridiction judiciaire. Il faut pourtant que, tôt ou tard, les questions se jugent, et il vaut peut-être mieux que, si le brevet doit être annulé, le procès à cette fin ait lieu avant que l'inventeur n'ait fait aucuns frais s'il est de bonne foi, et, s'il est de mauvaise foi, avant que le public n'ait pu en souffrir. Toutefois, comme il faut aussi admettre le cas, indiqué plus haut, où le refus de brevet serait mal fondé et obligerait le demandeur, pour le faire rapporter, à soutenir un procès qu'il n'aurait peut-être jamais eu sans cette circonstance, on a proposé un système destiné à écarter cet inconvénient tout en procurant l'avantage d'éclairer l'inventeur ; c'est le *Système de l'avis préalable*, approuvé par le Congrès comme moyen de conciliation, après le rejet du *système des oppositions* ou *système provocatoire*, dont il nous reste encore à parler avant d'en arriver à celui de l'avis préalable.

La question fut introduite par une proposition signée par MM. Klostermann, Poirrier, Thirion et plusieurs de leurs collègues, et dont voici les termes : <small>Système provocatoire ou des oppositions.</small>

« Les demandes de brevets sont soumises à un examen préalable ; cet examen préalable ne peut entraîner le rejet de la demande par le corps des examinateurs, mais le droit d'opposition doit être accordé aussi bien à l'Administration qu'aux tiers, au moyen d'une publicité convenable. Les oppositions, formées dans les termes fixés par la loi, seront jugées par les tribunaux. »

Une proposition analogue avait, de plus, été déposée par MM. Bodenheimer et Imer-Schneider, délégués de la Suisse; elle était ainsi conçue :

« Les brevets ne seront enregistrés qu'après publication. En cas d'opposition, les brevets seront soumis à un examen préalable portant sur le degré de nouveauté de l'invention. Cet examen se fera par un office dont les décisions pourront être frappées d'appel devant une juridiction supérieure de l'ordre judiciaire. »

En relatant le débat auquel ces propositions ont donné lieu devant le Congrès, nous omettrons ce qui s'applique à tous les modes d'examen préalable et dont nous avons déjà eu l'occasion de parler.

<small>Ce qu'est le système provocatoire.</small>

M. Leboyer qui, d'ailleurs, voulait que l'examen ne portât que sur la question de nouveauté, mais qu'à cet égard le brevet, une fois délivré, fût inattaquable, fit valoir qu'en provoquant les oppositions des intéressés par une publication sommaire des demandes pendant un mois dans un Recueil spécial, avec reproduction dans le *Journal officiel*, la tâche des examinateurs se trouverait allégée de beaucoup.

<small>Il se rapproche beaucoup de celui institué par la loi allemande de 1877.</small>

M. Ch. Lyon-Caen, qui lui succéda, exposa très clairement le système provocatoire proposé par M. Klostermann et un grand nombre de ses collègues étrangers, ainsi que par quelques membres français, et fit remarquer qu'il se rapprochait beaucoup de celui institué par la loi allemande de 1877. Voici en quoi il consisterait : publication très large de la demande; délai (à fixer) pendant lequel les intéressés pourraient y faire opposition; en principe, délivrance du brevet si aucune opposition ne s'était produite; pas de refus sans un débat contradictoire; l'opposant agirait contre le demandeur devant la juridiction compétente, avec publicité et plaidoiries; en cas de refus, faculté d'appel; en cas de délivrance, le brevet pourrait encore être attaqué en nullité ultérieurement. En somme, fit remarquer l'orateur, dans ce système on place simplement avant la délivrance le droit, qui s'élève ordinairement après, d'attaquer le brevet; par ce fait même, on éviterait à tout le monde des frais considérables, en diminuant le nombre des procès.

<small>Ses avantages.</small>

<small>Objections contre le système provocatoire.</small>

Les adversaires répliquèrent qu'avec ce système, les concurrents du demandeur feraient tout pour entraver la délivrance du brevet; l'un d'eux ajouta que les industriels n'aiment pas à intenter des procès et attendent qu'on leur en fasse, ce dont on trouve la preuve dans ce fait que, depuis 1844, il a été formé, en France, très peu de demandes principales en nullité; que le droit d'opposition ne donnerait donc pas les résultats qu'on en attend; mais que, par contre, certaines personnes feraient des oppositions dans un but de réclame, qu'elles s'entendraient avec un compère pour faire faire une opposition à leur demande de brevet, afin de pouvoir en triompher avec éclat grâce à la connivence de l'opposant, qui aurait soin de défendre sa cause faiblement. De plus, d'après le même orateur (M. Léon Lyon-Caen), le brevet ainsi obtenu ne pourrait plus pratiquement être attaqué en nullité, car il y aurait un préjugé et le demandeur serait sûr de perdre son procès.

Tout cela, il faut l'avouer, est un peu subtil; mais un reproche qui paraît fondé, c'est qu'en général les oppositions ne se produiront pas, parce que le public ne prendra pas la peine de se tenir au courant des demandes publiées, lesquelles, du reste, auraient besoin de l'être plus complètement, et non pas seulement par leur titre, pour en donner une connaissance suffisante afin que chacun pût juger s'il y a lieu pour lui de faire une opposition. *Il ne serait pas efficace.*

Le manque de confiance dans le principe des oppositions fut partagé par M. Alexander, avocat à Londres, qui avait pu juger ce système en Angleterre, où il est pratiqué. Les oppositions sont très rares et ne répondent nullement aux espérances du législateur; c'est ce que constatait aussi M. Th. Webster, délégué du Gouvernement au Congrès de Vienne, dans son remarquable rapport; toutefois, M. Webster pen- *Il fonctionne sans succès en Angleterre.*

sait qu'il fallait l'attribuer, non pas au système lui-même, mais à la manière dont on l'applique, c'est-à-dire à ce fait que les commissaires des patentes ne font pas publier le texte de chaque protection provisoire au moment où l'inventeur déclare son intention de la transformer en patente définitive, déclaration qu'il doit faire au moins huit semaines avant l'expiration de la protection provisoire. Suivant M. Webster, cette publication, faite à ce moment, sans pouvoir nuire à l'inventeur, permettrait aux oppositions de se produire.

<small>Deviendrait-il efficace si l'on publiait les spécifications provisoires?</small>

Quoi qu'il en soit, M. Alexander put constater qu'en Angleterre, c'est seulement dans le cas de fraude qu'il y a opposition avant la délivrance; quant aux demandes tendant à faire prononcer la nullité d'un brevet obtenu, elles doivent s'appuyer sur la possession d'un brevet plus ancien ou sur l'exploitation antérieure de la même invention. M. Alexander rappela, enfin, que l'*Association pour la réforme et la codification du droit des gens*, dans sa réunion d'Anvers, et aussi une grande réunion (1) tenue à Londres à l'occasion de la présentation d'un nouveau *bill* au Parlement, votèrent contre le système des oppositions; cette dernière réunion préconisa un examen préalable ne portant que sur la nouveauté et d'ailleurs permettant à l'inventeur d'obtenir toujours un brevet s'il persiste à le demander.

<small>Résolutions défavorables au système provocatoire.</small>

M. Bodenheimer, délégué suisse, fit remarquer que le système provocatoire se rapprochait de l'esprit français, puisqu'il ne permettait l'ingérance de l'Administration pour examiner la valeur d'une demande

<small>L'entente internationale ne peut se faire que sur le terrain de l'examen préalable.</small>

---

(1) M. Alexander a sans doute voulu parler de la réunion de la Société d'encouragement des arts, des manufactures et du commerce de Londres.

que lorsqu'un particulier se prétendait lésé, et il pria le Congrès de ne pas perdre de vue que l'entente internationale serait impossible si l'on ne se ralliait pas, dans une mesure quelconque, au principe de l'examen préalable. On a reproché à la Suisse, dit M. Bodenheimer, d'être un pays de contrefaçon ; si cela a pu arriver parce qu'elle ne possédait pas de loi sur les brevets, aujourd'hui qu'elle désire assurer chez elle une protection aux inventeurs, il ne faut pas le lui rendre impossible en lui refusant toute concession. Nous devons constater, d'ailleurs, que les nombreux orateurs qui parlèrent sur le même sujet insistèrent tous sur cette nécessité d'adopter l'examen préalable, si l'on voulait rendre possible une entente internationale.

M. de Rosas, conseiller supérieur des finances d'Autriche, délégué de plusieurs Sociétés autrichiennes, communiqua, de son côté, l'avis de la Société des ingénieurs et de la Société industrielle de Vienne, sur le même sujet, dont elles se sont occupées pendant la fin de 1876 et le commencement de 1877, et cet avis est conforme à la proposition Klostermann.

M. de Rosas, en terminant, recommanda au Congrès de ne pas tomber dans la faute commise par celui de Vienne, consistant à ne pas formuler nettement quelques points devant servir de base à une entente internationale, faute qui eut pour conséquence d'empêcher que cette entente ne se réalisât, et l'orateur déclara que, dans sa pensée, l'un des points qui devaient constituer ces bases était l'examen préalable organisé au moyen d'une publication des demandes, avec faculté d'opposition pour les particuliers aussi bien que pour les Bureaux des Brevets des différents pays de l'Union.

C'était là le caractère distinctif de la proposition

présentée par MM. Klostermann, Poirrier, Thirion et autres, par laquelle le droit d'opposition était également accordé à l'Administration, ce qui lui aurait permis de former, au nom de l'intérêt public, des oppositions à la délivrance des brevets qu'elle aurait reconnus sans valeur au point de vue de la nouveauté.

Rejet du système provocatoire.

Malgré tous ces efforts, les deux propositions en faveur du système provocatoire furent successivement rejetées, et l'on aborda un autre ordre d'idées, celui de l'avis préalable purement officieux, secret, et n'empêchant jamais le demandeur d'obtenir un brevet s'il insiste pour qu'il lui soit délivré. Comme on le voit, c'est le système dont parlait M. Alexander et dont il est question plus haut.

Système de l'avis préalable.

Voici la proposition sur laquelle le Congrès avait à se prononcer :

« Le brevet d'invention doit être délivré à tout demandeur, à ses risques et périls; cependant il est utile que le demandeur reçoive un avis préalable, notamment sur la question de nouveauté, pour qu'il puisse, à son gré, maintenir, modifier ou abandonner sa demande. »

Cette proposition était signée de MM. Périssé, amiral Selwyn, Wise, Pollock, C. Pieper, Reulaux, etc. Comme on peut le voir, en la comparant à la résolution votée, elle n'en diffère qu'en ce que cette dernière indique que l'avis donné restera *secret*, addition demandée par M. Pouillet.

Addition à la proposition.

Après tout ce que nous avons dit, nous n'aurons pas besoin de nous étendre longuement sur la question de l'avis préalable.

Nous signalerons cependant de justes observations de M. Périssé, l'un des signataires de la proposition, qui fit observer que ce système n'était pas compliqué et que s'il entraînait à quelques frais pour éclairer l'inventeur, ce ne serait pas une dépense mal placée, attendu que les inventeurs rendent à la société de grands services. M. Périssé signala aussi, avec raison, l'avantage qu'offrait la proposition en permettant à l'inventeur de *modifier* sa demande, le cas échéant.

En sens contraire, nous avons à mentionner un discours de M. Droz, avocat, qui émit l'opinion que le vote de la proposition ne favoriserait pas l'entente internationale, que les consultations gratuites ainsi données aux inventeurs seraient inutiles, attendu que ceux-ci seraient mieux éclairés par des maisons particulières, et qu'au surplus, on ne leur devait pas plus de conseils gratuits qu'aux gens qui veulent plaider ou à ceux qui veulent faire des opérations de bourse.

M. Schreyer, qui, en principe, n'était pas partisan de l'examen préalable et qui l'avait combattu au sein du Congrès des jurisconsultes suisses, se rallia cependant à l'avis préalable, estimant que l'entente serait impossible si l'on ne faisait pas un pas vers les étrangers, qui voulaient presque unanimement l'examen ; il reconnaissait, d'ailleurs, que les hommes les plus compétents en étaient partisans, qu'il avait été préconisé par de nombreux congrès ou sociétés et que l'enquête parlementaire anglaise, après deux ans de travaux considérables, avait conclu en sa faveur. M. Schreyer repoussa d'ailleurs bien loin la pensée que la prévarication fût inséparable des fonctions d'examinateur. Nous ne la repoussons pas moins énergiquement, et, au surplus, elle est bien peu à craindre dans un système qui ne permet pas le refus du brevet ; c'est ce que fit remarquer M. Couhin, en rappelant que les délégués de l'Amérique, puis

Adhésion à ce système au sein du Congrès.

ceux de l'Angleterre et de l'Allemagne, en se ralliant à ce système mixte, avaient eux-mêmes fait une sérieuse concession.

M. Pouillet se rallia à son tour en expliquant qu'il n'obéissait qu'à une pensée conciliante et en demandant l'addition du mot « secret ».

Amendement repoussé.

C'est donc avec cette addition que la proposition fut votée, après le rejet d'un amendement qui demandait qu'il ne fût donné un avis que si l'inventeur le réclamait.

Portée du vote de la résolution.

Le fait que la résolution n'a été votée que comme moyen de conciliation et après le rejet du principe même de l'examen préalable, lui enlève certainement de sa portée ; cependant il faut dire que l'assemblée était déjà beaucoup mieux éclairée lorsqu'elle l'adopta, que lorsqu'elle vota sur la proposition de M. Rendu, demandant l'examen suivi d'une sanction.

Avantages et inconvénients du système adopté.

Quoi qu'il en soit, le système de l'avis préalable présenterait, comme toutes les demi-mesures, plusieurs des inconvénients d'un système sans avoir tous les avantages de l'autre, c'est-à-dire qu'il ne donnerait à peu près aucune autorité aux brevets délivrés, tout en donnant lieu aux frais d'une Commission d'examen chargée d'examiner *tous* les brevets.

Ce n'est, peut-être, qu'un acheminement vers l'adoption du principe de l'examen préalable.

Au reste, notre espoir est que lorsqu'on aura constitué la Commission, il est probable que l'on comprendra bientôt l'utilité d'en tirer un parti sérieux en la faisant servir à un examen qui pourrait être suivi du rejet du brevet, entouré, bien entendu, de fortes garanties judiciaires, de manière à ce que ce rejet devienne aussi peu critiquable que les déclarations de nullité prononcées aujourd'hui par les tribunaux. Si le système de l'*avis* préalable était appliqué, ce serait donc tout simplement, dans notre pensée, un acheminement vers l'adoption du principe de l'*examen*.

En définitive, il faut s'applaudir de ce que le Congrès ait fait un pas, si timide soit-il, vers le système de l'examen : la glace est maintenant rompue et le premier coup est porté, dans l'esprit de nos compatriotes, au principe de l'enregistrement pur et simple, que la plupart d'entre eux semblaient croire seul acceptable, oubliant sans doute que, jusqu'en 1844, nous avons, nous aussi, pratiqué l'examen préalable.

<small>Le premier coup est porté, en France, au principe de la délivrance sans examen.</small>

Nous en aurons terminé avec ce sujet quand nous aurons signalé les votes qui rejetèrent deux contre-propositions demandant l'examen préalable, spécialement pour les produits alimentaires ou pharmaceutiques. Une troisième proposition concernant les mêmes produits avait été retirée avant le vote; elle était ainsi conçue :

<small>Rejet de l'examen préalable pour les produits alimentaires ou pharmaceutiques.</small>

« Les produits pharmaceutiques peuvent être brevetés sans examen préalable.

« Mais ils ne pourront être mis dans le commerce qu'après l'autorisation d'un Conseil d'hygiène. »

Cette proposition distinguait bien les deux questions de la délivrance du brevet et de l'autorisation de vente du produit ; mais elle avait le défaut d'être inutile, puisque son premier paragraphe demandait pour les produits pharmaceutiques la délivrance du brevet sans examen, ce qui avait déjà été voté pour toutes les inventions sans distinction, y compris, par conséquent, les remèdes, qui avaient été déclarés brevetables ; tandis que, d'un autre côté, le second paragraphe n'était pas de la compétence du Congrès, et, d'ailleurs, n'innovait rien (1).

---

(1) Dans la séance du 9 janvier 1880 de la Société d'encouragement pour l'industrie nationale, M. Ch. de Laboulaye, secrétaire

5ᵉ RÉSOLUTION

Taxes.

Proposition contraire :
Les brevets doivent être exemptés de toute taxe.

5° **RÉSOLUTION** (Brev. d'inv.). — **Les brevets doivent être soumis à une taxe.
La taxe doit être périodique et annuelle.**

Une tentative fut faite par M. Limousin pour faire adopter une résolution absolument opposée, disant que « la propriété industrielle ne doit être soumise à aucune taxe ».

---

du Conseil de cette importante Société, a fait une communication dans laquelle, examinant les résolutions votées par le Congrès, il déplore, au nom des progrès de l'industrie en France, que l'examen préalable ait été repoussé par un vote de l'Assemblée. M. Ch. de Laboulaye fait ressortir avec force les avantages que l'industrie américaine a su retirer de l'examen préalable portant sur la nouveauté des inventions, et il fait remarquer combien les procès, fléaux de l'industrie française, seraient simplifiés par l'application de ce genre d'examen et par l'adoption du système qui consiste à obliger l'inventeur à déterminer lui-même, au moyen de *claims* qui résument et terminent la description de son invention, les points précis sur lesquels il entend faire porter ses revendications. M. Ch. de Laboulaye termine cette communication en exprimant cette conviction que le moment approche où la Société d'encouragement devra grouper les efforts de ses membres pour proposer au pouvoir et faire apprécier par l'industrie une réforme aussi capitale dans la législation qui régit les inventions.

Dans un article publié dans le journal *la Propriété industrielle, littéraire et artistique* du 15 février 1880, M. E. Barrault, répondant aux arguments présentés par M. Ch. de Laboulaye dans sa communication à la Société d'encouragement, reprend la thèse qu'il avait soutenue au Congrès et cherche à démontrer, par des citations empruntées au compte rendu de l'enquête de 1872, ordonnée par le Gouvernement anglais, que l'examen préalable ne peut être recommandé puisqu'il a pour adversaire un ancien chef du *Patent-Office* de Londres, M. Bennet Woodcroft.

Ces citations prouvent simplement que l'examen préalable a un adversaire dans M. Bennet Woodcroft; mais elles ne démontrent pas que ce système soit inapplicable et qu'il ne puisse donner de bons résultats. Elles ne détruisent pas, d'ailleurs, les arguments puissants invoqués en sa faveur, et, pour notre part, nous sommes fermement convaincu que le maintien du régime actuel tend fatalement à la déconsidération et, par suite, à l'abandon de la protection légale des inventions, et que le seul moyen d'éviter un tel résultat et d'augmenter et de moraliser les transactions de toute sorte dont la Propriété industrielle est l'objet, c'est d'entrer résolument dans la voie de l'examen préalable.   C. T.

M. Limousin examine la question à trois points de vue différents : au point de vue de la justice et du droit, au point de vue de l'intérêt de l'inventeur et au point de vue de l'intérêt de la société.

Au point de vue du droit, d'abord, il conclut que les brevets ne devraient pas être soumis à une taxe. Qu'est-ce que représente cette taxe, dit-il? Est-ce un impôt? Est-ce une forme de rente comme l'entendent les économistes anglais? Ce n'est pas un impôt, car un impôt est le payement d'un service rendu, et la société ne rend aucun service à l'inventeur. C'est donc une forme de rente; mais alors il faudrait que la rente que l'on fait payer à l'inventeur fût proportionnée à la partie du domaine public qu'il met en œuvre et à l'utilité qu'il en retire, tandis que la taxe est uniforme pour tous les brevets.

<small>Première objection à l'établissement d'une taxe.</small>

Nous nous permettons de n'être d'accord avec l'auteur de la proposition sur aucun de ces deux points : d'une part, nous ne croyons pas exact que la société ne rende aucun service à l'inventeur, et, d'un autre côté, si l'on admet que celui-ci puisse être légitimement soumis à une taxe parce qu'il utilise une partie du domaine public, le manque de proportionalité n'est pas une raison suffisante pour faire rejeter le principe de cette taxe.

<small>Réponse.</small>

Quant à l'intérêt de l'inventeur à ne payer aucune taxe, M. Limousin le trouve évident. — Il n'est peut-être pas aussi évident qu'il le paraît, car l'abolition complète des taxes aurait pour conséquence, surtout avec le système de la délivrance forcée, la prise d'une très grande quantité de brevets pour des inventions absolument sans valeur, ce qui ne manquerait pas de jeter du discrédit sur tous les autres, au grand préju-

<small>Seconde objection, et réponse.</small>

dice de leurs propriétaires. Les inventeurs ont donc, à tout prendre, plus d'intérêt à payer une taxe qui les protége contre ce danger et qui, dans aucun cas, ne pourra être une cause de non-réussite pour les inventions sérieuses, surtout quand cette taxe sera annuelle et progressive, en partant d'un chiffre très peu élevé pour croître avec les progrès de l'exploitation de l'invention, ainsi que le Congrès l'a demandé, comme on le verra plus loin.

Troisième objection, et réponse.

Cette dernière considération répond aussi au troisième point de vue de l'argumentation de M. Limousin, qui craignait que, pour ne pas renoncer à une taxe rapportant à peine à l'État deux millions par an, on ne rendît impossible à certains inventeurs de faire breveter et d'exploiter leurs découvertes. Le Congrès vota, d'ailleurs, une mesure qui permettra aux inventeurs les plus pauvres de se faire breveter, aucune taxe n'étant à payer avant le délai d'un an.

Le payement par annuités adopté sans débat.

Le paragraphe portant que la taxe serait périodique et annuelle, que le Congrès de Paris a voté sans débat, avait donné lieu à un assez long examen au Congrès de Vienne. Il nous suffira de dire en deux mots que le payement par annuités est beaucoup moins lourd pour le breveté, qui n'a pas à payer au début une somme quelquefois très forte à proportion de ses ressources, et que, de plus, ce mode de payement offre l'avantage de permettre l'abandon des brevets qui ne sont pas rémunérateurs pour leurs propriétaires, ce qui laisse la voie libre pour les perfectionnements. Un autre système, adopté par l'Angleterre, consiste à exiger des versements plus espacés, mais plus considérables ; le payement par annuités nous semble préférable à tous les points de vue.

Ses avantages.

Système anglais.

Au mode de payement de la taxe, on peut rattacher une question qui n'a pas été examinée par le Congrès, parce qu'il ne s'est pas occupé de la cession des brevets ; nous voulons parler de l'obligation imposée par la loi française de payer, en cas de cession, toutes les annuités restant à courir. Il serait utile de faire disparaître cette disposition, car elle fait perdre à celui à qui incombe le payement des taxes d'un brevet cédé le bénéfice de leur acquittement par annuités, sans que cette différence de traitement soit justifiée par aucune raison sérieuse.

<small>Question non examinée. Payement des annuités non échues, en cas de cession.</small>

On avait cependant obéi à deux considérations, en l'introduisant dans la loi de 1844, ainsi que le rappellent MM. L. Lyon-Caen et A. Cahen, dans une brochure adressée par eux au Congrès : d'une part on voulait éviter que le brevet, après sa cession, ne risquât de tomber en déchéance, faute par le cédant de continuer à en payer les annuités, et, d'autre part, on redoutait pour le Trésor des difficultés dans le recouvrement de la taxe si on permettait aux cessionnaires de la verser par annuités, en raison de ce qu'il pourrait y avoir, dans certains cas, un grand nombre de cessionnaires successifs.

<small>Pourquoi la loi française de 1844 l'avait prescrit.</small>

Cette seconde raison est tout à fait sans valeur, attendu que l'État ne peut jamais avoir à se demander quel est son débiteur et être embarrassé pour le faire payer, puisque l'acquittement des annuités d'un brevet est tout à fait facultatif.

<small>C'est une disposition à abandonner.</small>

Quant à la première raison, elle n'est pas plus concluante. L'intéressé saura bien éviter le danger qu'on redoutait pour lui, en se chargeant lui-même de payer en temps utile les annuités non échues, dont le montant sera défalqué du prix d'acquisition, car il va sans dire que c'est toujours le cessionnaire qui les paye, sous une forme ou sous une autre.

6ᵉ Résolution

Taxe progressive.

6ᵉ RÉSOLUTION. (Brev. d'inv.) — **La taxe doit être progressive en partant d'un chiffre modéré au début** (1).

Précédents.

Cette résolution, qui n'est que le complément de la précédente, préconise le système très rationnel qui existe en Belgique depuis longtemps et que l'Espagne, le Luxembourg et l'Allemagne ont adopté depuis; mais, dans ce dernier pays, on a pris comme point de départ et comme mesure de l'accroissement annuel un chiffre plus de six fois aussi élevé, ce qui a déjà donné lieu à des critiques, car cela empêche le nombre des brevets demandés en Allemagne d'être ce

---

(1) Résolution du *Congrès de Vienne* :

« II. (*f*) Les frais d'obtention d'un brevet doivent être modérés; mais, dans l'intérêt de l'inventeur, il doit être établi une échelle progressive de taxes, lui permettant d'abandonner, quand il le juge convenable, un brevet qui ne présente pas d'utilité. »

— Extrait du rapport de M. Th. Webster sur le Congrès de Vienne :

« Le Congrès ne fixa ou ne proposa aucune somme comme limite des frais pour obtenir un brevet..... On suggéra que la limite des frais doit être déterminée par les dépenses nécessaires au fonctionnement du système, qui doit se suffire à lui-même, et qu'une fois les dépenses de ce système connues, les taxes doivent être fixées en conséquence. »

— Résolution de l'*Association pour la réforme et la codification du droit des gens* :

« 12. — Pour encourager les inventeurs à faire connaître leurs inventions, les taxes prélevées ne devront pas dépasser la somme nécessaire pour couvrir les frais d'administration du Bureau des Brevets. »

qu'il pourrait être, aujourd'hui que ce pays accorde aux inventeurs une protection sérieuse. En Autriche, les taxes sont egalement progressives.

Il est grandement à désirer que la législation de tous les pays s'inspire de cette résolution du Congrès, sans négliger de tenir compte de la recommandation qui la termine.

Sur cette question, M. Alexander avait proposé de fixer la quotité des taxes de manière qu'elles couvrissent tous les frais du Bureau des Brevets, mais rien de plus. Le Congrès ne s'associa pas à ce vœu, qui avait cependant été émis déjà par le Congrès de Vienne et par plusieurs autres grandes réunions. *Mesure proposée.*

Nous ne nous expliquons pas le rejet de cette proposition, car elle nous paraît tout à fait rationnelle et de nature à développer l'organisation du Bureau des Brevets de manière à lui permettre de répondre à tous ses besoins sans qu'il en coûte rien au Trésor ; une plus grande exigence de la part de ce dernier, qui consisterait à considérer les taxes de brevets comme matière fiscale, nous semblerait mal entendue.

— Résolution des *Sociétés autrichiennes* déjà indiquées :

« II. (*d*) Les frais de concession d'un brevet d'invention doivent être modérés, mais on doit, par des taxes progressives, amener les inventeurs à laisser périmer, le plus tôt possible, des brevets d'invention sans valeur. »

— Résolution de la *Société d'encouragement de Londres* :

« VI. On doit satisfaire d'abord aux réclamations du Bureau des Brevets, et maintenir un musée convenable et une bibliothèque publique, avant que les fonds résultant des taxes soient employés aux besoins généraux de l'Etat. »

— La *Chambre syndicale de Saint-Etienne* appuyait une taxe progressive, dans le mémoire qu'elle adressa au Congrès en réponse au programme.

7ᵉ Résolution

Facilité donnée pour le payement de la première annuité.

7ᵉ RÉSOLUTION. (Brev. d'inv.) — **La taxe ne sera exigible que dans le cours de l'année (1).**

Expliquons d'abord qu'il s'agit ici de la première annuité seulement. Le cas des annuités suivantes est visé par une autre résolution.

La résolution présente, votée sur la proposition de M. Pataille, a remplacé une proposition différente ayant le même but et dont voici les termes :

Autre proposition dans le même but.

« Les inventeurs qui justifient de leur indigence « doivent obtenir, de plein droit, la dispense provi- « soire de payer la taxe, sous réserve du droit pour « l'État d'en poursuivre le recouvrement s'il survient « au breveté des ressources reconnues suffisantes. »

La proposition adoptée est préférable.

M. Pataille et le Congrès avec lui pensèrent qu'il n'était pas bon d'entrer dans la voie indiquée par cette proposition, attendu que la preuve de l'indigence donne lieu à de nombreux abus et que l'inventeur, pourvu qu'on lui donne du temps, trouvera toujours la faible somme nécessaire pour acquitter la taxe de son brevet, si ce dernier vaut la peine d'être maintenu en vigueur.

---

(1) *La Chambre syndicale de Saint-Etienne* avait proposé aussi d'accorder aux inventeurs dans le besoin un sursis pour le payement de la taxe.

8ᵉ **RÉSOLUTION**. (Brev. d'inv.) — L'introduction dans le pays où le brevet a été délivré, de la part du breveté, d'objets fabriqués à l'étranger, ne doit pas être interdite par la loi (1).

Le breveté pourra introduire de l'étranger.

Il n'est pas sans intérêt de constater que cette résolution avait été proposée d'un commun accord par des membres français et des membres étrangers.

Accord des membres du Congrès sur cette proposition.

Elle ne fut combattue que par un seul orateur, M. Pataille, qui exprima la crainte que, si elle était adoptée, les étrangers brevetés en France se bornassent à introduire des objets fabriqués dans leur pays, en faisant seulement un simulacre de fabrication en France si cela était nécessaire pour éviter la déchéance.

Crainte exprimée.

Un autre orateur, M. Droz, déclara cette opinion surannée et montra que, puisqu'on avait voulu assi-

Raisons justifiant la proposition.

---

(1) Résolution de l'*Association pour la réforme et la codification du droit des gens :*

« 20. — Le breveté pourra introduire de l'étranger les objets fabriqués conformément à son invention. »

— Résolution des *Sociétés autrichiennes* :

« III. — (*g*). Une contrainte indirecte d'exploitation, dans ce sens qu'il serait interdit au propriétaire du brevet d'invention d'importer les articles brevetés produits dans un autre Etat de l'Union, ne doit pas avoir lieu.

« Par contre, les Etats de l'Union internationale pour la protection de la propriété industrielle se concerteront sur des mesures communes à prendre pour empêcher l'importation d'articles brevetés produits par qui que ce soit en dehors de l'Union. »

— La *Chambre syndicale de Saint-Etienne*, dans le mémoire qu'elle a envoyé au Congrès, proposait d'écarter la déchéance pour introduction d'objets fabriqués à l'étranger, dans le cas où le breveté fabriquerait à la fois dans son pays et dans le pays étranger d'où il tire en partie ses produits.

miler les étrangers aux nationaux, il ne fallait pas qu'ils fussent toujours obligés, non seulement à avoir dans tous les pays étrangers où ils se font breveter des représentants pour la vente, mais encore à y monter des usines pour la fabrication.

Un pays ne perdra rien, ajouta M. Droz, à ce qu'on introduise sur son territoire une pièce fabriquée ailleurs à meilleur marché. Pas de protection! Ayons plus de confiance dans la liberté.

Le Congrès se montra moins libéral en imposant au breveté l'obligation d'exploiter.

Le Congrès ne se rendit qu'à demi à ce Conseil libéral, car s'il admit le droit d'introduction, il vota, par contre, la déchéance pour défaut de fabrication dans le pays, ainsi qu'on le verra plus loin.

9ᵉ RÉSOLUTION

Sursis pour le payement des annuités; excuse de force majeure; les tribunaux seuls compétents en matière de déchéance pour non-payement.

9ᵉ RÉSOLUTION. (Brev. d'inv.) — **La déchéance pour défaut de payement de la taxe ne doit pouvoir être prononcée qu'après l'expiration d'un certain délai depuis l'échéance.**

Même après l'expiration de ce délai, le breveté doit être admis à justifier des causes légitimes qui l'ont empêché de payer (1).

Un sursis pour le payement est nécessaire.

Tout le monde est d'accord pour trouver excessive la rigueur de la loi française et des lois de quelques autres pays, qui punissent de la déchéance le

---

(1) Résolution de l'*Association pour la réforme et la codification du droit des gens :*

« 13. — Un certain délai sera accordé pour acquitter les taxes, moyennant le payement d'une amende. »

— Plusieurs communications faites au Congrès et émanant de particuliers et de Chambres syndicales, proposaient aussi l'accord d'un délai, avec amende.

moindre retard, souvent involontaire, apporté au payement de la taxe, et le Congrès ne pouvait manquer de se préoccuper de cette question.

Il en fut saisi par une proposition qui réclamait un avertissement préalable de l'Administration, comme cela a lieu pour les contributions directes; mais ce système avait l'inconvénient d'imposer à l'Administration une lourde charge et une grande responsabilité, sans être très satisfaisant en ce qui concerne le breveté, qui pourrait avoir changé de domicile et ne pas recevoir l'avis qui lui serait adressé. On proposa donc d'accorder simplement à l'inventeur un certain délai, passé lequel il pourrait encore être relevé de la déchéance s'il justifiait de causes légitimes d'empêchement.

Proposition primitive: Avertissement préalable.

Proposition adoptée: système belge et allemand.

Ce second système fut, avec raison, préféré au premier; on sait qu'il existe déjà en Belgique et en Allemagne.

10º RÉSOLUTION

10º RÉSOLUTION. (Brev. d'inv.) — **Il y a lieu d'admettre la déchéance pour défaut d'exploitation. Cette déchéance devra être prononcée par la juridiction compétente (1).**

Déchéance pour défaut d'exploitation. Elle ne sera prononcée que par les tribunaux.

Le Congrès, en votant cette résolution, nous paraît s'être bercé d'une pensée chimérique. Il a copié une disposition qui se trouve dans la loi française de 1844, et dans quelques autres, sans recher-

L'obligation d'exploiter est inutile et même dangereuse.

---

(1) Résolution du *Congrès de Vienne :*

« II. (*i*) La non-application d'une invention dans un pays n'entraîne pas la déchéance du brevet, si elle a fait l'objet d'une

cher quelle efficacité elle avait pu avoir. Nous sommes arrivé à reconnaître, par une longue pratique, qu'elle a été plutôt nuisible qu'utile, car si l'on peut admettre qu'elle a accéléré la mise en exploitation d'un très petit nombre de brevets, elle en a fait abandonner un nombre beaucoup plus grand qui auraient pu être exploités avec profit pour tout le monde si l'inventeur avait eu le temps nécessaire pour se mettre en mesure.

Même si la déchéance ne peut être prononcée que par les tribunaux.

Et cependant, au moins en France les tribunaux étaient déjà seuls compétents pour prononcer la déchéance et pouvaient accueillir les excuses de force majeure, comme dans la résolution ci-dessus ; c'est qu'en effet ce correctif est insuffisant pour faire disparaître le vice du principe même de l'obligation en pareille matière, car le breveté n'en est pas moins sous la menace continuelle d'un procès en déchéance

---

mise en œuvre quelconque et s'il a été possible aux habitants de ce pays d'acheter et d'employer cette invention. »

— Résolution de l'*Association pour la réforme et la codification du droit des gens* :

« 21. — Le principe d'exploitation obligatoire ne sera pas admis. »

— Résolution des *Sociétés autrichiennes* :

« 11. (*e*) La non-exploitation d'une invention ne doit pas entraîner la déchéance du brevet, car l'obligation d'une exploitation préalable ne saurait se pratiquer sans inconvénients. »

— M. Murdoch, solliciteur de brevets à Londres, dans une note adressée au Congrès, se déclarait l'adversaire de la déchéance soit pour défaut ou insuffisance d'exploitation, soit pour introduction par le breveté d'objets fabriqués à l'étranger, en ajoutant que c'est là l'opinion de tous les solliciteurs de brevets en Angleterre. Nous croyons pouvoir dire qu'il en est de même des solliciteurs de brevets en France.

— La *Chambre syndicale de Saint-Étienne* voudrait que le manque d'argent fût toujours considéré par les tribunaux comme justifiant le défaut d'exploitation.

dont il lui est impossible de prévoir l'issue. Le plus souvent, il abandonne donc son brevet s'il n'a pas pu le mettre en pleine exploitation dans le délai prescrit, et c'est ainsi que l'obligation d'exploitation dans un temps fixe et uniforme décourage l'inventeur, tandis qu'il serait sage et conforme aux enseignements de l'expérience, de l'encourager à la persévérance si nécessaire pour faire adopter des idées nouvelles, et d'autant plus qu'elles offrent plus d'originalité et s'écartent davantage des chemins battus.

Cette obligation est une menace continuelle pour le breveté.

M. Pouillet appuya la proposition et déclara qu'il n'avait repoussé les licences obligatoires qu'à la condition que l'inventeur serait tenu d'exploiter sa découverte, car il faut, d'une manière ou d'une autre, donner satisfaction à l'intérêt général; il expliqua, d'ailleurs, que, dans sa pensée, la déchéance ne devait être encourue que si le breveté négligeait absolument l'exploitation. En un mot, il soutint la jurisprudence française.

A l'appui de la proposition.

M. de Rosas, qui habite un pays (l'Autriche), où les défauts de l'obligation d'exploiter étaient plus saillants que chez nous, parce qu'il fallait récemment y faire constater officiellement, au moins une fois, l'exploitation des brevets, combattit la proposition en s'appuyant sur son expérience, et constata que la disposition que l'on proposait d'introduire dans la loi de tous les pays était inefficace en même temps que vexatoire, qu'elle ne pouvait produire que des simulacres d'exploitation de la part des brevetés (1).

L'expérience a été défavorable à l'exploitation obligatoire.

---

(1) Depuis le 1er mars 1878, l'Autriche a renoncé à exiger, sous peine de déchéance, la preuve que l'invention brevetée avait été mise en exploitation dans le pays, dans la première année du privilège. La non-exploitation y est une cause de déchéance, mais c'est à l'inventeur, en cas d'une demande d'annulation, à prouver qu'il a fait usage du privilège qui lui avait été concédé.

L'orateur rappela que l'opinion qu'il défendait était partagée par tous les ingénieurs et industriels d'Autriche.

M. Charles Assi s'opposa aussi énergiquement à la proposition.

Simulacres d'exploitation.

L'obligation d'exploiter dans un délai déterminé, dit-il, sera toujours illusoire. Dans les pays où elle existe, que voyons-nous? Ou le breveté fait un simulacre d'exploitation, afin d'obtenir un certificat qui lui permette d'attendre une occasion favorable pour tirer parti de son brevet; ou, s'il fait une tentative de bonne foi pour exploiter, cette tentative reste presque toujours infructueuse parce qu'elle est prématurée.

Cette mesure n'est avantageuse pour personne.

Dans les deux cas, il n'y a pour la société aucun avantage et il y a pour l'inventeur une dépense sans compensation immédiate; aussi, très souvent, renonce-t-il, dès la première année, à un brevet qu'il aurait peut-être exploité avec profit pour tout le monde, si on lui eût laissé tout le temps nécessaire.

Indulgence des Commissions d'inspection et des tribunaux.

Les défauts de ce système se révèlent si bien dans la pratique, que les Commissions d'inspection, dans tous les pays où l'Administration doit constater la mise en œuvre, ont été amenées à se montrer d'une indulgence qui fait de la loi une lettre morte, et qu'en France, les tribunaux ont dû également, pour obéir à la force des choses, se montrer fort peu sévères. Il en résulte que la loi est très incomplètement appliquée et que, néanmoins, on a tous les inconvénients de la menace qui pèse sur l'inventeur, exposé aux revirements de la jurisprudence ou de l'esprit qui anime l'Administration, outre l'obligation de faire plus ou moins œuvre d'exploitation à un moment qui n'est pas favorable.

L'exploitation obligatoire est surannée.

L'orateur, tout en reconnaissant que l'exploitation obligatoire était inscrite dans plusieurs lois existantes, fit remarquer que les conditions de l'industrie s'étaient modifiées depuis que ces lois avaient été faites, et que l'on ne saurait choisir un meilleur moment, pour faire disparaître des dispositions surannées, que celui où l'on organisait la protection internationale de l'inventeur. Il lui est radicalement impossible d'exploiter en même temps et à bref délai dans tous les pays, et si on lui imposait cette condition, ce serait le priver, indirectement, mais sûrement, du bénéfice de son invention à l'étranger, sinon même dans son propre pays.

<small>Elle est incompatible avec la protection internationale.</small>

En fait, les seuls pays qui ont imposé l'exploitation à terme fixe sont ceux qui ont peu d'industrie ou qui en avaient peu à l'époque de la rédaction de leur loi : ils avaient espéré, à tort, la développer par cette stipulation. Dans les grands pays industriels, au contraire, tels que l'Angleterre et les États-Unis d'Amérique, on ne trouve plus inscrit le principe de l'exploitation obligatoire; les États-Unis, qui, autrefois, l'exigeaient des étrangers, ont fait depuis disparaître cette exception. C'est que ces pays ont bien compris que l'intérêt personnel, qui commande à l'inventeur de commencer aussitôt que possible l'exploitation d'un privilège temporaire, est pour lui un stimulant assez puissant pour qu'on n'ait pas besoin d'y ajouter la crainte de la déchéance : s'il peut exploiter, il le fera; s'il ne le peut pas, aucun texte de loi ne le lui fera faire, assurément. On n'arrivera donc qu'à faire tomber un certain nombre de brevets, et, à bien examiner, cela constituera un déni de justice, car ces brevets appartiendront presque toujours à des inventeurs pauvres. Nous devons tenir compte, concluait l'orateur, des enseignements de l'expérience faite dans les grands pays industriels et imiter leur libéralité, qui a été grandement favorable, chez eux, au

<small>Les grands pays industriels y ont renoncé.</small>

<small>L'intérêt personnel du breveté le stimule suffisamment.</small>

<small>Déni de justice.</small>

développement de l'industrie et de l'esprit d'invention.

Adoption du principe de l'exploitation obligatoire.

Ces considérations, présentées également par des membres appartenant à divers pays, ne rallièrent pas l'Assemblée, qui adopta le premier paragraphe de la proposition, toutefois à une faible majorité et après deux épreuves déclarées douteuses.

La déchéance ne sera prononcée que par les tribunaux.

Quant au second paragraphe, qui fut ajouté comme amendement, il ne souleva aucune opposition; des observations furent seulement échangées pour en préciser le sens, qui est que la déchéance ne pourra pas être prononcée par l'Administration, mais seulement par l'autorité judiciaire.

11ᵉ RÉSOLUTION.

Indépendance des brevets pris en divers pays.

11ᵉ RÉSOLUTION. — (Brev. d'inv.) — Les droits résultant des brevets demandés ou des dépôts effectués dans les différents pays pour un même objet sont indépendants les uns des autres, et non pas solidaires en quelque mesure que ce soit, comme cela a lieu aujourd'hui pour beaucoup de pays (1).

Adhésion unanime à la proposition — Son utilité.

Cette résolution fut votée à l'unanimité, après que M. Em. Barrault eut rappelé les inconvénients auxquels elle était destinée à remédier, inconvénients que l'on a occasion de constater si souvent et qui

---

(1) Résolution de l'*Association pour la réforme et la codification du droit des gens* :

« 18. — Les brevets accordés dans les différents États seront complétement indépendants les uns des autres, sous tous les rapports. »

— Résolutions des *Sociétés autrichiennes* déjà nommées :

consistent en ce que le brevet pris dans un pays pour une invention déjà brevetée dans un autre, perd sa valeur par le seul fait que le brevet primitif viendrait à expirer ou à tomber en déchéance pour défaut d'exploitation ou pour défaut de payement des taxes. Cela crée une situation très défavorable à l'inventeur,

---

« III. (*d*) Les Etats de l'Union (*Union internationale pour la protection de la propriété industrielle*) s'accorderont sur la durée maximum des brevets d'invention. Si, par l'extinction du brevet dans un Etat quelconque de l'Union, l'invention est tombée dans le domaine public, la demande d'obtention du brevet pour celle-ci est inadmissible dans tout autre Etat. Si, à l'époque de la demande de brevet, l'invention se trouve déjà brevetée dans un autre Etat de l'Union, la durée maximum de la première concession du brevet dans l'Union est considérée comme terme final, au delà duquel aucun Etat de l'Union n'accordera de brevet d'invention.

« (*e*) L'extinction d'un brevet d'invention dans un des Etats de l'Union n'implique pas l'expiration du brevet analogue accordé à cette époque dans un autre Etat de l'Union.

« L'Administration respective des brevets communiquera l'annulation d'un brevet d'invention avec le jugement et les considérants aux Administrations des autres Etats de l'Union, pour leur fournir l'occasion de délibérer s'il y a lieu, chez eux, de procéder également à l'annulation. »

— Résolution de l'*Union industrielle du nord-ouest de la Bohême* :

« XV. Entre les brevets des différents pays, il ne devra jamais exister de solidarité quant à l'expiration ou à la déchéance, et par conséquent l'expiration des droits du propriétaire d'un brevet dans un pays n'entraînera jamais l'expiration des brevets obtenus pour la même invention dans d'autres pays. »

— Résolution de la *Société d'encouragement de Londres* :

« X. — La sous-section 4 de la section 23 de la loi devrait être supprimée, à savoir : « La patente tombera par suite de l'annulation ou de la déchéance du brevet étranger, ou de l'un quelconque des brevets étrangers (s'il y en a plusieurs) qui tombera le premier. »

— La *Chambre des arts et manufactures de Rethel* (Ardennes) et la *Chambre syndicale de Saint-Etienne* ont émis l'avis qu'il convenait de maintenir la dépendance établie par la loi française entre le brevet français et le brevet précédemment délivré à l'étranger. »

qui est obligé de maintenir en vigueur, même s'il n'y trouve pas de profit, le brevet pris dans un premier pays, pour sauvegarder celui pris dans un second; de soutenir des brevets dans deux pays pour sauvegarder celui pris dans un troisième, et ainsi de suite; cette cause supplémentaire de déchéance, consistant dans l'inobservation des obligations imposées par un autre pays, est inconciliable avec l'assimilation des étrangers aux nationaux et, en fait, s'opposerait à ce que l'inventeur jouît partout d'une protection efficace.

La dépendance établie entre les brevets pris en divers pays ne pouvait pas donner de résultats.

Les pays qui ont introduit cette disposition dans leur loi avaient voulu, par là, éviter qu'une invention pût rester protégée chez eux après qu'elle serait tombée dans le domaine public dans d'autres pays, afin d'éviter la concurrence inégale que ces derniers pourraient leur faire; mais, par la même raison, il aurait fallu dire qu'on n'accorderait de brevets que pour les inventions pour lesquelles des brevets seraient demandés aussi dans tous les autres États, car il est évident qu'une invention qui n'a fait l'objet d'aucun brevet est dans les mêmes conditions que celle qui a fait l'objet d'un brevet actuellement périmé. Cependant, personne ne s'est avisé de pousser le principe jusqu'à cette conséquence sans laquelle, pourtant, on ne fait que créer une anomalie choquante.

La disposition est, en outre, inapplicable.

Il importe de remarquer que cette conception, qui repose sur une illusion pure, est, en outre, impossible à appliquer sérieusement, ainsi que nous allons le montrer par quelques exemples pris dans les faits de la pratique.

Prolongation ou déchéance possible du brevet étranger.

Son extrême difficulté d'application tient d'abord à ce que la durée régulière du brevet obtenu dans un autre pays peut se trouver ensuite modifiée soit par des prolongations, soit au contraire par une déclaration de nullité ou de déchéance; de sorte qu'il faudrait que l'Administration de chaque pays se tînt continuellement au courant de ce qui se passe dans tous les autres et vînt, quand il y aurait lieu, modifier la durée pour laquelle elle avait protégé l'invention, afin de la faire coïncider avec celle du privilège étranger.

<small>Cela obligerait l'Administration de chaque pays à se tenir au courant des décisions administratives ou judiciaires rendues dans tous les autres.</small>

Qu'on veuille bien le noter, ceci n'exigerait pas seulement une surveillance continuelle de ce qui se passe dans les Administrations de brevets des nations étrangères, car dans beaucoup de pays ce n'est pas l'Administration, mais les tribunaux, qui sont compétents en matière de brevets, au moins en ce qui concerne les abréviations de durée, c'est-à-dire les déclarations de nullité ou de déchéance; c'est le cas pour la France, par exemple.

Il faudra donc que le Bureau des Brevets de chaque pays suive tous les procès qui se feront dans chacun des autres. Il faut, en effet, tenir compte de complications qui résultent de la différence des lois, soit générales, soit spéciales, des divers pays : ainsi, par exemple, en France, il est rare que la nullité *absolue* d'un brevet soit prononcée, elle ne l'est que si le ministère public fait des réquisitions à cet effet; autrement, le jugement ne vaut qu'entre les parties et pour les faits qui ont amené le procès, et il n'empêche pas que le brevet frappé ainsi de nullité *relative* puisse être invoqué utilement contre d'autres personnes ou pour d'autres faits.

<small>L'Administration de chaque pays serait forcée d'interpréter les lois de tous les autres.

Premier exemple.</small>

Que feront en pareil cas les Gouvernements étrangers? Quelle que soit leur décision, les voilà obligés d'interpréter nos lois!

Il en est de même encore pour le non-payement des <small>Second exemple.</small>

annuités d'un brevet obtenu en France ; dans certains autres pays, l'Administration prononce la déchéance et la publie en cas de non-payement de la taxe ; mais chez nous, la déchéance n'est effective que si elle est prononcée par les tribunaux et, le plus souvent, ils ne sont pas saisis. Dans ce cas encore, que feront les Gouvernements étrangers ? Qu'ils se déterminent dans un sens ou dans l'autre, ils se heurteront à un inconvénient. Si, ce qui semble le plus rationnel, ils apprécient la situation du brevet français d'après la loi française, ils se trouveront reconnaître la validité d'un brevet qui, pour la même cause, aurait perdu chez eux toute valeur et qui, bien plus, ne sera plus respecté en France, parce que le public sait que dès que ce brevet serait invoqué contre un contrefacteur, le tribunal l'invaliderait ; il est bon de remarquer que ceci ne s'applique pas qu'à une faible fraction des brevets, puisqu'il n'y en a guère plus de 4 pour 100 qui soient payés jusqu'à la fin, et qu'à l'expiration de la seconde année il y en a déjà 57 pour 100 qui sont abandonnés. Les Gouvernements étrangers, au contraire, trancheront-ils la question d'après leur loi et, si celle-ci autorise leur Administration à annuler un brevet en cas d'irrégularité de payement, décideront-ils que le brevet français est déchu à leurs yeux par ce seul fait qu'il n'a pas été payé ? Cette solution aurait ceci de choquant qu'on déclarerait déchu un brevet délivré par un autre Gouvernement, alors que celui-ci le jugerait encore en vigueur. Ce que nous disons du non-payement de la taxe s'applique également aux autres causes de déchéance.

L'inconvénient porte sur presque tous les brevets.

Quoi qu'on fasse, en résumé, du moment que les brevets pris dans diverses puissances pour la même invention ne sont pas indépendants les uns des autres, la loi d'un pays a besoin d'être interprétée par l'Administration d'un autre, et il suffit que la loi des deux pays ne soit pas la même (ce qui est le cas absolument général) pour que l'une ou l'autre doive nécessairement être sacrifiée.

Législations inconciliables.

Dans cette alternative, notre Cour suprême a choisi la solution qui consiste à s'en rapporter, pour apprécier un brevet étranger, à la loi du pays par lequel il a été délivré. C'est à propos de l'article 29 réglant chez nous les droits des étrangers en matière de brevets, que cette décision a été prise par la Cour de cassation, et il s'agissait de déterminer la date d'un brevet autrichien pour pouvoir dire s'il était antérieur ou postérieur au brevet français : s'en rapportant à la loi autrichienne, la Cour a déclaré qu'il avait comme date celle du jour de la délivrance, et non celle du jour de la demande, contrairement à ce qui est le cas pour les brevets français. Cela ne paraît d'abord avoir aucune conséquence bien intéressante, mais on s'aperçoit bientôt que cela restreint considérablement le nombre des cas où notre article 29 sera applicable, attendu que, puisque le brevet pris en France n'est un brevet d'importation expirant avec le brevet étranger, que s'il est pris après celui-ci, dès que l'on admet, d'un autre côté, que le brevet étranger prend date seulement de sa délivrance, on en arrive à cette conséquence que les inventeurs ayant obtenu d'abord un brevet en Autriche, ou dans tout autre pays se trouvant dans le même cas à cet égard, ne pourront que bien rarement prendre en France un brevet d'importation qui soit valable, ainsi qu'un auteur l'a déjà fait remarquer.

Troisième exemple.

La loi étrangère peut mettre en échec la loi nationale.

En effet, aussitôt délivré, le brevet est généralement livré à la publicité, et l'invention perd ainsi le caractère de nouveauté nécessaire pour qu'elle puisse être valablement brevetée ; l'inventeur étranger, en pareil cas, ne pourra donc être efficacement protégé chez nous qu'au moyen d'un brevet *d'invention* proprement dit, demandé avant la délivrance du brevet qu'il aura demandé dans son pays. Ainsi, notre article 29 ne s'applique pas aux inventeurs de tous les pays étrangers, mais seulement aux citoyens des pays où le brevet ne prend pas date du jour de la délivrance, à moins que cette délivrance ne soit suivie d'une période de secret.

Le législateur de 1844 n'avait certainement pas prévu cette singulière inégalité de traitement, en rédigeant ledit article, pas plus, probablement, que la Cour de cassation ne se doutait que la règle qu'elle avait dû établir pour l'appliquer le rendait inapplicable dans la moitié des cas.

Quatrième exemple. Nous avions vu tout à l'heure un exemple de la difficulté, ou plutôt de l'impossibilité, pour les étrangers, de concilier notre législation avec la leur; nous venons de voir maintenant la réciproque, dont nous donnerons un second exemple; il s'agit, cette fois, de l'interprétation de la loi anglaise, toujours pour l'application de notre malheureux article 29.

Nous ne voudrions pas allonger les développements dans lesquels nous avons déjà dû entrer, et nous nous bornerons à rappeler sans détails que l'Angleterre a admis le principe de la garantie provisoire des inventions, de sorte qu'un inventeur peut obtenir d'abord une protection provisoire, qui a une durée de six mois, à l'expiration de laquelle il doit demander, en déposant une description complète, s'il ne l'a pas fait dès le début, une patente définitive. Or, la question s'est posée devant nos tribunaux, de savoir si la protection provisoire anglaise devait être, ou non, regardée comme un brevet, et cette question est encore aujourd'hui pendante après des décisions contradictoires. Certes, il se formera une jurisprudence; mais, quelle qu'elle soit, on peut affirmer qu'elle donnera prise à des critiques. Il est certain, en effet, que la protection provisoire n'est pas un brevet dans une mesure aussi complète que la patente définitive; mais elle a pourtant certains effets caractéristiques du brevet, elle donne à l'inventeur certaines garanties qui peuvent même aller jusqu'à lui permettre de poursuivre les contrefacteurs, et l'on ne peut pas dire, par conséquent, qu'elle soit nulle comme brevet; c'est seulement un brevet à effets restreints.

En Angleterre, on délivre donc au même inventeur et pour la même invention deux brevets inégaux, à des époques différentes.

La loi de ce pays étant ainsi, tous les raisonnements du monde ne feront pas qu'elle soit autrement, parce que l'on en aurait besoin pour pouvoir appliquer la loi française, qui n'a prévu que le brevet unique. *Toujours l'obstacle des législations inconciliables.*

C'est pourquoi nous disons que la jurisprudence qui prévaudra sera critiquable, quelle qu'elle soit : si l'on dénie à la protection provisoire le caractère du brevet, on donnera prise à ces objections : que sa date forme cependant le point de départ de la durée de la patente définitive; qu'elle permet à l'inventeur de faire des essais publics sans nuire ultérieurement à la validité de celle-ci; qu'elle a nécessité le dépôt d'une description de l'invention, destinée à être publiée à l'expiration des six mois, et enfin qu'elle peut, moyennant le dépôt d'une description complète, donner le droit de poursuivre les contrefaçons qui se produiraient pendant sa durée et avant l'obtention de la patente définitive, laquelle est seulement nécessaire pour engager les poursuites. Si, au contraire, impressionné par ces considérations, on décide qu'aux yeux de la loi française, la protection provisoire est bien un brevet, on se trouvera reconnaître le caractère de brevet à un document que la loi anglaise elle-même ne regarde pas comme une antériorité, qui laisse l'inventeur désarmé contre les contrefacteurs, sauf dans le cas spécial du dépôt d'une spécification complète, et qui, même dans ce cas, ne lui permet pas de les poursuivre avant d'avoir obtenu la patente définitive, qui, seule, est valable en justice ; à un titre, bien plus, qui ne fait pas obstacle à l'éviction complète de celui qui l'a obtenu, si une autre personne prend avant lui une patente définitive pour le même objet.

Le principe de la dépendance des brevets est impossible à appliquer.

On peut voir par ces quelques exemples — que nous pourrions multiplier à l'infini en rapprochant successivement de la loi de chaque pays celles de tous les autres — que pour pouvoir régler l'existence du brevet national sur celle des brevets étrangers, il ne suffit même pas, et loin de là, de se tenir au courant des décisions rendues par les Administrations des brevets et par les tribunaux dans les pays respectifs, et que de véritables impossibilités s'ajoutent à ces difficultés, déjà assez grandes cependant.

Expédient imaginé par les États-Unis.

Tellement grandes, que le *Patent-Office* des États-Unis a dû imaginer récemment un expédient pour s'affranchir de toute surveillance à l'égard de ce qui se passerait au dehors après qu'il aura délivré une patente d'invention.

Il consiste à ne tenir compte ni des prolongations ni des déchéances.

Cet expédient consiste à exiger de l'inventeur qu'il indique tous les brevets qu'il a pris à l'étranger pour sa découverte, en en faisant connaître la durée, et à lui délivrer la patente avec la stipulation qu'elle expirera à une telle date, date d'expiration du brevet étranger qui doit prendre fin le premier.

Si ce brevet se trouve ensuite prolongé ou au contraire se périme avant le temps, ou que pareille chose arrive pour les autres brevets déclarés, cela n'aura aucun effet sur la durée de la patente américaine, qui est fixée une fois pour toutes.

Cela est d'ailleurs conforme à la jurisprudence actuellement en force aux États-Unis, laquelle, toutefois, ne repose que sur des décisions rendues par des tribunaux d'États et laisse encore le pays divisé en deux camps sur cette question. Il n'y a pas encore, aux États-Unis, de jurisprudence définitive.

Quoi qu'il en soit, la jurisprudence adoptée jusqu'à nouvel ordre par le *Patent-Office* de Washington conduit à des résultats déplorables : tandis qu'elle ne tient pas compte des déchéances, et laisse ainsi le brevet national survivre au brevet étranger, ce qui est précisément ce que l'on voulait éviter, elle fait par contre expirer ce brevet national quand les brevets pris dans les autres pays sont encore en vigueur, aucun compte n'étant tenu des prolongations dont ils peuvent faire l'objet, et ce n'est pas du tout ce que l'on se proposait. Résultats déplorables de l'expédient.

Contradiction entre le but et le résultat.

Ce dernier inconvénient est d'autant plus grave qu'il est des pays, tels que l'Italie, tels que l'Autriche, où la prolongation des brevets n'est pas l'exception, mais la règle ; il y est d'usage de demander le brevet pour un an seulement, et de le faire prolonger chaque année, ce qui n'est qu'une simple formalité, exactement comme en France on paye une annuité tous les ans. La seule différence, c'est qu'en France le titre délivré par le ministre porte en tête : « brevet de quinze ans », tandis qu'en Autriche ou en Italie, il porte : « brevet d'un an », quoiqu'il doive d'ailleurs durer le même temps que le brevet français pourvu que le titulaire se conforme à la même obligation, le payement d'une taxe annuelle. Cas des pays étrangers où la prolongation est de règle.

Anomalie.

Cependant le brevet français permettra d'obtenir aux États-Unis la patente pour quinze ans, tandis que le brevet autrichien ou italien en limitera la durée à une seule année.

Heureusement, nous le répétons, il est encore permis d'espérer un revirement dans la jurisprudence américaine et, par suite, dans celle du *Patent-Office*; mais alors on retombera dans toutes les difficultés dont nous parlions tout à l'heure.

Dépendance vis-à-vis des brevets étrangers pris postérieurement.

Comme si l'on n'avait pas assez à faire en ne s'occupant que des brevets étrangers *antérieurs*, voilà qu'une loi toute récente, la loi du grand-duché de Luxembourg votée le 30 juin 1880, fait dépendre aussi l'existence du brevet national de celle des brevets pris ailleurs *postérieurement*.

C'est logique, mais cela n'atteint pas encore le but, même théoriquement.

Nous devons dire, au surplus, qu'en cela elle est plus logique que les autres, car, au point de vue du but que l'on se propose d'atteindre par la dépendance réciproque des priviléges d'invention, la distinction établie entre les brevets antérieurs et les brevets postérieurs n'a pas de sens. Il est vrai qu'il reste toujours à tenir compte des pays qui ne délivrent pas de brevets, et de ceux qui en délivrent mais où l'inventeur n'en demande pas; tant que cela existera, tant que tous les Gouvernements ne seront pas obligés de donner des brevets et tous les inventeurs de leur en demander, il faudra renoncer au rêve d'éviter la concurrence que la libre pratique d'une invention dans un pays créera à ceux dans lesquels elle est privilégiée.

Est-ce cette considération qui a inspiré la nouvelle loi du Luxembourg? Toujours est-il qu'elle ne se borne pas à la disposition que nous venons d'indiquer, — qui, du reste, ne s'applique pas à tous les brevets étrangers — et qu'elle stipule, en outre, que le brevet luxembourgeois deviendra nul si, dans les trois mois de sa délivrance, l'inventeur ne se fait pas breveter aussi dans les pays avec lesquels le Grand-Duché aurait conclu un traité d'union douanière.

Obligation imposée au breveté luxembourgeois de se faire breveter ailleurs ultérieurement.

Voilà donc le brevet obtenu dans un pays qui ne dépend plus seulement des brevets qui sont pris dans d'autres, mais de ceux qui n'y sont *pas* pris.

Il est juste de dire que deux autres pays avaient imaginé cela avant le Luxembourg ; ce sont le Brésil et le Paraguay ; seulement ils avaient tranché la question en sens inverse, et le brevet brésilien ou paraguayen devait tomber si son titulaire *se faisait breveter* ailleurs.

Système opposé.

Sans essayer d'expliquer ces deux solutions, diamétralement opposées, nous nous bornerons à faire remarquer que ce n'est pas chose simple pour un inventeur, surtout s'il est étranger, que de se tenir sans cesse au guet des conventions douanières que le Luxembourg peut conclure avec d'autres puissances ; en ce moment, nous croyons savoir que ce pays n'est lié qu'avec l'Allemagne par un traité de ce genre ; mais la situation peut changer tous les jours, et il ne faut pas que la vigilance du breveté s'endorme un seul instant pendant les quinze ans que doit durer son privilége, car le délai qu'on lui accorde (trois mois) est bien court ; il ne faudrait pas que le Grand-Duché conclût, par exemple, une union douanière avec le Japon, qui délivre maintenant des brevets ; dans ce cas, il serait à craindre que trois mois ne fussent pas suffisants pour se mettre en règle.

Difficultés et inconvénients pour l'inventeur.

Laissant de côté les pays aussi lointains, il faut du moins admettre qu'une convention douanière peut être conclue, dans l'avenir, par le Luxembourg avec plusieurs puissances, et l'on ne peut méconnaître que c'est une dure obligation pour l'inventeur, qui s'est peut-être laissé séduire par la faible taxe exigée dans ce pays (10 francs la première année), que de prendre des brevets plus coûteux dans des pays où sa découverte peut n'avoir d'ailleurs aucune chance de succès, et d'être néanmoins obligé de les y maintenir en vigueur pour conserver son brevet luxembourgeois, le seul peut-être qu'il ait pris volontairement.

<small>Résumé
Le principe de la dépendance des brevets repose sur une conception chimérique.</small>

Nous ne nous arrêterons pas davantage à citer des exemples ; ceux qui précèdent suffisent pour montrer de quelles natures diverses sont les inconvénients qui résultent, dans la pratique, de la dépendance établie entre les brevets pris dans différents pays ; nous nous bornerons à rappeler, en terminant, que l'on court bénévolement au-devant de ces difficultés sans même pouvoir espérer en tirer un résultat quelconque, puisque le but que l'on se propose ne pourrait être atteint que si tous les Gouvernements délivraient des brevets et si chaque inventeur était tenu de leur en demander. Comme ce n'est pas le cas, il est évident *à priori* que, même au prix des plus grandes difficultés, on n'arrivera pas à ce qu'une invention tombe dans le domaine public partout en même temps. Il n'y a donc aucune raison de créer dans chaque pays, pour les étrangers, une catégorie différente de brevets, dont la validité ne soit pas seulement soumise aux conditions fixées par la loi de ce pays, mais dépende encore de celles prescrites par les autres législations. C'est gravement contraire au prin-

<small>Atteinte portée inutilement au principe de l'égalité des étrangers et des nationaux en matière de brevets.</small>

cipe de l'assimilation complète des inventeurs étrangers aux inventeurs nationaux, qui est aujourd'hui admis par tout le monde. Et encore cette inégalité ne frappe-t-elle pas toujours des étrangers, car il n'est pas rare maintenant qu'un inventeur demande d'abord son brevet à l'étranger, soit pour y profiter d'une durée plus longue, soit en raison de toute autre circonstance.

<small>Les nationaux eux-mêmes peuvent être atteints.</small>

En définitive, il faut grandement s'applaudir de ce que le Congrès de Paris, comme l'avait déjà fait la Réunion d'Anvers, ait demandé la fin d'une pareille situation, et cela *à l'unanimité des voix.*

Toutefois, tout en établissant en principe l'indépendance des brevets, il y aurait à examiner s'il ne serait pas juste de faire une exception pour le cas spécial où un brevet serait annulé *pour cause de manque de nouveauté.*

<small>On pourrait établir la dépendance dans le cas d'annulation pour défaut de nouveauté.</small>

Il s'agit là, en effet, d'une cause foncière de nullité, qui est reconnue partout, et non pas d'une de ces infractions aux prescriptions particulières de la législation d'un État qui ne regardent pas les autres États. Seulement, cela exigerait que tous les pays se missent d'accord sur les conditions qu'une invention devra remplir pour être considérée comme nouvelle ; après qu'une entente internationale serait venue uniformiser les caractères légaux de la nouveauté, chaque pays pourrait communiquer aux autres les annulations survenues chez lui pour la cause susdite, afin que les Gouvernements de ces pays pussent procéder d'office au retrait des brevets délivrés par eux pour la même invention. Mais, au surplus, on pourra renoncer à cette combinaison pour peu qu'elle rencontre de difficultés, attendu que les intéressés auront toujours la ressource de se pourvoir par des actions individuelles. Ce n'est donc pas là un des points sur lesquels un accord international est indispensable.

<small>A quelle condition cette exception pourrait être faite.</small>

<small>Cette mesure n'aurait qu'un intérêt secondaire.</small>

12ᵉ RÉSOLUTION

Délivrance rapide des brevets.

12ᵉ RÉSOLUTION. (Brev. d'inv.) — Les Gouvernements sont priés d'apporter la plus grande célérité possible à la délivrance des brevets demandés, et le Congrès émet le vœu que le délai entre la demande et la délivrance des brevets n'excède pas trois à quatre mois.

Motifs de la proposition.

Cette résolution fut votée sans débat, et elle n'exige pas de commentaire.

Disons seulement, pour en expliquer l'utilité à ceux de nos lecteurs qui n'auraient pas l'expérience des longs retards apportés à la délivrance des brevets dans certains pays, qu'il en est, la Russie, par exemple, où il s'écoule dix-huit mois et même deux ans entre la demande et la délivrance d'un brevet. Il est vrai que l'inventeur y trouve un certain avantage, quand ce temps ne compte pas dans la durée du brevet et que la garantie court néanmoins du jour du dépôt, comme c'est le cas en Russie; mais, outre qu'il n'en est pas partout ainsi, cela offre l'inconvénient de laisser l'inventeur dans l'ignorance du sort de sa demande et dans l'impossibilité de céder son brevet s'il en trouve l'occasion; c'est aussi fort gênant pour le public, en maintenant la demande de brevet secrète pendant longtemps.

TROISIÈME PARTIE

QUESTIONS DU PROGRAMME

SUR LESQUELLES LE CONGRÈS N'A PAS STATUÉ

TROISIÈME PARTIE

QUESTIONS DU PROGRAMME

SUR LESQUELLES LE CONGRÈS N'A PAS STATUÉ

Les questions qui touchent à la Propriété industrielle sont tellement diverses que, malgré les nombreuses séances tenues par le Congrès, toutes n'ont pu être abordées.

Il n'a donc pu être statué sur quelques-unes des questions portées au programme élaboré par le Comité d'organisation, malgré l'intérêt que plusieurs d'entre elles comportent. Nous n'avons pas pensé que dans un travail d'analyse, dans lequel nous nous proposions d'examiner les diverses opinions qui ont été émises au cours du Congrès en indiquant la solution qui avait nos préférences, il nous fût possible de ne pas parler des diverses questions non traitées. Nous allons donc les passer successivement en revue, en groupant ensemble celles qui présentent de la connexité, et nous donnerons pour chacune d'elles la solution qui nous semblera de nature à devoir être préférée.

Les questions du programme sur lesquelles le Congrès n'a pas statué, et celles visées par la section française de la Commission permanente dans le questionnaire qu'elle a préparé, touchent à des points dont l'importance ne peut être mise en doute, et dont plusieurs ne peuvent manquer d'appeler l'attention de la Commission internationale officielle dont le Comité permanent, nommé à la suite du Congrès, avait la mission de provoquer la réunion ; ces questions sont les suivantes :

De la nouveauté de l'invention. — Possession antérieure tenue secrète. — De l'antériorité scientifique.

Des spécifications provisoires. — De la faculté accordée à l'inventeur de préciser ou de restreindre ses revendications. — Du secret des descriptions des inventions. — Des certificats d'addition. — Du droit de préférence accordé à l'inventeur pour les perfectionnements relatifs à son invention.

Le droit de se faire délivrer un brevet d'invention doit-il être accordé seulement à l'inventeur déjà breveté à l'étranger ou à ses ayants cause.

De la propriété et de la copropriété du brevet. — Ouvrier, employé, fonctionnaire, associé. — Du droit pour le gouvernement d'un État de prendre un brevet d'invention. — L'État a-t-il le droit d'exploiter une invention, avec ou sans indemnité, concurremment avec le breveté ?

De la durée du privilége. — De la prolongation des brevets.

De l'obligation d'apposer, sur les produits, une mention indiquant qu'ils sont brevetés.

De l'introduction dans le pays du brevet. — Introduction en transit. — Introduction en entrepôt.

De la juridiction en matière de brevets d'invention. — Effets de la chose jugée en matière de nullités et de déchéances.

1° De la nouveauté de l'invention. — Possession antérieure tenue secrète. — De l'antériorité scientifique.

Le Congrès ne s'est pas prononcé sur les conditions auxquelles une invention devait être réputée nouvelle; c'est un des articles du programme que l'on n'a pas eu le temps de discuter. Nous le regrettons, car c'était un des plus importants, et comme les législations varient beaucoup entre elles sur ce point, il eût été bon d'examiner devant les représentants de toutes les nations la valeur de chaque système adopté.

L'uniformité dans la définition de la nouveauté de l'invention serait désirable.

Quoique privé des éclaircissements que la discussion générale au Congrès eût pu apporter sur ce sujet délicat, nous croyons néanmoins devoir donner place ici à quelques observations sur les questions principales qui s'y rattachent.

Nous dirons d'abord, d'une façon générale, que la formule qui figure dans notre loi du 5 juillet 1844 est encore aujourd'hui, à nos yeux, la plus juste et la plus pratique, en même temps que la plus simple; c'est celle qui avait été reproduite dans la proposition suivante, soumise au Congrès, mais non examinée :

La formule qui figure dans la loi française paraît la plus juste et la plus pratique.

« L'invention doit être considérée comme nouvelle,
« quand elle n'a pas reçu, avant la date du dépôt de
« la demande du brevet, une publicité suffisante
« pour pouvoir être exploitée. »

Comme on le voit, cette formule n'établit aucune distinction relativement à l'époque et à l'endroit où

Elle exige la nouveauté absolue.

l'invention peut avoir été publiée, non plus qu'à l'égard de la forme sous laquelle cette publicité a pu se produire.

Le principe posé est celui-ci : l'inventeur pourra obtenir un droit temporaire d'exploitation exclusive, en échange d'un secret industriel qu'il portera à la connaissance du public dans une description déposée à l'appui de sa demande; mais aucun brevet ne sera accordé si l'invention n'est plus à l'état de secret, et si le public pouvait déjà en avoir connaissance, qu'il ait ou non profité jusque-là de cette faculté.

Pour justifier cette manière de comprendre la nouveauté des inventions, nous ferons remarquer que, tant qu'une invention est restée dans le cerveau de son auteur, celui-ci est le maître de la garder pour lui seul et de priver le public des avantages qu'elle pourrait lui procurer; il y a donc un intérêt social à lui acheter son secret, sans bourse délier, d'ailleurs, au moyen d'un droit privatif temporaire garanti par la loi, qui lui permet de trouver la rémunération de son travail, en même temps qu'il assure au public la possession de la découverte à l'expiration du brevet.

Mais si l'invention a déjà été rendue publique, que ce soit dans le pays même ou à l'étranger, que ce soit nouvellement ou anciennement, que ce soit par la voie d'une réalisation matérielle ou par la voie d'une simple description, l'inventeur n'offre plus au public que ce que le public avait déjà à sa disposition, en d'autres termes il ne lui apporte rien; il n'y a donc rien à lui acheter et, partant, un contrat n'a plus de raison d'être.

Que l'on ne s'y trompe pas, cette thèse, qui d'ailleurs forme, au fond, la base de toutes les législations, n'a rien de commun avec celle de certains adversaires des brevets, qui soutiennent que l'invention cesse d'être la propriété de l'inventeur dès qu'elle ne se confond plus avec sa personne même et qu'elle est sortie de son cerveau pour revêtir la forme palpable d'un modèle ou d'une description, *cette description fût-elle même secrète*. Nous avouons, au contraire, ne pas comprendre cette doctrine. Ce que nous disons, nous, c'est que l'État n'a pas à traiter une invention déjà publiée comme une invention secrète, et cela non seulement parce qu'il n'a pas besoin de le faire, mais encore parce que les droits du public s'opposent à ce qu'il le fasse.

Il est impossible, en effet, de venir, par la délivrance d'un brevet, reprendre au public une chose dont il était déjà en possession ; lorsqu'une découverte lui a été volontairement abandonnée, lorsqu'on l'a portée à sa connaissance sans faire aucune réserve de droits individuels, la propriété doit lui en être définitivement reconnue, et l'on ne pourrait pas, sans de grands inconvénients, lui enlever cette propriété pour l'attribuer à un nouvel inventeur, attendu que l'on risquerait de porter la perturbation dans des exploitations en pleine activité ou en voie d'établissement et basées sur des moyens industriels puisés dans ce qui était le domaine commun.

<small>On ne peut déposséder le domaine public d'une chose qui lui appartenait.</small>

La loi offre à l'inventeur un moyen très simple de prendre date d'une manière authentique, c'est de demander un brevet : s'il néglige de le faire, lui seul doit en porter la peine et ce n'est pas le public qui doit en souffrir ; car il faut, sans doute, donner à tout inventeur le moyen de s'assurer le bénéfice de son œuvre, mais dès que ce moyen lui a été fourni, et tel qu'il soit vraiment accessible à tous, il faut songer aussi aux intérêts du public, qui ne sont pas moins intéressants, et faire en sorte qu'à chaque moment il puisse, lui aussi, connaître exactement ses droits. C'est le seul moyen pour que la loi des brevets soit respectée par tout le monde.

Quid au cas où l'invention avait été tenue secrète.

Le cas que nous avons examiné dans ce qui précède est celui d'une invention *déjà publique* au moment de la demande du brevet, et nous avons conclu que le brevet ne devait plus pouvoir être pris utilement dans ces conditions. Mais il peut arriver que l'invention soit déjà possédée *secrètement* par une ou plusieurs personnes. En pareil cas, puisqu'il n'y a pas eu publicité, rien ne s'oppose à la délivrance du brevet; mais quelle sera la situation des possesseurs antérieurs? Faut-il maintenir le *statu quo* en leur faveur ou bien décider que le brevet aura son plein effet et qu'il sera efficace à l'égard de tous sans distinction? C'est une question qui a été souvent agitée et à laquelle la section française de la Commission permanente du Congrès (Comité exécutif) a donné place dans le questionnaire qu'elle a préparé.

Dans ce cas, le brevet doit être sans effet vis-à-vis de ceux qui possédaient l'invention.

Nous ne voyons pas, pour notre part, d'inconvénient à ce qu'un brevet soit sans effet vis-à-vis d'une ou plusieurs personnes, dans ce cas particulier, et, du reste, il nous semble impossible de donner au brevet un effet rétroactif en vertu duquel il puisse venir troubler des situations acquises; cela nous paraît d'autant moins admissible que, ou c'est le breveté lui-même qui a donné volontairement connaissance de son invention aux personnes dont il s'agit (nous réservons le cas d'abus de confiance), ou elles l'ont imaginée elles-mêmes de leur côté, et elles sont inventeurs comme lui. Dans les deux cas, ce dernier serait mal fondé à réclamer.

On peut même remarquer que, dans le second cas, il n'a pas moralement plus de droits à l'obtention d'un brevet que celui qui, séparément, a conçu la même invention; mais cette question d'une pluralité d'inventeurs n'a pas à être examinée à cette place, et nous nous bornons à constater que, dans les deux cas qui peuvent se présenter, rien n'autorise à inquiéter le possesseur antérieur de l'invention.

C'est assez dire que nous sommes pour que le brevet n'ait pas d'effet à leur égard, au moins en supposant qu'on n'ait rien de déloyal à leur reprocher et qu'ils n'aient pas abusé d'une confidence.

Étant admis que ceux qui possédaient déjà une invention doivent conserver le droit de l'employer après la délivrance d'un brevet, dans quelles limites ce droit doit-il être renfermé? Dans quelles limites doit s'exercer le droit des possesseurs antérieurs.

On voit immédiatement qu'il doit, en principe, être personnel et ne pas pouvoir être cédé à des tiers ou partagé avec eux; autrement il y aurait, en réalité, plusieurs brevetés quoique officiellement il n'y en eût qu'un seul. Il est juste, d'ailleurs, que celui qui n'a pas voulu prendre de brevet subisse la loi qu'il s'est ainsi faite à lui-même. Celui, en effet, qui aurait eu le droit de prendre un brevet, ne l'ayant pas fait, se résignait ainsi à ne jouir de l'invention que personnellement et comme d'un secret de fabrique; il serait donc mal fondé à se plaindre, pourvu que le brevet accordé à un autre lui conserve ce droit personnel, et il y gagne même de pouvoir travailler ouvertement, sans crainte que le procédé qu'il emploie devienne banal s'il le laisse connaître; l'existence d'un brevet le prémunit contre cette conséquence d'une divulgation et le place dans la position privilégiée d'un porteur de licence. Ce doit être un droit de jouissance personnelle.

Le droit du possesseur antérieur doit donc rester un droit d'usage personnel. Mais doit-il être assez strictement personnel pour ne pas pouvoir être transmis même à un successeur ou à des héritiers?

On pourrait être tenté d'admettre la transmissibilité dans ces deux cas; mais on hésite si l'on réfléchit aux conséquences que cela pourrait avoir, car il faut éviter que le brevet ne devienne un leurre.

Ce droit doit être incessible. En permettant la transmission par héritage, s'il y a plusieurs héritiers, et ils peuvent être nombreux, on se trouvera multiplier le préjudice causé au breveté par le nombre de ces héritiers, puisque chacun d'eux acquerra non pas une partie de l'avantage dont jouissait le défunt, mais cet avantage tout entier, par la nature même des choses, et qu'en définitive au lieu que le breveté ait un seul licencié contre son gré, il en aura plusieurs ; or, cela ne se justifie plus par la nécessité de maintenir la situation antérieure au brevet, puisqu'il s'agit d'une situation qui a pris naissance postérieurement.

En ce qui concerne la transmission à un successeur, il y a à craindre un danger analogue, c'est-à-dire une aggravation de la position du breveté, si le droit d'usage de l'invention est cédé, par exemple, à une société puissante capable de faire une écrasante concurrence au titulaire du brevet, dont les ressources peuvent être limitées. Nous savons bien que le possesseur de ce droit d'usage peut tout aussi bien agrandir son exploitation en restant engagé dans l'affaire et en prenant seulement des commanditaires ou des associés, ce qu'il paraît difficile de lui interdire ; de sorte qu'il sera souvent possible d'éluder une disposition légale disant que le droit d'usage reconnu au possesseur antérieur est incessible. Nous croyons néanmoins que ce principe devrait être posé dans la loi, en laissant aux tribunaux le soin d'apprécier les questions de fait. Bien entendu, la cession ne serait pas plus permise à titre gratuit qu'à titre onéreux, puisque le préjudice serait indentique pour le breveté dans les deux cas.

Nous pensons de même que la transmissibilité par héritage doit être repoussée par les raisons indiquées plus haut, et par conséquent notre conclusion est que le droit d'usage, s'appuyant sur la possession d'une invention avant le brevet, doit être *strictement* personnel. Nous estimons, en effet, que si quelqu'un peut avoir à souffrir de la solution adoptée, ce ne doit pas être le breveté, attendu que, de deux choses l'une, ou le possesseur antérieur n'était pas inventeur, et dans ce cas; il est moins intéressant, ou, s'il était inventeur, en négligeant de prendre un brevet il s'est retiré le droit de se plaindre des avantages qui lui échappent. Le point capital, à nos yeux, c'est de régler les situations respectives le plus nettement possible.

On s'est demandé si le droit de faire usage d'une invention malgré le brevet pris par un tiers, ne devait pas être restreint à ceux qui l'auraient déjà *exploitée*, le même droit étant refusé à ceux qui, tout en ayant connaissance de cette invention, ne l'auraient jamais appliquée. Le droit du possesseur de l'invention tenue secrète ne peut exister qu'autant qu'il y a eu exploitation.

Quelle que soit la solution que l'on donne à cette question, il faudrait au moins, dans tous les cas, que la preuve de la possession à une époque antérieure fût faite d'une manière péremptoire; c'est le moins qu'on puisse exiger, cela est évident.

Mais faut-il aller plus loin et n'affranchir des effets du brevet que ceux qui avaient déjà appliqué la découverte?

Nous sommes d'avis que cette condition doit être exigée, afin que celui contre qui un breveté fera valoir ses droits ne puisse résister qu'en invoquant des faits positifs, et que tout contrefacteur ne puisse pas soulever des discussions interminables en alléguant qu'avant le brevet il aurait eu connaissance d'une invention plus ou moins semblable à celle qui en fait l'objet.

Il y a un tel intérêt à restreindre autant que possible les exceptions, qui finiraient aux yeux du public et du breveté lui-même par obscurcir la règle, et par faire douter de la vertu du brevet, qu'il faut, pensons-nous, se résoudre à dire au réclamant :

Lorsque vous pouviez employer librement l'invention, vous n'en avez rien fait ; tant pis pour vous, maintenant il est trop tard. Si vous aviez été engagé dans une exploitation au moment du brevet, on ne l'aurait pas troublée, mais ce n'était pas le cas, et vous n'êtes pas fondé à vous plaindre, puisqu'on vous laisse dans le *statu quo*.

Ce droit doit être limité au pays dans lequel a eu lieu l'exploitation.

Maintenant, suffira-t-il que l'on ait exploité n'importe où, fût-ce à l'étranger, pour que cela neutralise les effets du brevet qui serait pris par un tiers postérieurement?

C'est encore une question que l'on pourra trancher dans un sens ou dans l'autre, suivant que l'on se placera sur le terrain du droit abstrait ou sur le terrain pratique. Pour notre part, obéissant à l'ordre de considérations indiqué plus haut, nous sommes d'avis que les droits attachés au brevet pris dans un pays ne devront fléchir que devant une situation acquise par quelqu'un dans ce pays même. Sans parler de la difficulté d'une enquête judiciaire sur un fait qui s'est passé à l'étranger, surtout lorsqu'il s'agit, comme ici, d'une possession secrète, il ne nous paraît pas juste qu'un étranger qui, jusqu'à la date du brevet, n'avait pas songé à faire profiter le pays où ce brevet est pris du moyen nouveau qu'il possédait, puisse venir s'y établir pour faire concurrence au breveté lorsque celui-ci y aura fait réussir l'invention.

Nous ne sommes plus dans le cas d'une possession secrète avec la question de l'antériorité scientifique, qui est la dernière qu'il nous reste à examiner dans ce chapitre, et qui, au Congrès, avait fait l'objet de la proposition suivante (non discutée) de M. le professeur Reuleaux, délégué de l'Allemagne :

Quid de l'antériorité scientifique.

« Une découverte ou une invention scientifique « déjà publiée ne peut, tant qu'elle est à l'état de « théorie, faire obstacle à l'obtention d'un brevet « valable. »

Proposition faite au Congrès par M. le professeur Reuleaux, délégué de l'Allemagne.

Nous ne saurions nous rallier à cette proposition, si elle veut dire que l'on pourra faire breveter la chose même qui était déjà connue en science.

Nous ne voyons pas pourquoi on ferait de l'antériorité scientifique un genre à part d'antériorité n'ayant pas les mêmes effets que les autres, et pourquoi l'on s'écarterait, en faveur de celui qui réalise pratiquement une invention déjà décrite au point de vue théorique, de la règle générale qui est de n'accorder à chacun que la propriété de ce qui est son œuvre personnelle.

L'antériorité scientifique est une antériorité comme toutes les autres.

Comment justifier la confiscation de l'œuvre du savant au profit de l'industriel qui vient y ajouter les moyens de réalisation matérielle ? Il serait aussi juste — ou plutôt aussi injuste — de confisquer le travail de l'industriel au profit du savant sous prétexte que celui-ci est l'auteur premier de la découverte.

La vérité, comme nous le disions tout à l'heure, c'est que chacun doit être reconnu propriétaire de ce qu'il a inventé, et de cela seulement. N'est-ce pas la règle que l'on suit à l'égard de celui qui a perfectionné ou complété une invention brevetée ? On ne lui attribue nullement la propriété du principe qu'il n'a pas trouvé. Eh bien, il doit en être de même dans le cas de l'antériorité scientifique ; toute la différence, c'est que le principe, ici, n'est pas monopolisé entre les mains d'un particulier, mais appartient à tout le monde.

Or, croit-on que le droit de tous soit moins sacré que le droit d'un seul, et que, tandis qu'on respecte bien un brevet de principe, il soit permis de confisquer le fruit du travail du savant, généreusement abandonné par lui au public ? C'est assez que celui qui a songé le premier à en profiter puisse le faire sans obstacle, grâce à cette libéralité de l'inventeur, et il faut que tous ceux qui viendront après puissent en profiter également.

Elle doit suivre la loi commune.

Celui qui aura le premier fait passer l'invention de l'état théorique à l'état d'application aura droit à un brevet pour le moyen qu'il aura imaginé dans ce but, mais ceux qui, après lui, trouveraient un second, un troisième moyen d'application industrielle, devront aussi pouvoir les faire breveter et pouvoir les exploiter librement, à la condition, bien entendu, qu'ils n'auront de commun avec le premier brevet que le principe appartenant au domaine public.

Cette solution nous paraît conforme à la justice et d'accord avec les principes admis dans tout autre cas, principes dont il n'y a pas lieu de s'écarter au sujet de l'antériorité scientifique, qui ne doit pas être regardée comme créant un cas à part.

Il ne peut y avoir de prescription pour les antériorités.

Nous condamnons également, au nom des mêmes principes, la pensée que l'on a émise de considérer une antériorité comme nulle si elle remonte au delà d'un certain nombre d'années. Après avoir essayé des brevets d'importation (que l'on a presque généralement abandonnés aujourd'hui pour ne reconnaître de droits qu'au véritable inventeur), on songerait maintenant à instituer des brevets *de résurrection*.

On ne peut nier qu'il ne soit désirable d'encourager la remise en œuvre de procédés tombés dans l'oubli, peut-être parce qu'ils avaient été proposés prématurément et lorsque l'industrie ne disposait pas encore de certains moyens d'action qu'ils auraient exigés ou de certains autres procédés de nature à en former le complément utile. Mais, pour les brevets d'importation aussi, on invoquait de bonnes raisons du même genre, et l'expérience n'en a pas moins montré que tous les avantages mis en avant ne balançaient pas les inconvénients résultant de la dérogation aux principes.

En fait, d'ailleurs, sauf dans des cas bien rares, on ne reprendra pas une invention ancienne sans lui faire subir des modifications inspirées précisément par les progrès de l'industrie qui ont rendu avantageux de la reprendre, et ces modifications pourront faire l'objet d'un brevet.

En définitive, nous pensons, d'une manière générale, qu'il n'y a qu'un seul genre d'antériorités et qu'elles doivent toutes avoir la même influence sur la brevetabilité ; seulement, tantôt l'antériorité est complète, tantôt elle n'est que partielle, et dans ce dernier cas il reste place pour un brevet portant sur les points nouveaux, et sur ceux-là seulement, de manière que chacun soit garanti pour ce qu'il a fait, sans pouvoir empiéter sur les droits d'un tiers ou sur ceux du public. Il faut que la loi dise à l'inventeur : « Tout ce « qui est de toi est à toi, mais rien de plus ne t'appar- « tient en propre. »

<small>Résumé</small>

2º **Des spécifications provisoires.** — **De la faculté accordée à l'inventeur de préciser ou de restreindre ses revendications.** — **Du secret des descriptions des inventions.** — **Des certificats d'addition.** — **Du droit de préférence accordé à l'inventeur pour les perfectionnements relatifs à son invention.**

<small>Protection provisoire des inventions en tout temps.</small>

Nous avions occasion de constater, dans la première partie de ce travail, que le Congrès n'avait pas examiné dans ses détails la question de la garantie provisoire des inventions, des dessins ou des marques de fabrique figurant à une exposition. Il faut ajouter qu'il n'examina pas non plus la question de savoir s'il convenait d'accorder des protections provisoires pour les inventions en temps ordinaire; mais le manque de temps, seul, en est la cause, car l'ordre du jour portait une proposition, ainsi conçue, de MM. Pouillet et Lyon-Caen :

<small>Le Congrès n'étudia pas cette question.</small>

<small>Proposition non examinée.</small>

« Il y a lieu d'admettre des spécifications provisoires. »

Cette proposition fut au nombre de celles qui ne purent être discutées, et cela est fâcheux, car il s'agit là d'une institution qui fonctionne dans plusieurs pays et qui est demandée par d'autres (1), et la ques-

---

(1) Résolution de l'*Union industrielle du nord-ouest de la Bohême* :

« Il convient d'accorder à l'inventeur la faculté de faire garantir ses droits moyennant le dépôt de spécifications provisoires. »

— Décision de la Commission de l'*Association pour la réforme et la codification du droit des gens* :

« 2. — Une protection provisoire pendant le développement d'une invention est absolument nécessaire afin de pouvoir présenter convenablement au public cette découverte ou invention sous forme de brevet.

tion ne nous paraît pas encore avoir été résolue nulle part de la façon la plus satisfaisante.

Le Congrès dut renoncer également à l'examen d'une autre proposition non moins importante, qui est relative aussi à la nature du brevet et porte également, en partie, sur des moyens dont l'inventeur ne dispose pas chez nous pour modifier le brevet qu'il a obtenu. En voici le texte : Autre proposition non examinée sur le même sujet.

« L'inventeur aura droit de préciser ou de restreindre sa revendication et de demander des certificats d'addition.

« Il y a lieu d'accorder au breveté, pendant un certain temps, un droit de préférence pour les perfectionnements relatifs à son invention. »

(Signé : Amiral Selwyn.)

Enfin, la proposition suivante, qui intéresse l'importante question du « Secret des inventions », n'a pu, aussi, être abordée par le Congrès ; elle était ainsi conçue :

« La description des inventions doit être tenue secrète pendant une année. »

(Signé : Barrault, E. Pouillet, Ch. Lyon-Caen, Droz, Couhin.)

Ces diverses propositions présentent assez d'intérêt

« 3. — Il serait nécessaire d'accorder un brevet provisoire pour un an, et de permettre de déposer une description succincte de la nature de l'invention ; en outre, le brevet devra prendre date le jour où la protection provisoire aura été accordée.

« 9. — La protection provisoire sera maintenue jusqu'au moment où le brevet définitif sera accordé ou refusé. (*N. B.* Dans le système proposé par l'Association, les demandes de brevets seraient soumises à un examen préalable.) »

pour que nous croyions utile d'en dire quelques mots, et la corrélation qui existe entre elles nous a engagé à les traiter ensemble.

La protection provisoire en Angleterre.

En Angleterre, la protection provisoire s'obtient par le dépôt d'une spécification provisoire faisant connaître la *nature* de l'invention sans indiquer *la manière de la mettre en pratique*, ou, en d'autres termes, elle s'obtient sur le dépôt d'une simple description sommaire, de façon que, sans s'écarter de ce document, l'inventeur puisse plus tard indiquer les moyens de réalisation que des essais lui auront fait juger les meilleurs.

Pièces à fournir.

But de la protection provisoire dans ce pays.

La protection provisoire a pour but, en effet, de donner à l'inventeur un certain temps pendant lequel il pourra expérimenter librement son invention sans avoir à craindre que la divulgation qui en peut résulter nuise à la validité de son brevet; tandis que, dans les pays où il n'y a pas de protection provisoire, il doit faire ses essais dans des conditions de secret absolu, ce qui est quelquefois fort difficile, sinon impossible.

Autre but visé par le législateur anglais : opposition des intéressés.

M. Th. Webster, délégué du Gouvernement anglais au Congrès de Vienne de 1873, fait observer, dans son remarquable rapport sur les travaux de ce Congrès, que la protection provisoire devait, dans la pensée du législateur anglais de 1852, amener un autre résultat, celui de provoquer les oppositions des intéressés avant la délivrance du brevet définitif, et d'établir ainsi un examen préalable avec le concours du public. Mais M. Webster constate en même temps que ce second but n'a pas été atteint, parce que, les spécifications provisoires n'étant pas publiées avant leur expiration (malgré la faculté laissée à cet égard aux commissaires des brevets par la loi du 20 août 1853,

Ce second but n'a pas été atteint, faute de publication des spécifications provisoires.

modifiant celle de 1852), il en résulte que les intéressés n'en connaissent le contenu qu'après qu'un titre définitif a été délivré.

Ainsi, la protection provisoire, en Angleterre, n'a d'autre effet que de donner à l'inventeur une période d'expérimentation, qui est de six mois et qui peut être portée à un an si l'inventeur, avant l'expiration de sa première protection (et par conséquent avant sa publication), l'abandonne et en demande une seconde pour le même objet.

La protection provisoire peut durer un an.

Elle ne confère pas d'autre droit à l'inventeur et n'équivaut nullement à un brevet ; ainsi, les contrefaçons qui se produiraient pendant sa durée ne pourraient être poursuivies, même après sa conversion en titre définitif. Bien plus, si une autre personne se fait délivrer un brevet définitif avant que le propriétaire d'une protection provisoire prise antérieurement pour le même objet l'ait transformée en brevet, elle a la priorité sur ce dernier ; pour éviter ce danger, il faudrait que celui-ci, en s'appuyant sur sa protection provisoire, s'opposât en temps utile à la délivrance de ce brevet demandé pour la même invention, mais cela lui est impossible, à moins de circonstances particulières, puisque le contenu des demandes n'est pas public.

Elle n'a pas les effets d'un brevet définitif.

Danger qu'elle présente.

Disons, toutefois, qu'un inventeur a toujours le droit de déposer une spécification complète au lieu d'une spécification provisoire, sans pour cela demander le brevet définitif avant le délai de rigueur, et que cela suffit pour lui donner les mêmes droits que ce brevet. Mais c'est une faculté dont on use peu, et, en effet, déposer par anticipation une description complète c'est renoncer au principal avantage attaché à la

Seul moyen de l'éviter. Il fait disparaître le principal avantage de la protection provisoire.

protection provisoire, celui de pouvoir faire librement des essais *avant* d'arrêter les bases de son brevet; on profite seulement, dans ce cas, d'un délai de quelques mois pour payer la partie de la taxe qui est exigible au moment de la transformation de la protection provisoire en brevet définitif; cet avantage, déjà peu apprécié en Angleterre où les taxes sont cependant élevées, serait tout à fait insignifiant avec les taxes minimes recommandées par le Congrès.

Voilà ce qu'est la protection provisoire en Angleterre.

Droit de modifier le brevet après son obtention. — Ajoutons qu'à une époque quelconque après l'obtention du brevet définitif, on peut le modifier de l'une des deux manières suivantes : soit en déposant un *disclaimer*, c'est-à-dire une pièce par laquelle on déclare simplement renoncer à une ou plusieurs revendications formulées par erreur dans le brevet, soit en déposant un mémoire modificatif destiné à rectifier la spécification primitive. Il va sans dire que cette faculté de modifier un brevet est soumise à certaines conditions et qu'elle ne peut jamais équivaloir au droit de remplacer un brevet par un autre foncièrement différent.

Aux États-Unis. — Les États-Unis ont adopté un système de protection provisoire très sensiblement différent dans ses résultats, ce qui tient à deux causes : l'examen de toutes les demandes par le Bureau des Brevets, et la non-publication des spécifications provisoires, même après qu'elles sont expirées.

Effets de la protection provisoire dans ce pays. — Dans ce pays, l'inventeur peut déposer un *caveat* exposant le but de l'invention et ses caractères distinctifs; ce *caveat*, qui reste secret et qui est valable pour un an et renouvelable d'année en année, lui donne le droit d'être informé, par le Bureau des Brevets, des demandes qui seraient ultérieurement formées par d'autres pour un objet analogue.

Lorsque ce cas se présente, le Bureau des Brevets, après avoir donné avis aux parties intéressées, examine cette *interférence*, c'est-à-dire ce conflit entre deux demandes rivales, et décide si les inventions sont semblables et quel est le premier inventeur. Pour pouvoir faire valoir ses droits de priorité, la personne qui a déposé un *caveat* doit le transformer en brevet définitif dans un délai de trois mois à partir de l'avis qu'elle reçoit qu'une demande a été formée pour un objet analogue. Ajoutons que si une demande de brevet semble à l'examinateur être en conflit, non avec un *caveat*, mais avec une demande de brevet pendante, ou avec un brevet délivré et encore en vigueur, il en résulte aussi un *interférence* qui est jugée de la même manière.

<small>Intervention du Bureau des Brevets en cas de rivalité entre plusieurs demandes.</small>

Comme en Angleterre, on peut modifier un brevet après sa délivrance, soit au moyen d'un *disclaimer* (renonciation partielle), soit à l'aide d'une spécification modifiée ; seulement, dans ce dernier cas, au lieu de corriger le document primitif, on procède par *surrender* (remise du brevet obtenu) et *reissue* (nouvelle délivrance).

<small>Droit de modifier le brevet après son obtention.</small>

En définitive, les systèmes des deux pays seraient très analogues s'ils ne présentaient cette différence essentielle qu'en Amérique toute rivalité de demandes donne lieu au règlement des droits respectifs des intéressés par le Bureau des Brevets, ce qui évite de nombreux procès ultérieurs, et que, de plus, dans ce pays, par suite même de l'examen comparatif des demandes, celui qui a obtenu une protection provisoire

<small>Analogies et différences des systèmes anglais et américain.</small>

est réellement protégé et ne peut pas en être frustré par une autre personne plus diligente à obtenir un brevet définitif. Dans les deux pays, l'inventeur est mis à même de faire ses essais sans danger, avant de fournir une description définitive de sa découverte et, en outre, sa demande reste secrète pendant un certain temps, ce qui lui est utile à plusieurs points de vue.

Inconvénients de la publication immédiate des descriptions, ou de leur secret absolu pendant un certain temps.

Nous avons dit qu'il avait été fait une proposition pour que la description des inventions soit tenue secrète pendant un certain temps, un an par exemple.

Nous sommes absolument l'adversaire du secret après la délivrance, qu'il s'agisse de brevets d'invention ou de dépôts de dessins et modèles. Certes, l'inventeur est intéressant et il doit être protégé contre les tentatives de fraude qui peuvent l'assaillir ; mais le public, lui aussi, a des droits qu'il ne faut pas méconnaître, et au nom desquels il doit être assuré de pouvoir se mouvoir librement et en toute sécurité au milieu des privilèges concédés à ceux qui font progresser l'industrie. Les lois sont faites pour assurer à l'inventeur la protection qui lui est nécessaire contre la contrefaçon, et les jugements qui interviennent chaque jour nous démontrent que cette protection est efficace ; quant au public, auquel l'exercice d'une concurrence légitime et honnêtement pratiquée doit être facilité, il lui faut absolument, et dans les délais les plus courts possibles, pour lui ôter tout prétexte, toute possibilité de devenir contrefacteur, la connaissance exacte et complète des droits des tiers.

Le secret doit cesser aussitôt que le brevet est délivré.

Quel que soit, en conséquence, le système adopté pour la délivrance des brevets, le secret doit cesser aussitôt que le brevet est accordé et, dès ce moment, la publicité la plus grande doit être donnée à l'invention privilégiée. Donc, et en deux mots : secret pendant la période de gestation ; publicité aussitôt après la naissance du privilège. Tel est le principe qui nous semble rationnel et auquel, d'ailleurs, le système de la protection provisoire convenablement organisé donne satisfaction.

En effet, avec le système de la protection provisoire, l'invention reste secrète pendant toute la durée de cette protection, à moins que l'inventeur, préférant obtenir sa patente sans retard, ne profite pas du délai qui lui est accordé et sollicite la délivrance de son titre en déposant la description définitive de son invention. Le système de la protection provisoire, combiné avec les formalités du *disclaimer* et de la *reissue* dont nous avons parlé plus haut, donne satisfaction à la faculté que doit avoir l'inventeur de préciser ou de restreindre ses premières revendications.

Le système de la protection provisoire satisfait à toutes ces exigences.

Quant au droit qu'a l'inventeur d'assurer ses droits aux perfectionnements qu'il a apportés à son invention au moyen de certificats d'addition qui se confondent avec le brevet principal, il ne nous paraît pas douteux qu'il doive être conservé, surtout si l'on considère que toutes les législations récentes, celles de l'Allemagne, de l'Espagne, du Grand-Duché de Luxembourg, l'ont toutes maintenu. Toutefois, ce droit devra être réglementé de telle sorte que les abus qui se produisent en France à l'occasion de l'exercice de ce droit disparaissent, et que l'on ne puisse plus, comme maintenant, sous prétexte de certificats d'addition, faire breveter des inventions de toutes pièces qui n'ont bien souvent aucun rapport avec l'objet du brevet principal. L'examen préalable, repoussé par le Congrès, donnait à cet égard une garantie qui ne peut se retrouver avec le système de l'avis préa-

Le droit de demander des certificats d'addition doit être maintenu.

Mais il doit être réglementé.

lable, et il nous paraît indispensable que le Bureau des Brevets puisse, sur l'avis d'un comité consultatif, et comme il le fait aujourd'hui pour les cas de complexité, s'opposer à la délivrance d'un certificat d'addition qui ne remplit pas, au point de vue de ses rapports avec le brevet principal, les conditions exigées par la loi.

<small>Y a-t-il lieu de maintenir le droit de préférence accordé à l'inventeur pour les perfectionnements relatifs à son invention ?</small>

Une proposition qui avait été mise à l'ordre du jour du Congrès, et sur laquelle il n'a pas été statué, portait « qu'il y a lieu d'accorder au breveté, pendant un certain temps, un droit de préférence pour les perfectionnements relatifs à son invention ».

C'est une réminiscence de la loi française, d'après laquelle, si le même perfectionnement est apporté séparément à l'objet d'un brevet par l'inventeur et par un tiers, c'est au premier que la propriété exclusive en est attribuée, même s'il a décrit ce perfectionnement après le tiers, pourvu que ce soit dans la première année de l'existence du brevet.

Y a-t-il lieu de conserver et de généraliser cette disposition qui ne se retrouve dans aucune des législations récentes ?

Au point de vue des principes, on peut dire que le breveté n'a réellement de droits que sur ce qu'il a inventé le premier, et qu'il n'y a pas de raison pour que le tiers, auteur d'un perfectionnement, soit dépouillé du bénéfice de son œuvre, car, s'il est vrai qu'il s'est inspiré de ce que le breveté avait fait, celui-ci lui-même avait profité des travaux de ses devanciers. En 1844, lorsque fut étudiée la législation qui protège encore à l'heure actuelle les droits des inventeurs en France, les préoccupations auxquelles répondait la disposition dont il s'agit pouvaient avoir leur raison d'être ; à cette époque, en effet, il pouvait encore se produire un certain nombre d'inventions propre-

ment dites ; mais actuellement, avec les progrès con- *Cette disposition n'a*
sidérables réalisés dans toutes les branches de l'in- *plus de raison d'être.*
dustrie, on peut presque dire qu'il ne se produit plus
d'inventions, mais seulement des perfectionnements,
et il est devenu à peu près impossible d'établir la
relation qui peut exister entre le perfectionnement du
premier breveté, et le perfectionnement de celui qui
l'a suivi dans la même voie. La vérité est que, dans
presque tous les cas, ils ont, l'un et l'autre, perfectionné le domaine public, et ce qui pourrait être
possible et équitable s'il s'agissait d'une invention
dans le sens propre du mot, devient impossible d'application lorsqu'il s'agit des perfectionnements successifs apportés à un objet connu. Dans ces conditions, n'y a-t-il pas lieu de laisser se produire librement la loi générale du progrès, qui veut qu'un perfectionnement naisse de celui qui le précède, et cette
loi ne profite-t-elle pas trop à l'intérêt général pour
qu'il soit sage de lui créer des entraves au nom d'un
intérêt particulier dont les droits sont au moins pro-
blématiques ?

Il n'est pas inutile de faire remarquer que cette *Elle restait d'ailleurs*
disposition de la législation française est à peu près *sans application.*
restée à l'état de lettre morte, et que c'est à peine si
quelques cas d'application se sont présentés depuis
que la loi de 1844 est en vigueur. Cela se conçoit
d'ailleurs, si l'on se reporte aux observations qui précèdent, et si l'on tient compte que, dans la plupart des
circonstances, il serait bien difficile de déterminer
si les perfectionnements du second inventeur s'appliquent au domaine public ou à l'invention qui les
précède. Nous pensons donc qu'il serait opportun
d'abandonner une législation qui ne paraît pas
s'inspirer d'un droit bien absolu, et qui, dans tous les
cas, est d'une application très difficile.

3° Le droit de se faire délivrer un brevet d'importation doit-il être accordé seulement à l'inventeur déjà breveté à l'étranger ou à ses ayants cause.

Le brevet d'importation doit-il être délivré seulement à l'inventeur déjà breveté à l'étranger ?

Une des questions qui figuraient dans le programme du Congrès et que celui-ci ne put pas aborder était la suivante :

« Le droit de se faire délivrer un brevet d'importa-
« tion doit-il être accordé seulement à l'inventeur
« déjà breveté à l'étranger ou à ses ayants cause? »

Position de la question.

La rédaction de cette question prête à l'équivoque : S'agit-il de savoir si, lorsque le demandeur est étranger, on doit exiger, pour lui délivrer un brevet, qu'il en possède déjà un à l'étranger pour la même invention ; ou bien veut-on dire : une invention étrangère n'aura pas besoin d'avoir été déjà brevetée à l'étranger pour pouvoir faire l'objet d'un brevet national, mais, *si* elle l'avait été, le brevet national ne devrait-il pas être accordé seulement au titulaire du brevet étranger ?

La condition de l'obtention préalable d'un brevet étranger ne doit pas être imposée.

Dans la première hypothèse, la question doit évidemment être résolue par la négative si l'on admet, comme le Congrès l'a fait avec raison, d'une part, que les étrangers doivent être assimilés aux nationaux et, d'autre part, que les droits résultant des brevets demandés dans les différents pays pour un même objet sont complètement indépendants les uns des autres.

Elle serait contraire à l'égalité de traitement des étrangers et des nationaux.

Il est clair qu'un Gouvernement qui, pour accorder un brevet à un étranger, lui imposerait la condition d'en avoir déjà obtenu un ailleurs, ou toute autre condition qui ne serait pas exigée des nationaux, ne pourrait pas prétendre qu'il le traite sur un pied d'égalité avec ceux-ci et qu'il se conforme au premier des deux principes ci-dessus.

Or, il n'y a pas de meilleure occasion d'appliquer ce principe.

Pourquoi obliger, par exemple, un Mexicain qui aura fait une invention applicable seulement en Europe, à se faire breveter d'abord au Mexique pour pouvoir obtenir un brevet européen, ou, d'une façon générale, pourquoi forcer quelqu'un à prendre des brevets dont il ne veut pas, sous peine de ne pas avoir ceux qu'il désire ? *Tout inventeur doit être libre de ne se faire breveter que là où il le juge avantageux.*

Comment justifierait-on cette condition imposée à l'étranger qu'il ait déjà obtenu un brevet dans son propre pays ? *Qu'est-ce qui peut s'y opposer ?*

Et d'abord il faudrait préciser ce qu'on entend par « un étranger » et par « son pays ». Plaçons-nous, par exemple, au point de vue de la loi française sur les brevets; celui qui, sans être Français, vit en France et y exerce son industrie, sera-t-il traité en étranger et exigera-t-on, s'il est Anglais d'origine, par exemple, qu'il se fasse d'abord breveter en Angleterre ? — Et le Français établi à l'étranger, quel traitement lui appliquera-t-on ? — Et l'étranger qui vit à l'étranger, mais dans un autre pays que celui où il est né, qu'est-ce qui sera réputé être son pays ?

Sans savoir sur quoi on fonde cette exigence d'un brevet étranger préalable, il n'est pas possible de répondre à ces questions, pas plus que de comprendre si cette exigence peut avoir un avantage quelconque.

La supposition d'une préférence dont on voudrait témoigner envers les nationaux ne serait pas une explication suffisante, car cette préférence s'exerce- *Est-ce le désir de favoriser les nationaux ?*

rait ici d'une façon par trop singulière, qui nuirait même à ceux que l'on voudrait favoriser, en éloignant du pays beaucoup d'inventions étrangères, et cela sans aucun motif raisonnable.

<small>Cette faveur tournerait contre eux.</small>

Il faut donc admettre que la proposition se base sur un autre motif, et en remarquant que la loi française de 1844 porte qu'un brevet ne pourra être valablement accordé qu'au titulaire du brevet étranger pris pour la même invention, s'il en existe un, on est amené à penser que la proposition a été inspirée par cette disposition de notre loi. Le but qu'elle a en vue serait donc d'empêcher que le brevet ne puisse être délivré à un autre que le véritable inventeur, comme l'avait voulu aussi la loi de 1844, qui supprimait les brevets d'importation, reconnus jusqu'à cette époque.

<small>Est-ce la crainte de délivrer le brevet à un autre que le véritable inventeur?</small>

Mais alors cette proposition devient inutile, car elle rentre dans la résolution 2 (Brevets), votée par le Congrès et qui dit, en termes généraux, qu'un brevet ne pourra être obtenu valablement que par le véritable inventeur ou ses ayant-droit. Par conséquent, si un brevet venait à être accordé, pour une invention étrangère, à un autre que l'inventeur, il pourrait être revendiqué par ce dernier ou, dans tous les cas, il serait nul.

<small>Le but était déjà atteint par une autre résolution.</small>

Nous préférons même la formule votée par le Congrès, parce que le titulaire du brevet étranger peut très bien l'avoir obtenu au détriment de l'inventeur. Même s'il lui a été accordé sous le régime de l'examen préalable, cela ne supprime pas la possibilité d'une fraude.

<small>Et il l était mieux.</small>

En édictant la disposition dont il s'agit, le législateur de 1844 n'avait donc pas trouvé un moyen de garantir

<small>La disposition semble avoir été empruntée</small>

les droits de l'inventeur dans tous les pays qui méritât de lui être emprunté, mais cette disposition avait un second motif plus sérieux : on voulait forcer le demandeur à déclarer le brevet étranger, pour pouvoir régler sur sa durée celle du brevet français, de manière que les deux priviléges prissent fin en même temps.

<small>à la loi française de 1844.

Seconde raison d'être de la disposition inscrite dans la loi de 1844.</small>

Mais ce motif disparaît dès que l'on renonce à établir une dépendance de durée entre les brevets pris en divers pays pour la même invention, et la disposition de la loi française n'a plus aucune raison d'être dans ces nouvelles conditions.

<small>Elle disparaît, avec l'indépendance des brevets au point de vue de la durée.</small>

Ce que nous voudrions surtout faire remarquer, c'est que la mesure suggérée par la proposition ne serait nullement de nature à prémunir l'inventeur contre la perte de ses droits à l'étranger, car, ce qu'il faut pour cela, — comme nous l'avons dit à propos de la Résolution 12 (QUEST. GÉN.), — c'est que, par le seul fait de prendre un brevet dans un pays, il garantisse ses droits de priorité, pour un certain temps, dans tous les autres (jusqu'à preuve qu'il est sans droits réels), et conserve à son invention le caractère de la brevetabilité, malgré la publicité qu'elle pourrait recevoir.

<small>La mesure proposée n'assurerait pas la protection internationale des inventions.

Ce qu'il faut pour cela.</small>

Or, en supposant même que l'on arrivât, en n'accordant le brevet national qu'au titulaire du brevet étranger, à empêcher la délivrance de priviléges à des usurpateurs, cela n'assurerait point à l'inventeur, en tout cas, la possibilité d'obtenir lui-même un brevet valable : les tiers n'en auraient pas, admettons-le; mais le plus souvent il ne pourrait pas en avoir non plus, puisqu'on ne lui laisserait pas, pour se mettre en règle, un délai durant lequel la publicité serait inoffensive pour la brevetabilité de son invention.

<small>Le système proposé ne rend pas la publicité inoffensive.</small>

Or, l'octroi de ce délai, joint au principe que tout brevet sera nul s'il est accordé à un autre qu'à l'inventeur, est la condition nécessaire et suffisante pour que la protection internationale des inventions devienne possible.

Il ne peut donc pas être accepté.

Nous croyons donc, en résumé, que la proposition que nous venons d'examiner est en dehors de la question et, d'ailleurs, ne fait que répéter ce qui a déjà été formulé d'une façon plus parfaite. Du reste, le Comité d'organisation s'était borné à l'insérer dans le programme sous forme de question, après l'avoir trouvée dans une loi existante et avant que le Congrès n'eût émis aucun vote.

4° De la propriété et de la copropriété du brevet. Ouvrier; employé; fonctionnaire; associé. — Du droit, pour le Gouvernement d'un État, de prendre un brevet d'invention. — L'État a-t-il le droit d'exploiter une invention, avec ou sans indemnité, concurremment avec le breveté ?

Droit de propriété et de copropriété du brevet.

Un article du programme visait la question de la propriété et de la copropriété du brevet, et spécialement le droit des collaborateurs de l'invention (fonctionnaires, employés, etc.).

Cette question est une de celles que le Congrès a été forcé de négliger entièrement.

Une proposition avait été présentée au Congrès.

Une proposition lui avait été soumise sur ce sujet, mais elle n'a pu être mise en discussion; elle portait que la question du droit de copropriété qu'un collaborateur peut avoir sur le brevet est une question de fait qui ne peut être résolue que d'après les circonstances.

Nous ne dirons pas que cette proposition indiquait une mauvaise solution, car, à vrai dire, elle n'en renfermait aucune ; mais elle était critiquable précisément à cause de cela et parce qu'elle ne posait au juge aucune règle. Oui, sans doute, dans chaque cause le juge doit apprécier les faits, mais il ne les apprécie qu'en vue de pouvoir appliquer des dispositions inscrites dans la loi, et il n'est pas chargé de remplir lui-même la tâche du législateur. Nous nous expliquons difficilement cette tendance, qui s'est manifestée à mainte reprise au cours du Congrès, à ne fixer au juge aucune règle qui guide et enchaîne ses décisions et qui s'oppose à l'arbitraire le plus complet dans les arrêts qu'il rendra. *Elle ne fixait aucune règle à l'appréciation des faits par le juge.*

Dans la présente question, par exemple, en l'absence de toute indication dans la loi, que ferait le juge après qu'il aurait reconnu qu'une invention est le produit d'efforts communs, et qu'il aurait constaté dans quelle mesure et dans quelles conditions chacun y a collaboré ? C'est lui donner un pouvoir trop étendu, que de lui permettre de baser sur ces faits telle décision qu'il lui plaira, et les cas qui peuvent se présenter sont assez nombreux et assez divers pour que la loi s'occupe de les réglementer.

La section permanente française paraît avoir pensé ainsi, puisqu'elle a donné place dans son questionnaire à plusieurs questions spéciales que nous examinerons tout à l'heure.

Auparavant, nous dirons quelques mots sur la question de la copropriété en général.

Il ne paraît pas discutable que, lorsque l'invention a été faite en commun par plusieurs personnes, chacune d'elles doit avoir un droit de copropriété sur le brevet ; un brevet doit donc pouvoir être obtenu par plusieurs personnes collectivement, par une Société, etc. *Le droit de copropriété du collaborateur de l'invention est incontestable.*

D'autre part, la copropriété peut résulter de la cession d'une partie de ses droits faite par le breveté, ou de la transmission du brevet par héritage.

Bien que les conditions dans lesquelles les droits de copropriété doivent s'exercer soient très intéressantes à examiner, nous n'en parlerons pas ici, parce que cela s'écarterait de notre sujet, et nous nous bornerons à rechercher si tout collaborateur d'une invention, sans exception, doit être reconnu copropriétaire.

Doit-il être fait exception en ce qui concerne l'ouvrier, l'employé ou le fonctionnaire?

On s'est demandé si une exception ne devait pas être faite pour l'ouvrier ou l'employé, au moins dans certains cas, ainsi que pour le fonctionnaire de l'État ou pour l'associé, et pour justifier ces exceptions on a dit que toute personne se trouvant dans un de ces cas avait aliéné son temps et son intelligence au profit soit de l'État, soit d'un particulier, moyennant salaire ou partage de bénéfices; on a fait remarquer, de plus, que l'invention faite par elle pouvait être la conséquence plus ou moins directe des fonctions dont elle était chargée et que, dès lors, le bénéfice devait en revenir à celui à qui elle avait loué ses services. Toutefois, la grande majorité des auteurs, et la jurisprudence avec eux, admettent qu'en principe l'invention appartient à celui qui l'a conçue, à moins qu'il n'ait explicitement consenti à ce qu'il en soit autrement.

Cette exception ne peut être admise qu'en cas de stipulations spéciales.

Cette opinion nous paraît la seule juste. Il est clair que si quelqu'un s'est engagé, moyennant certaines conditions, à chercher la solution d'un problème donné, ou seulement à apporter tous les perfectionnements qu'il lui sera possible à une industrie déterminée, le jour où il trouve quelque chose de nouveau dans cette voie, cela appartient non pas à lui mais à celui pour le compte de qui il travaille.

Mais il en est tout autrement d'un employé d'un ordre quelconque, ou d'un associé, qui fait une découverte qu'il ne s'était nullement engagé à faire. Cela nous paraît évident. Peu importe que l'invention se rapporte au travail dont il s'occupait; peu importe qu'il ait pu trouver dans ses fonctions des facilités pour faire cette découverte, ou même qu'il ait, pour la faire, négligé lesdites fonctions : le patron pourra, le cas échéant, lui réclamer des dommages-intérêts de ce chef, mais non s'approprier tout ou partie d'une découverte qui, produit de l'intelligence et des études de l'inventeur, appartient à lui seul. Elle peut d'ailleurs avoir une valeur tout à fait hors de proportion avec le préjudice qu'il aurait causé, soit en négligeant les devoirs de sa position, soit en empruntant les moyens d'action qu'il avait à sa portée, et, dans tous les cas, rien n'autorise à mêler la question du droit au brevet avec celle du recours en réparation de dommage : le brevet doit être pris par l'inventeur ; après quoi il devient, au besoin, le gage des créanciers, mais seulement dans la mesure de la dette qui n'a pu être éteinte autrement.

En l'absence de toute stipulation, l'inventeur salarié reste maître de prendre un brevet à son profit.

Il ne peut être tenu qu'à la réparation du dommage causé à celui qui l'emploie.

Quant au droit pour l'inventeur d'exploiter son brevet, il n'est subordonné qu'aux obligations particulières qu'il a pu s'imposer de ne pas faire concurrence à son associé ou à la personne qui l'emploie, ou, d'une façon générale, de ne pas s'occuper d'autres affaires.

La Section française de la Commission de permanence s'est demandé si l'État pouvait être propriétaire ou copropriétaire d'un brevet, et l'un des articles qu'elle a introduits à ce sujet dans son questionnaire est celui-ci:

Du droit pour un État de prendre un brevet d'invention.

« Le gouvernement d'un État peut-il prendre un
« brevet? »

Cette question nous paraît devoir être résolue par l'affirmative.

Quelle objection y voit-on? Est-ce son caractère, d'être moral et impersonnel? Mais une Société anonyme est aussi un être impersonnel, et cependant on l'admet bien à prendre un brevet.

Opposera-t-on que l'État, par cette raison même, ne peut pas être l'auteur de l'invention? Mais, cette condition n'est pas, en général, exigée pour l'obtention d'un brevet, et on le délivre aussi bien à quiconque est autorisé de l'inventeur. Quant à savoir si le brevet pourra être délivré à « l'État » ou s'il devra l'être à une personne qui le représente, nous ne voyons pas là une difficulté sérieuse, et, une fois admis que l'État peut prendre un brevet, cette question de détail se réglera facilement (1).

On a soulevé un autre genre d'objections : Comment se représenter, a-t-on dit, le Gouvernement d'un État exploitant un brevet, fabriquant, vendant, poursuivant au besoin les contrefacteurs!

On doit d'autant moins s'arrêter à ce scrupule que, dans beaucoup de pays, en France notamment, l'État fabrique déjà des produits et les vend au public (tabacs, poudres, etc.), et qu'il plaide souvent comme demandeur ou comme défendeur.

Il est donc tout simple que l'État exploite privativement un brevet, soit qu'il l'ait demandé lui-même, soit qu'il l'ait trouvé dans une succession vacante ou en déshérence, et nous ne pensons pas que,

---

(1) Nous ferons remarquer à ce propos que nous avons été chargé de garantir dans tous les pays, au nom de l'État français, les marques de fabrique employées par la Compagnie générale des allumettes, et que nulle part nous n'avons éprouvé de difficulté à faire admettre le dépôt au nom de l'« État français, » sans aucun nom individuel.

si un brevet lui échoit, il soit tenu d'en faire l'abandon au domaine public.

Un arrêt de la Cour de cassation de France (25 janvier 1856) s'est prononcé dans notre sens à propos de l'invention de la carabine Minié. Renouard est également de la même opinion.

<small>Un arrêt de la Cour de cassation a prononcé dans ce sens.</small>

« L'État, dit-il, peut, avec les mêmes droits et sous
« les mêmes charges et conditions que toute autre
« personne individuelle ou collective, obtenir, pos-
« séder, acquérir un brevet, l'exploiter directement
« par ses agents, le céder à certaines personnes en
« totalité ou en partie, à titre gratuit ou onéreux, de
« même qu'il peut, si bon lui semble, gratifier de sa
« jouissance tout le public. »

<small>Opinion conforme de Renouard.</small>

L'éminent jurisconsulte dit encore :

« C'est dans le domaine privé et non dans le domaine
« public que se trouvent les choses appartenant au
« domaine de l'État, lorsque l'État, au lieu de les li-
« vrer à la jouissance de tous, les détient et les ex-
« ploite en sa qualité de personne collective comme
« le ferait une personne particulière ».

Nous trouvons encore, dans le questionnaire de la Section permanente pour la France, les deux questions suivantes, sur lesquelles nous dirons quelques mots :

<small>L'État peut-il exploiter une invention concurremment avec le breveté ?</small>

« 1° Dans le cas où une invention porte sur un
« objet présentant un caractère d'intérêt public,
« l'État a-t-il le droit d'exploiter l'invention concur-
« remment avec le breveté ?

« 2° Cette exploitation peut-elle avoir lieu sans
« indemnité ? »

De même que nous reconnaissons à l'État le droit de se garantir une invention à l'encontre des particuliers, par la prise d'un brevet, de même il est tenu, ce nous semble, de respecter absolument les brevets que les particuliers ont obtenus.

<small>L'État est tenu de respecter les droits que les particuliers tiennent des brevets qui leur ont été délivrés.</small>

Si cela est vrai, le Congrès a répondu implicitement aux deux questions ci-dessus, en repoussant les licences obligatoires et en admettant l'expropriation pour cause d'utilité publique, prononcée par une loi et moyennant une équitable indemnité.

La conséquence naturelle que l'on doit tirer de la résolution votée par le Congrès, c'est que, si l'État veut se servir d'une invention, il devra payer, soit qu'il s'entende à l'amiable avec le breveté, soit que, faute de pouvoir le faire, il obtienne des Chambres une loi d'expropriation pour cause d'utilité publique.

<small>A défaut d'entente avec le breveté, l'expropriation serait la seule voie ouverte à un État qui voudrait faire usage d'une invention couverte par un brevet.</small>

La faculté que, dans certains pays, l'État se réserve de faire usage d'une invention pour laquelle il délivre un brevet, est, à nos yeux, un abus dont l'équité réclame la prompte cessation.

<small>Il y a lieu de s'élever contre le droit que se réservent certains États de faire librement usage d'une invention brevetée.</small>

5° De la durée du privilége. — De la prolongation des brevets.

Le Congrès a bien examiné si un brevet devait donner à l'inventeur un droit exclusif d'exploitation pendant toute sa durée ou pendant une partie seulement, mais il n'a pas recherché quel terme il convenait de fixer à cette durée.

<small>De la durée du brevet.</small>

La proposition suivante lui avait été soumise sur ce sujet par M. l'amiral Selwyn :

<small>Proposition de M. l'amiral Selwyn (non examinée).</small>

« Il y a lieu de fixer à dix-sept ans la durée mini-
« mum des brevets. »

Mais cette proposition eut le sort de plusieurs autres, également très intéressantes, qui ne virent pas venir le jour de la discussion, trop d'autres sujets encombrant l'ordre du jour des séances.

Dans ces derniers temps, il s'est produit une certaine tendance à demander pour les brevets une durée assez longue, allant même jusqu'à vingt et un ans (1). Sans doute, le terme de quinze ans, adopté en France et ailleurs, n'a rien d'absolu; cependant, il a été choisi par beaucoup de pays et n'a été augmenté que par les États-Unis, où le brevet dure dix-sept ans, la Belgique, où il en dure vingt, et l'Espagne,

Tendance à augmenter la durée des brevets.

---

(1) Résolution du *Congrès de Vienne* :

« II. (d) Un brevet doit être délivré pour quinze ans ou avec
« faculté de le prolonger jusqu'à cette durée. »

— Résolution soumise au Congrès par l'*Association pour la réforme et la codification du droit des gens* :

« XI. La durée du brevet sera d'au moins vingt et un ans. »

— Proposition de l'*Union industrielle du nord-ouest de la Bohême* :

« La durée du privilège devrait être la même dans tous les pays,
« et il conviendrait de l'étendre à la plus longue durée concédée
« dans les législations sur les brevets actuellement en vigueur. »

— Voir *suprà* la résolution votée par plusieurs *Sociétés autrichiennes*, et qui fixe à vingt ans la durée des brevets, l'inventeur ayant un droit exclusif pendant les dix premières années et devant ensuite accorder des licences.

— Résolution soumise au Congrès par la *Société d'encouragement des arts, des manufactures et du commerce de Londres* (votée au sujet du projet de loi anglais sur les brevets, 1877) :

« V. Les dispositions de la loi, en tant qu'elles se rapportent
« à la modification de la description, au moyen de renonciation,
« explication, addition, ou autrement, et à la prolongation de la
« durée d'un brevet à vingt et un ans, devraient être étendues aux
« brevets existants. »

où, dans quelques cas, il peut également durer vingt années, d'après la loi de 1878.

Cette tendance ne paraît pas justifiée.

Si l'on considère que les industries se développent aujourd'hui plus rapidement qu'autrefois, il ne paraît pas y avoir lieu de donner aux priviléges une durée plus longue, moins nécessaire que jamais pour rémunérer l'inventeur, et susceptible de trop retarder la mise au jour des perfectionnements, qui se produisent aussi avec rapidité.

La Section française de la Commission de permamanence a formulé deux questions sur ce sujet.

La durée du brevet doit-elle varier suivant la nature de l'objet breveté?

La première est celle-ci :

« Y a-t-il lieu de faire varier la durée des brevets « d'après la nature de l'objet breveté? »

Cette variation aurait le défaut de placer les inventeurs sur un pied d'inégalité.

Cette différence de durée aurait incontestablement le défaut d'être injuste en ne plaçant pas tous les inventeurs sur un pied d'égalité; elle ne pourrait donc se justifier que par des raisons absolument impérieuses. Or, nous ne pensons pas que ces raisons existent plus pour une catégorie d'inventions que pour une autre. Afin d'éviter des répétitions, nous renvoyons, sur ce point, à ce que nous avons dit à propos des produits chimiques (Voir 1re Résolution, BREV. D'INV.) :

D'autre part, la Section française demande :

Y a-t-il lieu de fractionner la durée des brevets?

« Y a-t-il lieu d'admettre un fractionnement ana- « logue à celui qui est admis par la loi française, ou « la loi espagnole, ou la loi suédoise, etc. ? »

Ces trois législations citées comme exemples nous paraissent fixer le sens qu'il faut attacher au mot fractionnement employé dans cette question, et montrer que cette dernière vise, d'une façon générale, la question de la variabilité dans la durée des brevets délivrés par un même pays.

Les trois systèmes auxquels il est fait allusion n'ont de commun que le manque d'unité de cette durée du brevet, durée qu'ils font dépendre de considérations toutes différentes. Dans le premier (loi française), le demandeur la fixe à son gré, dans les limites déterminées par la loi. Dans le second (nouvelle loi espagnole), elle varie, non pas au gré du demandeur, mais suivant que l'invention est ou n'est pas déjà brevetée à l'étranger, et que le brevet étranger a été ou non publié et qu'il est plus ou moins ancien; c'est la loi qui fixe la durée pour chacun de ces cas. Enfin, dans le troisième (loi suédoise), c'est le Gouvernement qui, pour chaque demande, détermine arbitrairement le terme pour lequel le brevet sera accordé, en se basant sur la nature et sur l'importance de l'invention.

En ce qui concerne le système de la loi française, dans lequel la durée est fixée par l'inventeur lui-même, nous ne le comprenons pas du moment que la taxe se paye par annuités dont le versement est facultatif. Il est clair que, dans ces conditions, l'inventeur n'a qu'avantage à demander la durée la plus longue, et s'il ne le fait pas toujours, cela ne peut être attribué qu'à son ignorance de la loi; or, il n'est pas bon de spéculer sur cette ignorance et de tendre, en quelque sorte, un piège à l'inventeur pour épargner, par ci par là, quelques années de privilège. La question serait différente si la taxe devait se payer d'un seul coup; il faudrait alors des brevets de courte durée à l'usage de ceux qui seraient trop pauvres pour en solliciter d'autres; mais une mesure qui ne se justifie que par des raisons de ce genre doit être repoussée comme étant d'une révoltante injustice; aussi n'admettons-

Le fractionnement de la loi française n'a pas de raison d'être avec le payement de la taxe par annuités.

Il est une cause d'erreurs préjudiciables aux inventeurs.

nous que le payement périodique et, comme conséquence, la durée fixée en dehors du demandeur.

Si la durée des brevets devait varier, cela ne saurait dépendre, dans tous les cas, que de la nature ou de l'état de l'invention, et non pas de l'état de l'inventeur. On retombe alors dans le deuxième et le troisième système.

Mais doivent-ils davantage être adoptés? Nous ne le pensons pas.

Nous avons déjà dit que les inventions ne devaient pas être divisées, *d'après leur nature*, en plusieurs catégories auxquelles on appliquerait un traitement différent, et nous avons essayé de montrer que les cas mêmes qui semblent les plus favorables à la thèse contraire ne fournissent pas de motifs sérieux de l'accepter.

<small>La durée du brevet ne doit pas, comme en Suède, dépendre de l'importance de l'invention.</small>

Quant à faire dépendre la durée du brevet de l'*importance* de l'invention, cela nous paraît encore plus impossible, parce que cela ouvrirait la porte à l'arbitraire le plus absolu; aucune classification légale ne pouvant être établie sur cette base : ce serait donc l'Administration qui déciderait à sa guise; or, il est avéré que personne ne peut prévoir, à son début, l'importance d'une invention et que le public seul doit en être laissé juge. Donc, nous repoussons aussi le système pratiqué par la Suède et plusieurs autres pays.

<small>Système espagnol : division des brevets par catégories avec des durées différentes.</small>

Reste le système espagnol. Ici, les catégories sont du moins établies par la loi et elles se fondent sur des motifs ne prêtant pas aux mêmes critiques que ceux qui viennent d'être examinés. Cependant, y a-t-il lieu d'admettre ces catégories, et la durée uniforme n'est-elle pas plus rationnelle en même temps que moins compliquée?

On l'a vu plus haut, la durée du brevet, d'après la loi espagnole, varie suivant que l'invention (brevetée ou non à l'étranger) est encore secrète, ou bien qu'elle a fait l'objet d'un brevet étranger déjà publié et ayant soit moins de deux ans, soit plus de deux ans de date ; à chacun de ces trois cas correspond une durée invariable : 20, 10, 5 années.

Quelle singulière association de plusieurs principes différents, que l'on semble avoir cherché à combiner pour, d'un seul coup, les appliquer tous, ne fût-ce que par à peu près ! On a voulu tenir compte à la fois : 1° du fait que l'invention a reçu, ou non, de la publicité ; 2° du fait qu'elle a été, ou non, l'objet d'un brevet étranger ; 3° de la date plus ou moins ancienne de ce brevet. Et tout cela est recherché, non pas pour appliquer franchement certains principes, non pas, par exemple, pour refuser le brevet si l'invention n'est pas nouvelle, ou pour limiter la durée du brevet national à celle du brevet étranger déjà existant, etc., mais pour faire une série de cotes mal taillées, dont on a peine à démêler le motif. Le système, en définitive, est arbitraire et illogique autant que compliqué, et, des trois durées différentes fixées par la loi, une seule peut se justifier, c'est la durée maxima, accordée pour les inventions entièrement nouvelles ; les autres ne répondent à rien d'une manière précise.

Ce système est arbitraire, illogique et compliqué.

Après ce qui a été dit ci-dessus et qui peut être regardé comme le résumé critique de tous les modes de variabilité de la durée du brevet, on comprendra que nous répondions négativement à la question posée par la Section française et que nous nous prononcions pour la durée uniforme des brevets. En dehors de là, en effet, il n'y a qu'arbitraire, d'un genre ou d'un autre, et tous les principes sont faussés.

En dehors de la durée uniforme des brevets, il n'y a qu'arbitraire.

D'ailleurs, si l'on tient compte du vœu unanime du Congrès en faveur de l'indépendance du brevet national et des brevets étrangers, un Gouvernement auquel une demande de brevet est présentée n'a pas d'autre question à se poser que celle de savoir si l'invention est brevetable d'après la loi du pays.

Les brevets qui auraient été pris à l'étranger ne doivent pas l'occuper s'il ne pratique pas l'examen préalable, et s'il le pratique il ne doit les prendre en considération que pour rechercher s'ils ne constitueraient pas des antériorités de nature à lui faire repousser la demande dont il est saisi. Si, d'après la loi nationale, ils n'enlèvent pas à l'invention son caractère de nouveauté, le brevet doit être délivré pour le même terme que tout autre brevet. La nature de la découverte ou son importance, nous l'avons déjà dit, ne doit pas non plus influer sur la durée du privilége; il y a seulement à examiner si cette découverte rentre dans la catégorie des inventions brevetables. Enfin, on ne doit pas laisser la fixation de la durée au demandeur, dès l'instant que ce droit d'option n'est qu'une spéculation sur son ignorance, puisqu'il ne peut lui être que nuisible.

Un seul genre de brevets ayant une durée uniforme est préférable.

En résumé, il faut donc un seul genre de brevets, d'une durée uniforme, pour les inventions nationales comme pour les inventions étrangères, et il doit se délivrer sur l'examen d'une seule question, toujours la même : l'invention est-elle brevetable, c'est-à-dire est-elle légalement nouvelle et est-ce une conception industrielle relevant de la loi des brevets?

A la question de la durée normale du brevet, se lie la question de sa prolongation.

Y a-t-il lieu d'admettre la prolongation des brevets ?

La Section permanente française l'a posée en ces termes :

« Y a-t-il lieu d'admettre la prolongation des bre-
« vets? En cas d'affirmative, dans quelle condition et
« par quelle autorité cette prolongation doit-elle être
« accordée? »

Posons d'abord que les prolongations de brevets, à supposer qu'on en accepte le principe, ne devraient évidemment être que des exceptions, car il faut admettre que le législateur saura fixer la durée normale des brevets de manière qu'elle suffise dans la majorité des cas. *Dans tous les cas les prolongations ne devraient être que des exceptions.*

Maintenant, à quelles conditions devra-t-on pouvoir bénéficier de cette mesure exceptionnelle? *Conditions à remplir.*

Suffira-t-il, par exemple, que l'invention soit une découverte importante? Non, car très souvent, dans ce cas, son exploitation pendant la durée ordinaire du brevet aura largement rémunéré son auteur. Il faut, pour justifier une prolongation, que la nature même de l'invention, ou certaines circonstances particulières, aient rendu impossible à l'inventeur d'en tirer un profit suffisant. Peut-être conviendrait-il, en outre, de n'accorder cette faveur que pour les inventions très utiles, la prolongation du brevet devenant alors une sorte de récompense ou de réparation nationale. *L'importance de la découverte ne peut être un motif suffisant.* *Il faut que des circonstances particulières aient empêché l'inventeur de tirer parti de son brevet.*

En principe, nous ne repousserions pas la prolongation, ainsi entendue, car elle constituerait quelquefois un acte de justice nécessaire, des découvertes très méritoires et très utiles au pays pouvant ne réussir que vers le moment où le terme primitif du brevet vient à expiration. Mais la difficulté est dans l'application. *La difficulté réside dans l'application.*

On aurait peut-être une garantie suffisante contre les abus en prescrivant qu'une loi sera nécessaire pour prolonger un brevet, et en ayant soin de ne pas exiger le payement d'une forte taxe, comme cela a lieu en Angleterre par exemple; cette exigence, en effet, loin d'être une garantie, serait de nature à faire accorder les prolongations beaucoup plus facilement; il faut que les décisions à cet égard soient prises en dehors de toute considération budgétaire. Mais il resterait à craindre que l'obtention d'une prolongation ne devînt dans certains cas une affaire d'influences.

Il faudrait se prémunir contre les abus possibles.

En France, depuis trente-six ans qu'est en vigueur la loi de 1844, qui ne permet la prolongation d'un brevet que par une loi, il n'y a pas eu d'abus, car deux brevets seulement ont été prolongés, et ils le méritaient, au moins par leur importance, mais l'expérience des autres pays n'est pas toujours aussi rassurante. Or, comme l'intérêt public est engagé, cela mérite réflexion.

Et tenir compte des droits existants.

D'un autre côté, quels effets produirait la prolongation d'un brevet sur la durée des brevets pris par les tiers pour des perfectionnements se rattachant au brevet prolongé?

Sous peine que la prolongation ne soit une mesure un peu dérisoire, elle doit retarder l'application des perfectionnements jusqu'à l'expiration du nouveau terme concédé; autrement, on n'aurait plus le droit de dire que l'existence du brevet a été maintenue, et, de fait, il n'aurait plus guère d'utilité pour son propriétaire, en présence de systèmes plus perfectionnés dont celui-ci n'aurait pas le droit d'empêcher l'exploitation. Mais, alors, les brevets pris pour des perfectionnements se trouveraient souvent annulés complètement ou à peu près, leur expiration arrivant avant qu'on eût le droit de les exploiter, ou très peu de temps après; cela ne pourrait être évité qu'en mitigeant le système de la prolongation, c'est-à-dire en permettant l'exploitation des perfectionnements pendant la période ajoutée à la durée du brevet primitif, soit que cette exploitation pût se faire librement ou en vertu de licences obligatoires.

Dans cette alternative de créer aux auteurs de perfectionnements une situation impossible ou de ne pas pratiquer le système de la prolongation d'une manière sérieuse, c'est-à-dire en laissant au brevet prolongé tous ses effets, on est fortement tenté, pour couper court à cette difficulté, en même temps qu'aux autres inconvénients signalés plus haut, de repousser le principe de la prolongation. Le peu d'usage qui a été fait de la faculté de prolongation inscrite dans la loi française de 1844 n'est pas de nature, en effet, à en démontrer la nécessité absolue. Il est vrai que cela peut tenir, dans une certaine mesure, à ce qu'il fallait mettre l'appareil législatif en mouvement; mais nous ne jugerions pas sage de supprimer cette garantie.

La difficulté de satisfaire tous les intérêts serait un motif suffisant pour faire repousser les prolongations.

Dans tous les cas, qu'il nous soit permis de le dire, beaucoup de choses sont plus nécessaires aux inventeurs que de pouvoir faire prolonger leurs brevets, et ce point n'a qu'une importance tout à fait secondaire.

6° De l'obligation d'apposer, sur les produits, une mention indiquant qu'ils sont brevetés.

La Section française de la Commission de permanence a proposé deux questions nouvelles comme complément de la résolution votée par le Congrès et par laquelle il déclarait que la contrefaçon devait être réprimée par la loi pénale dans toutes les branches de la propriété industrielle. Ces deux questions spéciales aux brevets sont les suivantes :

Les produits brevetés doivent-ils porter la mention du brevet ?

« 1° L'inventeur doit-il être obligé d'apposer sur ses produits une mention ou un signe indiquant qu'ils sont brevetés ? »

Cette mention doit-elle indiquer la date ?

« 2° La mention doit-elle indiquer la date ou le numéro du brevet ? »

Oui, c'est le moyen d'éviter les contrefaçons involontaires.

La mention du brevet, faite sur les produits, est un moyen si simple d'éviter les contrefaçons involontaires, beaucoup plus nombreuses qu'on ne le croit, et d'épargner aux fabricants et aux négociants la peine de rechercher, pour chaque article qui leur passe entre les mains, s'il n'aurait pas fait l'objet d'un brevet, que l'on est surpris que l'obligation n'en soit pas déjà imposée au breveté par toutes les législations. Il devrait même être tenu d'indiquer le numéro de son brevet, sinon son numéro et sa date, afin que chacun pût facilement savoir si ce brevet est toujours en vigueur et aussi se reporter à la description pour voir exactement ce qui en fait l'objet. Quand, exceptionnellement, la mention ne pourrait pas être mise sur les produits eux-mêmes, il devrait être obligatoire de l'imprimer sur les enveloppes.

La mesure est en vigueur aux États-Unis. — Sanction.

Aux États-Unis, il y a une excuse légale à la contrefaçon dans le fait que le propriétaire du brevet n'apposait pas le mot « breveté », avec la date du brevet, sur ses produits ou sur les enveloppes les renfermant, à moins qu'il ne soit prouvé que le défendeur a continué d'imiter lesdits produits après avoir été prévenu qu'il commettait une contrefaçon.

Nous voudrions voir édicter partout la même prescription, avec la même sanction.

Décision conforme du Congrès pour les dessins de fabrique.

Il est bon de faire remarquer que, si le Congrès n'a rien recommandé à ce sujet pour les brevets ni pour les marques de fabrique, il a sanctionné la mesure que nous défendons ici, dans une résolution relative aux dessins et modèles industriels.

7° De l'introduction dans le pays du brevet. — Introduction en transit. — Introduction en entrepôt.

Parmi les questions non examinées par le Congrès et qui ont été évoquées par la Section française de la Commission de permanence, il en figure quatre qui ont rapport à l'introduction, dans le pays du brevet, d'objets semblables à ceux qui font l'objet de ce brevet.

La première est celle-ci :

« L'introduction par un tiers d'objets fabriqués à « l'étranger et semblables à ceux que le brevet ga- « rantit, doit-elle être assimilée à la contrefaçon ? »

Nous nous prononçons sans hésiter pour l'affirmative, qui est du reste adoptée à peu près universellement.

L'introduction par un tiers d'objets fabriqués à l'étranger et semblables à ceux que le brevet garantit doit être assimilée à la contrefaçon.

Celui, en effet, qui amène sur le sol d'un pays un objet pour lequel un brevet existe, prépare et facilite le délit d'usage, de vente ou même de fabrication de cet objet ; il est donc complice d'une contrefaçon et c'est à juste titre que la plupart des lois de brevets comptent l'introduction parmi les formes que la contrefaçon peut revêtir.

Mais, en prévision de cette solution, la Section française demande :

Faut-il, pour être délictueuse, que l'introduction ait un but commercial ?

« Doit-il être du moins exigé que l'introduction ait « lieu dans un but commercial ? »

Voyons dans quelles conditions pourra se produire l'introduction d'objets brevetés, sans intention mercantile. Il y aura deux cas : le plus généralement, il s'agira de bagages accompagnant des voyageurs ; mais il pourra aussi arriver que des objets brevetés soient simplement expédiés seuls comme on expédie des marchandises, sans que pourtant ce soient des marchandises, parce qu'ils n'auront pas été vendus et ne seront pas destinés à l'être (dons à des particuliers, à des musées industriels, etc.).

Première question qui se pose :

Il est difficile de sévir contre l'introduction d'objets destinés à un usage personnel ou à tout autre emploi non commercial.

Faut-il faire une distinction entre ces deux cas ? En ce qui concerne le premier, on est frappé immédiatement de la difficulté d'inquiéter un voyageur pour le seul fait d'avoir emporté avec lui des objets à son usage et de l'obliger à s'assurer, avant de franchir la frontière, que son chapeau, sa montre ou sa cravate ne renferme pas une disposition qui soit brevetée dans le pays où il va entrer.

Dans le second cas, l'interdiction absolue d'introduire n'offre peut-être pas d'une manière aussi saisissante le caractère d'une vexation, mais au fond, cependant, il n'y a pas de différence sensible.

Il y a cependant préjudice causé au breveté.

Et ce qu'il faut remarquer surtout, c'est que, dans un cas comme dans l'autre, il pourra y avoir un préjudice causé à l'inventeur (parce qu'on lui aurait peut-être acheté les objets que l'on recevra ainsi en dehors de lui), et que, dans les deux cas aussi, ce préjudice sera faible (car les introductions faites en dehors de toute pensée commerciale ne seront jamais considérables).

Ces considérations nous semblent de nature à faire décider, tout d'abord, qu'il n'y a pas lieu de distinguer entre les conditions dans lesquelles l'introduction se produit, pourvu que l'intention mercantile n'y ait aucune part.

En second lieu, la double circonstance qu'il peut y avoir un préjudice pour l'inventeur, mais que ce préjudice ne peut pas être assez grand pour que le désir de l'empêcher doive faire passer par-dessus tous les autres inconvénients, cette double circonstance nous fait penser qu'il ne faut ni condamner toujours ni toujours absoudre l'introduction non commerciale, et que la meilleure solution consiste à admettre l'excuse de la bonne foi, comme on le fait en France pour tous les délits constituant non pas la contrefaçon même, mais la complicité de contrefaçon.

<small>La meilleure solution paraît être, dans ce cas, l'admission de l'excuse de bonne foi.</small>

De cette manière, tout en évitant des mesures vexatoires, on sera armé contre celui qui violerait un brevet dont il connaîtrait l'existence.

La question de savoir si le simple *transit* constitue une contrefaçon n'a été non plus ni discutée au sein du Congrès, ni même examinée par sa section des brevets, quoiqu'elle figurât au programme. Elle présente cependant une certaine importance, et la Section française de la Commission de permanence en a fait l'objet de l'article suivant inséré au questionnaire qu'elle a élaboré :

<small>Introduction en transit.</small>

« Si l'introduction d'un objet fabriqué à l'étranger
« doit être réprimée par la loi pénale, doit-il en être
« ainsi de l'introduction en transit? »

La question est certainement un peu délicate.

D'une part, on peut soutenir que celui qui fabrique un objet dans un pays où cet objet n'est pas breveté, pour le vendre dans un autre où il ne l'est pas davantage, ne porte atteinte à aucun droit, même si,

<small>On peut soutenir que l'introduction en transit ne porte atteinte à aucun droit.</small>

pour le faire parvenir à destination, il emprunte momentanément le territoire d'un pays où il fait l'objet d'un brevet. Cependant, il peut arriver que l'usage de cette voie procure au fabricant des avantages de rapidité et d'économie dans le transport sans lesquels il n'aurait pas pu faire concurrence, sur le marché destinataire, à celui qui est breveté dans le pays par lequel la marchandise a transité; on a aussi quelquefois employé ce moyen pour donner le change sur le pays d'origine de certains produits; on ne saurait donc nier que le transit peut causer un préjudice au breveté. Quelques esprits ont conclu de là qu'il constituait une contrefaçon, et que même il en était ainsi en France sous l'empire de la législation actuelle, bien qu'elle ne s'en explique pas; ce n'est pas, toutefois, ce que soutient M. E. Clunet, dans son intéressant ouvrage sur la *Saisie des objets appartenant aux exposants français et étrangers dans l'enceinte de l'Exposition et au dehors.*

En matière de marques de fabrique, la loi de 1857 prohibe formellement le transit des marchandises revêtues d'une marque contrefaite, et cette disposition a été approuvée par le Congrès en tant que s'appliquant aux marques de fabrique.

Nous ne méconnaissons pas les inconvénients que le transit est susceptible de causer au breveté, dans certains cas, mais cela ne nous fait pas oublier que les seuls actes qu'on puisse assimiler à la contrefaçon et interdire en vertu du brevet ce sont ceux qui violent les droits attachés au brevet lui-même, et non pas tous ceux qui nuiraient au breveté d'une manière quelconque.

Or, le transit pourra bien être avantageux pour celui qui s'en servira et qu'il placera dans de meilleures conditions pour faire concurrence au breveté. Mais, concurrence dans quel pays? dans un pays où ce dernier n'a aucun privilége; car, ne l'oublions pas, il s'agit d'objets fabriqués dans un pays où ils sont dans le domaine public et se rendant dans un autre où ils peuvent également être vendus par tout le monde. *atteinte aux droits conférés par le brevet.*

Cela ne suffit-il pas pour rendre inadmissible l'assimilation du transit à un fait de contrefaçon? Un brevet délivré par la France par exemple, donne bien à son propriétaire le droit exclusif de fabriquer, vendre ou employer en France l'objet de son invention, mais il ne lui donne pas le droit d'exiger qu'aucun moyen de lui faire concurrence au dehors ne puisse être trouvé en France : les étrangers peuvent y acheter leurs matières premières, y prendre les ouvriers et les capitaux qui leur sont nécessaires, y étudier même les moyens du breveté et s'éclairer sur les conditions commerciales de succès de l'invention; toutes choses qui leur facilitent aussi la concurrence. Pourquoi donc ne pourraient-ils pas de même emprunter les routes françaises? Ne sont-elles pas ouvertes à tout le monde, ou pense-t-on qu'il convienne de les fermer sous prétexte de brevets?

Ce serait là une mesure barbare, que le prétexte invoqué pour la défendre ne justifierait pas, car rien de pareil, heureusement, n'est dans la nature de la protection que le brevet doit donner. Le brevet assure à l'inventeur le droit exclusif d'exploiter son invention dans le pays, mais il ne lui donne droit à aucune protection douanière ou autre du même genre ; il n'est pas une arme contre la fabrication ou la vente des mêmes produits dans les pays étrangers. Si l'inventeur veut éviter la concurrence de ces pays, qu'il s'y fasse breveter comme il s'est fait breveter dans le *La fermeture des routes nationales d'un pays au profit d'un intérêt particulier ne pourrait se justifier.*

sien, et il obtiendra par ce moyen l'avantage qu'il désire et que l'on ne pourrait, sans violer des principes supérieurs, lui assurer par l'interdiction du transit.

On n'a pu songer à incriminer le transit qu'en l'assimilant à l'introduction sur le territoire national, puisqu'il ne constitue ni la fabrication, ni l'emploi, ni la vente ou l'exposition en vente.

Or, la différence entre les deux ordres de faits est très grande ; celui qui introduit et laisse sur le sol d'un pays un objet pour lequel il existe un brevet se rend complice du délit de fabrication, d'usage ou de vente dans ce pays même ; comme nous le faisions remarquer tout à l'heure, il doit donc être poursuivi comme tout autre complice de la contrefaçon ; mais lorsque la marchandise entre avec une destination pour l'étranger, il ne peut pas y avoir de complicité de contrefaçon, puisque la contrefaçon elle-même fait défaut.

Introduction dans un entrepôt. — Nous pensons donc que le transit d'objets brevetés ne peut pas être prohibé, même si les produits sont transités dans un but commercial.

Il nous reste à examiner le cas de l'introduction dans un *entrepôt*.

On l'assimile souvent à l'introduction en transit ; il est vrai que c'est pour condamner l'une et l'autre. Nous croyons, nous, qu'il n'y a pas d'assimilation à faire entre les deux, et tandis que le transit nous paraît licite, nous condamnons l'introduction en entrepôt, et par les mêmes raisons.

Comme nous l'avons déjà dit, si la marchandise ne fait que passer, cela implique que, fabriquée à l'étranger et en dehors de la sphère d'action du brevet, elle a déjà, en partant, sa destination pour un autre pays étranger ; sa vente ou son placement ne se traite donc pas dans le pays du brevet et le brevet n'est violé d'aucune manière.

Faire entrer en entrepôt est une chose toute différente : c'est tenir magasin dans le pays même du breveté pour y vendre les produits garantis par son brevet; ici, la marchandise ne traverse pas seulement, déjà vendue et se rendant chez l'acheteur ; arrivée disponible, elle reste là jusqu'à ce qu'elle soit placée. C'est donc bien un magasin de vente établi *dans le pays du brevet*; la contrefaçon par mise en vente nous paraît donc incontestable.

<small>L'introduction en entrepôt constitue un acte commercial : c'est tenir magasin dans le pays du brevet.</small>

Cependant la marchandise peut arriver déjà vendue et être consignée à la disposition de l'acquéreur; mais si ce dernier se la fait adresser en entrepôt, c'est évidemment qu'il veut se réserver de l'expédier directement de là à ceux à qui il la revendra. Il y a donc toujours, comme dans l'autre cas, magasin de vente établi dans le pays, et le délit subsiste; il y a seulement un changement de personne. Or, comme ce n'est pas l'acheteur, mais le vendeur que l'on poursuit en cas de contrefaçon, la solution reste ce qui a été indiqué plus haut, c'est-à-dire que c'est toujours l'introducteur qui est le délinquant.

<small>Elle doit être assimilée à la contrefaçon.</small>

8° De la Juridiction en matière de brevets d'invention. — Effets de la chose jugée en matière de nullités et de déchéances.

Le programme du Congrès comprenait la question suivante :

<small>Juridiction compétente pour les affaires de brevets.</small>

« Les actions relatives aux brevets d'invention
« doivent-elles être portées devant la juridiction de
« droit commun ou devant une juridiction spéciale? »

Aucune résolution n'a été votée sur ce sujet, et le Congrès s'est borné à écarter quelques propositions qui s'y rattachaient et qui demandaient la création de jurys industriels. Dans le dernier paragraphe de la

Résolution 10 (BREV. D'INV.), il a bien émis le vœu que les déchéances pour défaut d'exploitation ne puissent pas être prononcées par l'Administration, mais sans examiner, même pour cette catégorie particulière d'affaires, quel genre de tribunal devait être compétent.

Malgré le peu de faveur que la création de jurys industriels a rencontrée devant le Congrès, il ne nous paraît pas sans intérêt d'examiner les propositions qui lui avaient été soumises en ce sens.

Proposition de créer des jurys industriels.

La première, signée de M. Bourdin, ingénieur, expert près le Tribunal civil, était ainsi conçue :

« Les contestations en matière de propriété indus-
« trielle ne doivent être résolues qu'après avis donné
« par des jurys composés exclusivement de savants et
« d'industriels. »

Rédaction différente.

La seconde, qui n'était qu'une atténuation de la première et qui avait été déposée par M. Grodet au cours de la discussion, avait pour texte :

« Le Congrès émet le vœu que les Gouvernements
« des divers pays mettent à l'étude la question de sa-
« voir si, dans des cas à déterminer, les contestations
« en matière de propriété industrielle ne devraient
« être résolues par des tribunaux qu'après avis
« donné par des jurys composés exclusivement de
« savants et d'industriels ».

Motifs à l'appui.

A l'appui de sa proposition, M. Bourdin fit remarquer que, dans l'état de choses actuel, il était difficile à beaucoup d'inventeurs de poursuivre les contrefacteurs, et que les grandes facilités que l'on allait donner pour la prise des brevets en abaissant les taxes, etc., rendaient plus nécessaire de se préoccuper de cette situation. Il serait donc utile de créer des tribunaux spéciaux qui rendraient à la propriété industrielle les services que les justices de paix rendent à la propriété ordinaire.

Or, M. Bourdin croit que des jurys, fonctionnant à la manière des conseils de prud'hommes et siégeant quelques jours par semaine, pourraient, en quelques minutes, donner des avis qui, le plus souvent, suffiraient aux plaideurs et leur éviteraient des procès onéreux devant les tribunaux ordinaires, qui sont obligés de recourir à un ou plusieurs experts. Dans le cas où il n'y a qu'un expert isolé, sa position est délicate en face de deux industriels qui s'attribuent une même invention; en outre, il est obligé de rédiger un rapport très long pour faire l'éducation du tribunal. On éviterait ces grands frais à l'inventeur au moyen d'un tribunal spécial composé d'au moins douze jurés, pour diminuer les chances d'erreurs.

Des jurys industriels suppléeraient aux experts et régleraient les questions à peu de frais.

Inconvénients de l'expertise.

M. E. Barrault fit observer que les savants et les industriels ont généralement d'avance des idées très arrêtées, en opposition avec d'autres idées également respectables; de sorte que, selon lui, il n'y aurait pas de plus mauvais tribunal qu'un tribunal établi sur les bases de la proposition, car il se composerait de juges passionnés.

Objections à la proposition.

On objecte que les jurés industriels seraient des juges passionnés.

M. L. Donzel, avocat, combattit aussi la proposition, qu'il ne croyait pas réalisable.

Il est vrai, a-t-il dit, que le jury industriel ne donnera que des avis, mais quand il aura déclaré, par exemple, que telle combinaison de moyens connus soumise à son appréciation n'est pas nouvelle, le brevet contesté sera bien compromis, car les juges se croiront tenus par cet avis des experts et, en fait, le procès sera jugé par le jury, c'est-à-dire par des sa-

Et que, de plus, l'avis qu'ils auraient émis constituerait un préjugé.

vants et des industriels qui ont souvent un parti pris. Les plus compétents d'entre les jurés sont ceux qui exerceront la même industrie que les parties ; or, il n'y aurait pas d'inconvénients à les entendre comme experts, avec la garantie de la contre-expertise, mais il serait grave d'instituer une juridiction d'industriels qui seraient souvent juges et parties et pourraient absoudre quelquefois le contrefacteur, étant contrefacteurs eux-mêmes.

C'est là, disait M. Donzel, le principal motif pour rejeter la proposition ; mais il y en a un autre :

<small>Qu'il y aurait difficulté à constituer le jury ; déplacements imposés aux justiciables.</small>

Dans les grands centres, on pourrait constituer le jury, mais non dans certains arrondissements. Supposons même qu'on le puisse : il faudra réunir les jurés au chef-lieu du département, peut-être même dans la ville où siège la Cour d'appel ; de là des déplacements considérables qui obligeront à accorder à ces jurés des indemnités très onéreuses pour les justiciables.

<small>Que la création de jurys industriels semblerait inspirée par la défiance vis-à-vis des magistrats.</small>

Enfin, disait l'orateur, ce système tiendrait en échec les règles de la compétence, qui sont une garantie pour tous les justiciables, et il semblerait, en outre, emprunter ses motifs à un sentiment de défiance vis-à-vis des magistrats.

<small>Nouveaux arguments en faveur de la proposition.</small>

M. Grodet vint appuyer, au contraire, le principe de la proposition et ajouta les observations suivantes à celles déjà présentées par M. Bourdin :

<small>Les jurys industriels fonctionnent dans plusieurs États.</small>

L'institution proposée n'est pas nouvelle ; on retrouve les jurys industriels dans les pays voisins.

<small>En Autriche.</small>

En Autriche, la loi du 7 décembre 1858 les a institués pour les marques de fabrique et de commerce ; une loi du même jour leur a également attribué compétence pour les dessins et modèles industriels. L'expérience n'a pas été mauvaise, car, en 1870, le Gouvernement allemand a présenté au Reichstag un projet de loi qui admettait ces jurys spéciaux en matière de propriété littéraire, et le projet a été voté sans opposition. En 1876, les 9, 10 et 11 janvier, le Reichstag a voté trois lois sur la propriété industrielle : une sur les œuvres photographiques, une sur les œuvres appartenant aux arts plastiques, une sur les dessins et modèles industriels ; chacune de ces lois renvoie à la loi de 1870 pour le fonctionnement de ces jurys, que l'on appelle en Allemagne et en Autriche : Commissions, Compagnies d'experts. Une ordonnance spéciale, qui a réglé le fonctionnement de ces Compagnies d'experts pour les œuvres photographiques, les œuvres plastiques et les dessins industriels, en a fait de véritables jurys industriels.

En Allemagne.

L'idée fait son chemin, ajoutait l'orateur ; la loi espagnole du 30 juin 1878 sur les brevets dit que les actions civiles ou pénales seront portées devant les « jurys industriels ».

En Espagne.

Sans appuyer la proposition de M. Bourdin, qui pouvait être un peu trop absolue, M. Grodet demandait donc au Congrès de voter la rédaction différente qu'il avait proposée et qui émettait le vœu que les Gouvernements des divers pays missent à l'étude la question de savoir si, dans des cas à déterminer, il n'y avait pas lieu de soumettre d'abord à des jurys de ce genre les contestations en matière de propriété industrielle.

M. Magnin, parlant dans le même sens, pria le Congrès de constater que les Conseils de prud'hommes sont composés d'industriels et que leurs membres

Les Prud'hommes, qui sont des industriels, rendent de grands services.

sont les juges les plus intègres et les plus compétents; il ajouta que les experts sont nommés « au caprice », tandis que les prud'hommes sont nommés à l'élection.

M. Limousin, de son côté, vint appuyer la proposition Bourdin, que son auteur avait retirée pour se rallier à celle de M. Grodet, et que M. Limousin avait reprise en y ajoutant ces mots : « les contestations... *ayant un caractère technique.* »

Changement à la rédaction de la proposition.

Les magistrats ordinaires manquent des connaissances techniques nécessaires.

M. Limousin se basait sur cette considération, que les magistrats, malgré leur savoir, ne peuvent pas embrasser toutes les connaissances humaines, et que, puisque pour bien juger il faut d'abord connaître la question, il semblait bon de leur donner un Conseil consultatif pour les questions techniques.

Nouveaux arguments invoqués contre la proposition.

Comme on le voit, la proposition avait des partisans dans le Congrès; mais M. Bozérian, cédant le fauteuil de la présidence, vint la combattre énergiquement et emporta un vote de rejet qui n'épargna même pas la proposition, cependant modeste, de M. Grodet.

Qu'elle rend l'expertise obligatoire dans tous les cas.

Visant plus spécialement la proposition Bourdin, qui réclamait l'intervention du jury technique dans tous les cas sans exception, M. Bozérian la considérait comme inacceptable, parce qu'elle rendait obligatoire ce qui est aujourd'hui facultatif. L'état de choses actuel est plus sage et plus raisonnable, disait-il : quand la question n'a rien de technique, c'est-à-dire quand il s'agit d'une question de pur fait ou de droit pur, pourquoi un jury? Il n'en faut pas plus que d'experts.

Qu'elle préconise un système coûteux.

On parle de bon marché! ajoutait M. Bozérian. Les experts judiciaires, sans doute, ont la réputation d'être chers, et d'ailleurs il est juste qu'ils fassent payer leur temps et leur talent; mais cela serait vrai aussi pour les jurés. Pourquoi rendre cette dépense obligatoire, alors surtout qu'elle ne sera pas toujours nécessaire? Et puis, pourquoi empêcher les plaideurs de se contenter d'un seul expert?

M. Grodet fit observer en vain que, dans sa proposition, il ne s'agissait pas de faire passer toutes les affaires indistinctement devant le jury, et qu'il demandait simplement que les Gouvernements examinassent si une institution qui fonctionnait déjà en Autriche, en Allemagne et en Espagne ne pouvait pas avec avantage être étendue aux autres pays. Sa proposition fut néanmoins rejetée comme celle de M. Bourdin. *Réponse. Les jurys ne seraient pas saisis des questions non techniques.*

Rejet de la proposition.

M. Limousin déposa alors une autre proposition, ainsi conçue : *Proposition. Que les ingénieurs diplômés soient admis à plaider.*

« Les ingénieurs diplômés devront être autorisés à
« défendre en matière d'invention. »

Cette proposition, qui était inspirée par la même considération que celles de MM. Bourdin et Grodet, le besoin de connaissances industrielles pour élucider des questions industrielles, fut également rejetée.

S'il nous est permis de le dire, nous trouvons que la proposition Grodet a été repoussée sans motifs suffisants. Elle ne demandait, en effet, que de recommander à l'attention des Gouvernements une institution dont le principe semble parfaitement rationnel, et que l'on n'aurait pas dû se hâter de déclarer irréalisable, puisqu'elle existe dans plusieurs pays voisins, qui se la sont empruntée les uns aux autres, depuis *La proposition concernant les jurys industriels a été rejetée sans motifs suffisants.*

vingt ans, et en ont graduellement étendu l'application.

Un orateur a fait valoir qu'une telle mesure semblerait emprunter ses motifs à un sentiment de défiance vis-à-vis des magistrats. Sans doute, toutes les fois qu'on apporte un changement quelconque à une organisation, on reconnaît par cela même qu'on ne la trouve pas parfaite; mais les magistrats ne peuvent s'offenser de ce qu'on leur refuse une science universelle; il est bien permis de penser, sans méconnaître leur savoir, qu'ils ne peuvent pas réunir toutes les connaissances humaines et, spécialement, celles qui s'éloignent le plus du sujet de leurs études. Le délégué officiel du Gouvernement anglais au Congrès de Vienne, M. Webster, conseiller de la Reine, n'a pas craint d'appuyer, dans son rapport, sur cette opinion, générale en Angleterre, que les procès de brevets étaient le plus souvent « une spéculation sur l'ignorance des juges et du jury », lequel jury n'est pas composé de techniciens. D'ailleurs, les magistrats ne reconnaissent-ils pas eux-mêmes leur incompétence, quand ils nomment des experts pour les éclairer ?

Mais on a dit : Les expertises sont aujourd'hui l'exception; il ne faut pas en faire la règle. D'abord, il va sans dire que les jurys industriels n'auraient pas à intervenir quand il ne s'agirait que de questions de droit pur; ceci entendu, il ne serait peut-être pas mauvais que les juges fussent *toujours* éclairés par un avis émané d'hommes techniques. Si l'on hésite souvent aujourd'hui devant la nomination d'experts, c'est qu'ils sont très coûteux et qu'ils entraînent à de grandes lenteurs, ainsi qu'on l'a reconnu; c'est par la même raison que l'on se contente quelquefois d'un seul expert, malgré les dangers que cela présente. Il s'agirait donc de savoir si un jury industriel ne pourrait pas donner des avis toutes les fois que cela serait nécessaire, sans qu'au total il en coûtât plus cher qu'aujourd'hui. Nous n'avons pas la prétention de nous prononcer là-dessus, on ne pourrait le savoir que par une étude sérieuse de la question et en s'aidant de l'expérience des pays où l'institution fonctionne; il aurait fallu aussi examiner de près la question de savoir quel devrait être le nombre des jurys de ce genre, où ils devraient siéger et comment on pourrait en recruter le personnel. C'est précisément pourquoi nous regrettons que la question n'ait pas été renvoyée aux différents Gouvernements en les invitant à procéder à des études sur ces quelques points, qui sont les seuls sur lesquels on ait opposé à la proposition des objections qui ne puissent pas être écartées *à priori*.

Les autres objections ne paraissent pas décisives. Ainsi, par exemple, on a dit que si les affaires étaient examinées d'abord par des jurys industriels, ce seraient ces jurys, en réalité, qui jugeraient seuls, attendu que les tribunaux croiraient devoir s'en rapporter à l'avis qu'ils auraient donné. Mais il semble juste de penser, au contraire, qu'un tribunal s'en rapportera moins à des jurés qu'il n'aura pas nommés qu'à des experts désignés souvent par lui-même; c'est donc plutôt, dans l'état de choses actuel, que l'avis donné par l'homme technique peut avoir une influence décisive sur la solution du procès, et, du reste, on n'empêchera jamais que, dans l'appréciation d'une affaire, celui qui sait, qui comprend, qui est compétent en un mot, entraîne avec lui ceux qui ne savent pas, et, en principe, il ne faut pas le regretter; cependant il y a un danger qui est celui-ci :

Quand un expert intervient dans le règlement d'une contestation industrielle, chacun a son rôle : l'expert doit ramener toute l'affaire à une ou plusieurs questions de droit qu'il n'essaie pas de résoudre, et le juge, de son côté, doit statuer sur ces questions de droit, pour lesquelles il est compétent, en s'en rapportant pour le reste à l'expert; or, s'il arrive que ce dernier lui présente les faits de la cause sous un jour inexact, le magistrat est presque fatalement conduit à appliquer à ces faits une fausse qualification légale, c'est-à-dire à mal juger. Il importe donc beaucoup que l'expert ne se trompe pas. Or, n'a-t-on pas moins de garanties à cet égard aujourd'hui, avec un très petit nombre d'experts, ou même avec un expert unique, qu'on n'en aurait avec tout un jury, dans lequel, à supposer que l'opinion la plus juste ne prévalût pas, il se produirait au moins des divergences qui mettraient le juge en garde et l'engageraient à contrôler l'opinion du jury pour s'en écarter, s'il estimait que cette opinion est mal fondée? Évidemment, le jury offre des garanties supérieures.

On lui a pourtant fait cette objection qu'il constituerait un tribunal passionné, parce que les savants et les industriels ont souvent un parti pris sur chaque question. Mais qu'entend-on par là? Si un industriel, un savant peut avoir un parti pris, c'est sur le mérite pratique de telle ou telle méthode de fabrication, de tel ou tel genre d'appareil; en quoi cela peut-il influer sur l'accomplissement de ses fonctions de juré? On ne lui demandera jamais si tel système est plus avantageux que tel autre et s'il faut en recommander l'usage, mais seulement si telle invention diffère de telle autre, si elle est nouvelle, etc.; or, à cet égard, il n'y a pas de parti pris possible et, partant, pas de partialité à redouter. Du reste, si ce reproche pouvait être adressé aux jurés, il ne s'appliquerait pas moins bien aux experts, qui, on paraît l'avoir oublié, sont aussi des industriels ou des savants. L'objection n'a donc pas de valeur.

Maintenant, un orateur a dit que, dans le système actuel des expertises, on avait la contre-expertise. Eh bien! cette garantie, on pourra la conserver si on la juge nécessaire, mais dans tous les cas elle le sera moins après l'examen de l'affaire par tout un jury, qu'après son étude par un ou même par trois experts.

Nous pensons donc, en résumé, que le Congrès, en accueillant la proposition, aurait eu chance de provoquer l'accomplissement d'une réforme utile, et nous regrettons qu'il l'ait repoussée en s'appuyant sur une prétendue impossibilité d'application qui lui était d'autant moins démontrée que l'institution fonctionnait ailleurs.

La Section française de la Commission de permanence, dans le questionnaire qu'elle a préparé, a introduit la question suivante : *L'examen de certaines questions, celles de nullité notamment, devrait-il être renvoyé à l'autorité administrative?*

« Y a-t-il lieu de renvoyer à l'autorité administrative l'examen de certaines questions, notamment celles des nullités ? »

Les questions de nullité, pas plus que les questions de contrefaçon, ne nous semblent pouvoir être laissées à la décision de l'autorité administrative, parce qu'elles exigent les unes et les autres, pour être tranchées, l'examen des brevets au point de vue technique, puisqu'elles donnent lieu à la comparaison des inventions entre elles et à la discussion des analogies et des différences que présentent les moyens décrits par divers inventeurs ou qui sont employés dans l'industrie. Si les tribunaux de droit commun nous paraissent déjà insuffisants, même avec l'adjonction d'experts, pour offrir toutes garanties aux intéressés, à plus forte raison ne croyons-nous pas possible de laisser les questions de ce genre se décider par voie administra-*La nécessité de les examiner au point de vue technique s'y oppose.*

tive. Même dans les cas les plus simples, comme par exemple celui de l'insuffisance de description, nous croyons que l'Administration n'aurait pas la compétence technique nécessaire pour que l'on puisse lui donner le droit de prononcer sur la validité ; elle devrait seulement avoir celui d'exiger du demandeur, pour lui délivrer le brevet qu'il sollicite, la production de pièces descriptives satisfaisantes.

<small>Mais l'Administration pourrait prononcer les déchéances encourues pour non payement de la taxe.</small>

Mais, si l'Administration ne doit pas avoir juridiction pour les questions de contrefaçon ou de nullité, nous pensons qu'on devrait lui laisser le soin de prononcer les déchéances encourues pour cause de non payement de la taxe.

Ici, en effet, il s'agit simplement de constater l'accomplissement ou l'inaccomplissement d'une formalité, et il n'est nul besoin de l'intervention des tribunaux; elle ne se comprendrait que s'ils avaient la latitude d'apprécier et d'admettre, le cas échéant, les excuses présentées par le breveté, telles, par exemple, que le manque d'argent ou les causes accidentelles qui ont amené du retard dans le versement; mais chacun sait que les choses ne se passent pas ainsi en France, par exemple, où un jugement est nécessaire pour faire déchoir un brevet, et que la déchéance est invariablement prononcée toutes les fois qu'il y a eu irrégularité dans le payement. Du reste, cette sévérité nous paraît nécessaire, et elle est sans inconvénient pourvu que le chiffre des taxes soit faible et qu'il soit accordé un délai après l'échéance pour permettre au breveté de réparer une omission involontaire.

<small>Cela assurerait la publication immédiate des déchéances encourues de ce chef.</small>

Mais alors, si la déclaration de déchéance n'est qu'une simple formalité, une mesure d'ordre, mieux vaudrait, nous le répétons, en charger l'Administration. On assurerait ainsi la publication *immédiate* de *toutes* les déchéances amenées par la cause en question, à laquelle est due une quantité considérable des déchéances encourues, et il y aurait des procès de moins et de la lumière de plus.

Bien entendu, il ne faudrait pas pour cela priver le breveté du bénéfice des excuses *de force majeure*, qui, telles qu'on les entend, sont extrêmement rares d'ailleurs, et il devrait avoir un recours contre la décision administrative qui l'aurait frappé.

Une autre question, fort intéressante, figure encore dans le questionnaire de la Section française de la Commission de permanence, c'est celle-ci :

<small>Des effets de la chose jugée en matière de nullité et de déchéance.</small>

« Quels doivent être les effets de la chose jugée en « matière de nullité et de déchéance? »

On sait qu'en France la nullité *absolue* d'un brevet ne peut être prononcée que si le ministère public prend des réquisitions à cet effet; dans ce cas, le brevet devient sans valeur à l'égard de tous ; mais si le ministère public n'est pas intervenu, la nullité n'est que *relative*, c'est-à-dire qu'il n'y a chose jugée qu'entre les parties et pour les faits sur lesquels le procès a porté ; de sorte que celui qui aurait échoué dans une demande en nullité basée sur le défaut de nouveauté de l'invention par exemple, pourrait reproduire sa demande en invoquant un autre moyen (insuffisance de description, inexactitude frauduleuse du titre, etc.) ; quant aux tiers qui n'avaient pas figuré au procès, ils pourraient demander l'annulation, même en s'appuyant sur le moyen déjà repoussé. De plus, comme les tribunaux civils sont seuls compétents, aux termes de la loi, pour connaître de la validité des brevets, la décision rendue à cet égard par un tribunal correctionnel, statuant sur une exception soulevée

<small>Actuellement la nullité n'est absolue qu'au cas où le ministère public prend des réquisitions à cet effet.</small>

par le défendeur en contrefaçon, n'aurait pas force de chose jugée même entre les parties.

Cet état de choses explique bien que la Section permanente française ait appelé l'attention sur la question.

Nous admettons parfaitement qu'un premier moyen de nullité invoqué et repoussé ne mette pas obstacle à ce que l'annulation d'un brevet soit demandée de nouveau en s'appuyant sur un moyen différent; nous admettons de même que les tribunaux civils soient seuls compétents pour statuer sur le sort d'un brevet, qui constitue une propriété, et l'on peut se demander si, dans le cas où une exception de nullité est soulevée devant un tribunal correctionnel, il ne conviendrait pas de renvoyer l'examen de cette exception à la juridiction civile, comme le fait la nouvelle loi luxembourgeoise.

<small>Lorsque la nullité d'un brevet est prononcée, elle devrait, dans tous les cas, être absolue.</small>

Ce que nous ne comprenons pas, c'est que lorsque la nullité d'un brevet *est prononcée*, pour une cause quelconque, cette nullité ne soit pas toujours absolue. Si l'on estime que l'avis de l'avocat général est indispensable, il n'y a qu'à l'obliger à le donner dans tous les cas, mais on ne s'explique pas qu'un brevet dont l'irrégularité a été reconnue par un tribunal compétent puisse rester valable vis-à-vis de tous, excepté de ceux qui l'ont attaqué personnellement. Il devrait évidemment suffire que les vices dont il est entaché soient constatés une fois, pour le faire annuler, et rendre ainsi au public la liberté dont il avait été privé sans motif légitime.

<small>Les mêmes motifs s'appliquent aux déchéances.</small>

Ce que nous disons des nullités, nous le disons aussi des déchéances, bien entendu, car les mêmes raisons s'y appliquent.

TABLE DES CHAPITRES

DU PREMIER VOLUME

	Pages
Introduction	1

DOCUMENTS PRÉLIMINAIRES

Comité d'organisation (liste des membres)	3
Programme des questions soumises au Congrès, élaboré par le Comité d'organisation	6
Bureau du Congrès (composition)	11
Délégués des Gouvernements	13
Résolutions votées par le Congrès	15
Questions générales	15
Brevets d'invention	16
Dessins et modèles industriels	17
Œuvres photographiques	18
Marques de fabrique et de commerce	19
Nom commercial	21
Récompenses industrielles	21
Commission permanente internationale du Congrès de Paris pour la Propriété industrielle	22
Mémoires et Rapports présentés au Congrès	23
Texte des principales dispositions à soumettre à une Conférence internationale	26
Composition de la Commission permanente internationale nommée à la suite du Congrès	30

PREMIÈRE PARTIE

QUESTIONS GÉNÉRALES

Première Résolution. Le droit des inventeurs et des auteurs industriels sur leurs œuvres ou des fabricants et négociants sur leurs marques, est un droit de propriété; la loi civile ne le crée pas : elle ne fait que le réglementer	37

TABLE DES CHAPITRES

Pages

2ᵉ Résolution. Les étrangers doivent être assimilés aux nationaux.. 43

3ᵉ Résolution. Les stipulations de garantie réciproque de la propriété industrielle doivent faire l'objet de conventions spéciales et indépendantes des traités de commerce ainsi que des conventions de garantie réciproque de la propriété littéraire et artistique............... 46

4ᵉ Résolution. Un *Service spécial de la Propriété industrielle* doit être établi dans chaque pays. Un *Dépôt central* des brevets d'invention, des marques de fabrique et de commerce, des dessins et modèles industriels, doit y être annexé pour la communication au public. Indépendamment de toute autre publication, le Service de la Propriété industrielle doit faire paraître une *Feuille officielle* périodique................................. 47

5ᵉ Résolution. Il y a lieu d'accorder une protection provisoire aux inventions brevetables, aux dessins et modèles industriels, ainsi qu'aux marques de fabrique ou de commerce figurant aux Expositions internationales, officielles ou officiellement reconnues................... 68

6ᵉ Résolution. La durée pendant laquelle sont protégés les inventions, marques, modèles et dessins figurant auxdites Expositions internationales, doit être déduite de la durée totale de la protection légale ordinaire, et non lui être ajoutée,................................... 73

7ᵉ Résolution. La protection provisoire accordée aux inventeurs et auteurs industriels qui prennent part auxdites Expositions internationales, devrait être étendue à tous les pays qui sont représentés à ces Expositions........ 74

8ᵉ Résolution. Le fait qu'un objet figure dans une Exposition internationale ne saurait faire obstacle au droit de saisir réellement cet objet, s'il est argué de contrefaçon...... 75

9ᵉ Résolution. Chacune des branches de la Propriété industrielle doit faire l'objet d'une loi spéciale et complète... 77

10ᵉ Résolution. Il est à désirer qu'en matière de Propriété industrielle, la même législation régisse un État et ses colonies, ainsi que les diverses parties d'un même État. Il est également à désirer que les conventions de garantie réciproque de la Propriété industrielle conclues entre deux États soient applicables à leurs colonies respectives... 78

11ᵉ Résolution. La contrefaçon d'une invention brevetée, d'une marque de fabrique ou de commerce, d'un dessin ou d'un modèle industriel déposés, est un délit de droit commun... 80

12ᵉ Résolution. Il est à désirer que le dépôt des demandes de brevets, de marques, de dessins et de modèles puisse s'effectuer simultanément à l'autorité locale compétente et aux consulats des diverses nations étrangères...... 82

13ᵉ Résolution. Le Congrès émet le vœu que, au regard des pays d'Orient qui n'ont point pourvu par des lois à la protection de la propriété industrielle, et notamment au regard de l'Égypte, où fonctionne une juridiction mixte internationale, l'action diplomatique intervienne pour obtenir des Gouvernements de ces pays qu'ils prennent des mesures efficaces qui assurent aux inventeurs et aux industriels le respect de leur propriété....... 85

DEUXIÈME PARTIE

QUESTIONS SPÉCIALES AUX BREVETS D'INVENTION

Première Résolution. En dehors des combinaisons et plans de finances et de crédit et des inventions contraires à l'ordre public ou aux bonnes mœurs, toutes les inventions industrielles sont brevetables. Des brevets doivent être accordés aux inventeurs de produits chimiques, alimentaires et pharmaceutiques.................... 89

2ᵉ Résolution. Les brevets doivent assurer, pendant toute leur durée, aux inventeurs ou à leurs ayants cause le droit exclusif d'exploiter l'invention et non un simple droit à une redevance qui leur serait payée par les tiers exploitants.. 101

3ᵉ Résolution. Le principe de l'expropriation pour cause d'utilité publique est applicable aux brevets d'invention. Le caractère d'utilité publique doit être reconnu par une loi... 117

4ᵉ Résolution. Le brevet d'invention doit être délivré à tout demandeur, à ses risques et périls.
Cependant il est utile que le demandeur reçoive un avis préalable et secret, notamment sur la question de nouveauté, pour qu'il puisse, à son gré, maintenir, modifier ou abandonner sa demande.................. 122

5ᵉ Résolution. Les brevets doivent être soumis à une taxe. La taxe des brevets doit être périodique et annuelle... 154

6ᵉ Résolution. La taxe doit être progressive, en partant d'un chiffre modéré au début........................ 158

7ᵉ Résolution. La taxe ne sera exigible que dans le cours de l'année............................... 160

8ᵉ Résolution. L'introduction dans le pays où le brevet a été délivré, de la part du breveté, d'objets fabriqués à l'étranger, ne doit pas être interdite par la loi...... 161

9ᵉ Résolution. La déchéance pour défaut de payement de la taxe ne doit pouvoir être prononcée qu'après l'expiration d'un certain délai depuis l'échéance.
Même après l'expiration de ce délai, le breveté doit être admis à justifier des causes légitimes qui l'ont empêché de payer 162

10ᵉ Résolution. Il y a lieu d'admettre la déchéance pour défaut d'exploitation.
Cette déchéance devra être prononcée par la juridiction compétente................................. 163

11ᵉ Résolution. Les droits résultant des brevets demandés ou des *dépôts* effectués dans les différents pays pour un même objet sont indépendants les uns des autres et non pas solidaires, en quelque mesure que ce soit, comme cela a lieu aujourd'hui pour beaucoup de pays............ 168

12ᵉ Résolution. Les Gouvernements sont priés d'apporter la plus grande célérité possible à la délivrance des brevets demandés, et le Congrès émet le vœu que le délai entre la demande et la délivrance des brevets n'excède pas trois à quatre mois........................ 182

TROISIÈME PARTIE

QUESTIONS DU PROGRAMME SUR LESQUELLES LE CONGRÈS N'A PAS STATUÉ

Pages

1° De la nouveauté de l'invention. — Possession antérieure tenue secrète. — Antériorité scientifique............ 187

2° Des spécifications provisoires. — De la faculté accordée à l'inventeur de préciser ou de restreindre ses revendications. — Du secret des descriptions des inventions. — Des certificats d'addition. — Du droit de préférence accordé à l'inventeur pour les perfectionnements relatifs à son invention 198

3° Le droit de se faire délivrer un brevet d'importation doit-il être accordé seulement à l'inventeur déjà breveté à l'étranger ou à ses ayants cause................ 208

4° De la propriété et de la copropriété du brevet. — Ouvrier; employé; fonctionnaire; associé. — Du droit, pour le Gouvernement d'un État, de prendre un brevet d'invention. — L'État a-t-il le droit d'exploiter une invention, avec ou sans indemnité, concurremment avec le breveté 212

5° De la durée du privilège. — De la prolongation des brevets.. 218

6° De l'obligation d'apposer, sur les produits, une mention indiquant qu'ils sont brevetés.................... 227

7° De l'introduction dans le pays du brevet. — Introduction en transit. — Introduction en entrepôt.............. 229

8° De la juridiction en matière de brevets d'invention. — Effets de la chose jugée en matière de nullités et de déchéances.. 235

Table des chapitres du premier volume................ 249
Table alphabétique des matières...................... 255

TABLE ALPHABÉTIQUE DES MATIÈRES

CONTENUES

DANS LE PREMIER VOLUME

Actions judiciaires, 138, 235.
Annuité, 56, 129, 154, 158, 160, 162, 172, 221.
Antériorités au brevet, 187.
Appel de la décision des examinateurs, 129, 138, 140.
Appréciation des tribunaux, 81, 162, 163, 171, 212.
Associé, 212.
Auteur industriel, 37.
Avis préalable à la délivrance du brevet, 122.

Bibliothèque du Service spécial de la Propriété industrielle, 58, 61.
Bureau des brevets, dessins et marques (Service spécial), 47, 159, 171, 176, 181, 198, 246.
Bonne foi, 80.
Brevet d'importation, 168, 208.
Brevet de perfectionnement, 198, 220, 226.

Caveat, 202.
Certificat d'addition, 198.
Cession, 57, 157, 214.
Chose jugée, 235.
Collaborateur de l'inventeur, 212.
Communication des brevets, dessins et marques, 47, 198.
Compétence, 163, 235.
Contrefaçon, 80, 91, 161, 228, 229.
Copropriétaire, 212.

Déchéance, 161, 162, 163, 171, 176, 235.
Délivrance des brevets, 122, 182, 198.
Dépôt central des brevets, dessins et marques, 47.
Dépôt des brevets, dessins et marques aux consulats étrangers, 82.
Desclaimer, 198.
Domaine public, 189.
Droit de propriété sur les inventions, dessins industriels et marques de fabrique, 37.
Durée des brevets, 73, 208, 218.

Employé, 212.
Entreposage, 229.
Essais, 198.
État, 212.
Étranger, 43, 161, 163, 168, 194, 208.
Examen préalable des demandes de brevets, 122, 203.
Examinateurs, 128.
Experts, 235.
Exploitation, 161, 163, 168, 212.
Expositions, 68, 74.
Expropriation pour cause d'utilité publique, 96, 117, 212.

Fonctionnaire, 212.

Gouvernement, 212.

Indépendance du brevet national et des brevets étrangers, 168, 208, 224.
Indication du brevet sur les produits, 227.
Interférence, 203.
Interprétation des lois étrangères, 171.
Introduction par le breveté, 161.

Introduction de produits contrefaits, 116, 229.
Inventeur, 37, 84, 198, 208, 212.
Inventions brevetables et inventions non brevetables, 89, 195, 220.

Juridiction, 163, 235.
Jurys industriels, 235.

Licences obligatoires, 91, 101, 212, 227.
Loi spéciale pour chaque branche de la propriété industrielle, 77.
Loi uniforme régissant un État et ses colonies ou provinces, 78.

Mélanges, 100.
Mention du brevet sur les produits, 227.
Modifications à la spécification d'un brevet, 198.

Nouveauté de l'invention, 187, 211, 223.
Nullité du brevet, 171, 176, 181, 235.

Opposition à la délivrance d'un brevet, 145, 200.
Ouvrier, 212.

Perfectionnements apportés à une invention brevetée, 91, 198, 220, 226.
Pièces à fournir pour l'obtention d'un brevet, 63.
Plans de finances et de crédit, 89.
Possession antérieure tenue secrète, 190.
Préférence accordée à l'inventeur pour les perfectionnements, 198.
Produits alimentaires, 89, 153.
Produits chimiques, 89, 105.
Produits pharmaceutiques, 89, 153.
Prolongation du brevet, 171, 176, 218.
Propriété du brevet, 212.
Protection internationale, 45, 46, 70, 74, 78, 82, 85, 111, 130, 149, 168, 208, 224.
Protection provisoire des inventions, 68, 74, 174, 198.
Publication d'une Feuille officielle de la Propriété industrielle, 47.
Publication des inventions, dessins et marques faisant l'objet d'une protection provisoire, 70, 73.

Publication des inventions, dessins et marques, 51, 198.

Réciprocité, 45.
Reissue, 198.
Revendications (droit de les modifier), 198.
Rivalité entre plusieurs demandes de brevets, 203.

Saisie des objets contrefaits, dans une exposition, 75.
Saisie des objets contrefaits, dans un établissement de l'Etat, 76.
Secret des descriptions des brevets, 198.
Secret des dessins industriels, 49.
Service spécial de la Propriété industrielle, 47, 159, 171, 176, 181, 198, 246.
Spécification provisoire, 198.
Spécification complète, 201.
Système de la proclamation ou simple enregistrement, pour la délivrance des brevets, 122.
Système provocatoire ou système des oppositions, 145, 200.

Taxe, 154, 158, 160, 162, 221.
Transit, 229.

Usurpation du brevet, 148.

AUTRES PUBLICATIONS DE M. GH. THIRION

INGÉNIEUR CIVIL, CONSEIL EN MATIÈRE DE PROPRIÉTÉ INDUSTRIELLE
BUREAUX : 95, boulevard Beaumarchais, PARIS

TABLEAU SYNOPTIQUE ET COMPARATIF

Des législations française et étrangères en matière de Brevets d'invention
Édition de 1878. — Médaille d'argent à l'Exposition universelle de 1878.
Prix du Tableau mural, 20 francs. — Relié en atlas, 10 francs.

CARNET DE L'INVENTEUR ET DU BREVETÉ

Interprétation pratique des législations française et étrangères sur les BREVETS D'INVENTION
MEMENTO POUR L'ENREGISTREMENT DES ÉCHÉANCES D'ANNUITÉS
Prix du carnet, Reliure anglaise, franco : 3 francs.

DESSINS ET MODÈLES DE FABRIQUE

En France et à l'étranger.
Législations comparées. — Prix : franco, 3 francs.

MARQUES DE FABRIQUE

En France et à l'étranger.
Législations comparées. — Prix : franco, 1 fr. 50.

RAPPORT SUR LE CONGRÈS INTERNATIONAL DES BREVETS D'INVENTION

TENU A VIENNE EN 1873

Par Thomas WEBSTER, délégué du Gouvernement anglais.
Traduction. — Prix : franco, 5 francs.

LA PROPAGATION INDUSTRIELLE

Revue illustrée

Des inventions, machines, appareils et procédés de la France et de l'étranger.
Quatre volumes in-4°. — Prix : 62 francs.

EN PRÉPARATION

Troisième édition, revue et complètement remaniée des

TABLETTES DE L'INVENTEUR

ET DU BREVETÉ

Ouvrage honoré d'une souscription du Ministère de l'agriculture et du commerce.
Un fort volume grand in-8° avec tableaux.

www.ingramcontent.com/pod-product-compliance
Lightning Source LLC
Chambersburg PA
CBHW050647170426
43200CB00008B/1193